FILOSOFIA DA RELIGIÃO

NO PENSAMENTO DE BERNHARD WELTE

ORESTE TOLONE

FILOSOFIA DA RELIGIÃO

NO PENSAMENTO DE BERNHARD WELTE

Apresentação de Pietro De Vitiis

Introdução de Bernhard Casper

Diretor Editorial:
Marcelo C. Araújo

Coordenação Editorial:
Ana Lúcia de Castro Leite

Tradução:
Antônio Bicarato

Copidesque:
Mônica Reis

Revisão:
Lessandra Muniz de Carvalho

Diagramação:
Juliano de Sousa Cervelin

Capa:
Erasmo Ballot

Título original: Bernhard Welte – Filosofia della religione per non-credenti
© Brescia 2006 Morcelliana
Via Gabriele Rosa 71 – 25121 Brescia

Todos os direitos em língua portuguesa, para o Brasil,
reservados à Editora Idéias & Letras, 2011

Editora Idéias & Letras
Rua Pe. Claro Monteiro, 342 – Centro
12570-000 Aparecida-SP
Tel. (12) 3104-2000 – Fax (12) 3104-2036
Televendas: 0800 16 00 04
vendas@ideiaseletras.com.br
www.ideiaseletras.com.br

Dados Internacionais de Catalogação na Publicação (CIP)
(Câmara Brasileira do Livro, SP, Brasil)

Tolone, Oreste
Filosofia da religião no pensamento de Bernhard Welte/ apresentação de Pietro De Vitiis; introdução de Bernhard Casper; [traduzido por Antônio Bicarato]. – Aparecida, SP: Idéias & Letras, 2011.

Título original: Bernhard Welte: filosofia della religione per non-credenti.

Bibliografia.
ISBN 978-85-7698-123-7

1. Welte, Bernhard, 1906-1983 2. Religião – Filosofia I. Vittis, Pietro De. II. Casper, Bernhard. III. Título.

11-11689   CDD-201

Índices para catálogo sistemático:

1. Religião: Filosofia 201

SUMÁRIO

Apresentação de *Pietro De Vitiis* 9
Introdução de *Bernhard Casper* 11

1. A guerra perpétua 15
   1. Tudo está cheio de deuses 16
   2. O ser humano e a força 17
   3. Força e abertura 18
   4. Força e direito 19
   5. O "ser-aqui humano" 21
   6. O ser-aqui no mundo 23
   7. Da substância à realização 24
   8. A abertura do homem como abertura do ser 26
   9. O homem: campo para jogo 27

2. A finitude do homem 31
   1. Os limites do ser humano 31
   2. O eros 39
   3. A culpa 40
   4. A saúde 42
   5. A morte 43
   6. Os limites da História 45
   7. O limite da verdade 48
   8. O homem temporalizado-temporalizante 52
   9. Determinantes biológicas 54
   10. *Naturfrei* ou *naturlos* 54
   11. O homem não funciona 56
   12. Originalidade e destino 58

3. O infinito no homem 59
   1. O impulso teológico 60
   2. O princípio esperança 62
   3. A pretensão de sentido 65
   4. A dialética negativa 67
   5. A diferença de sentido 69
   6. A medida secreta 70
   7. As ideias 71
   8. Determinantes não biológicas 72
   9. O postulado ético 73
   10. Sono e jogo: oásis da felicidade 77

4. Liberdade e niilismo 83
   1. O caráter da liberdade no mal 84
   2. A ambivalência da liberdade 89
   3. Fuga da imanência: o movimento negativo 92
   4. Fuga na imanência: o movimento positivo 94
   5. A febre de Prometeu 95
   6. A transcendência revirada, ou seja, da hýbris 98
   7. O nada 99
   8. ... e suas características 100
   9. O niilismo 104
   10. Niilismo resignado e niilismo heroico 105
   11. Morte de Deus, esperiência do nada 107
   12. O super-homem de Nietzsche 109
   13. Dionísio 114

5. Desfiguração da religião 117
   1. A religião doente 117
   2. Do santo ao herói 118
   3. A religião inconsistente 121
   4. O fanatismo religioso 125
   5. Algumas formas de ateísmo em época tecnológica 127
   6. O ateísmo negativo 135
   7. O ateísmo crítico 136
   8. O ateísmo combativo 138

    9. O ateísmo sofredor.. 140
    10. Ciência, técnica e razão instrumental 142
    11. *Fachidiotismus* e pluridiversidade 144
    12. Perda do numinoso 148
    13. Mundo primário e mundo secundário............................... 151

6. Por que não creio? 155
    1. Espaço e tempo ordinários e extraordinários....................... 155
    2. Um tempo extraordinário: o aplauso 157
    3. Um espaço extraordinário: o templo 159
    4. Quando a ciência envaidece a alma 160
    5. Quando não há escuta.. 162
    6. Lessing e a torre de Babel 169
    7. Perigos do amor: vaidade e desconfiança 173
    8. Quem não ama não crê 176

7. Vinte e cinco razões para não crer 179

8. Oásis e miragem 195
    Nota biográfica 215
    Bibliografia essencial 217
    Índice de nomes 227

APRESENTAÇÃO

Muito se tem discutido se o método fenomenológico, tanto como aproximação essencial aos fenômenos espirituais quanto como método de pesquisa filosófica, é conciliável com a dimensão histórica: isso pareceria antes apontar para aspectos estruturais da realidade que estariam, portanto, separados de tal dimensão. Por isso, para alguns, a fenomenologia descritiva e generalizante da religião – tal qual foi praticada por autores como Rudolf Otto, Gerardus van der Leeuw, Friedrich Heiler, Mircea Eliade – encontra, na evolução histórica, um limite que não se pode invalidar: ela é aplicável ao homem primitivo, ao passo que o homem envolvido no processo da modernidade deve ser compreendido com base em outros critérios. Com efeito, com a modernidade a vida religiosa tem sido sujeita a uma profunda transformação que pode ser sintetizada nisto que vem expresso pelo termo *secularização*, a qual implica uma perda de relevância social da religião; tende, a religião, a reduzir-se à esfera privada da vida, até porque já não encontra a sustentação daquelas estruturas sociais comunitárias e não reflexas, que há tempos representavam como que o *humus* no qual a vida religiosa fincava suas raízes. Trata-se indubitavelmente de um eclipse do sagrado, e o desafio para a filosofia fenomenológica da religião está em saber se ela consegue pensar tal transformação histórica com os próprios instrumentos conceituais. Até a imponente construção da filosofia da religião sobre bases fenomenológicas de Max Scheler parece encontrar, sob esse aspecto, certa dificuldade, porque ele concebe o ato religioso como algo necessário que se cumpre sempre, ainda que o êxito disso possa ser adequado ou inadequado, pode, isto é, chegar a Deus ou somente a um ídolo. Em Scheler parece, pois, prevalecer a imobilidade dos atos humanos e, assim, o aspecto estrutural do ato religioso no que toca à dimensão da mutação histórica. É somente com Heidegger, portanto, que a fenomenologia da vida religiosa se abre mais decisivamente para a dimensão histórica, e de fato ele trata da religião, em referência a Hölderlin, sob o aspecto do *Fehl Gottes*, da ausência, da falta de Deus, ou, com referência a Nietzsche, sob a figura da morte de Deus, que é anunciada por Zarathustra como a máxima manifestação do niilismo ligado à vontade de poder, e, além disso, é para Heidegger o ponto de chegada final da subjetividade moderna. Tudo isso pode encontrar uma correspondência no fenômeno histórico daquilo que, de um ponto de vista sociológico, se coloca sob o nome de secularização. Entretanto, essa ausência ou falta de Deus na era da técnica não é qualquer coisa de apenas negativo, não é mera nulidade, e sim *ocultamento*: por isso, Heidegger pode projetar a possibilidade da passagem de um último Deus, depois da morte de Deus. Começa assim a delinear-se uma espécie de reviravolta da secularização. Do ponto de vista sociológico, seria possível encontrar aqui qualquer correspondência com o conceito de dessecularização como fenômeno típico da pós-modernidade, teorizado por alguns sociólogos, no qual coexistem, em uma espécie de cisão antinômica, a retomada de antigos cultos religiosos com manifestações ainda imponentes de secularização. O interesse temático de Heidegger leva, porém, ao pensamento metafísico ou pós-metafísico ou, ainda, à poesia, nas expressões que acompanham a crise da modernidade, desde Hölderlin até Rilke e Trakl, ao invés de levar à religião como forma específica de realização da verdade. Bernhard Welte, ao contrário, que era um teólogo, procurou elaborar uma filosofia da religião mais articulada e acabada, sem contudo abandonar o caminho de Heidegger, que é o de pensar a religião sob o aspecto negativo de seu eclipse na secularização: é esta, exatamente, *a filosofia da religião para não crentes* – para usar a eficaz expressão da obra de Oreste Tolone –, que está empenhada precisamente em interpretar os fenômenos do ateísmo e do niilismo. Parece-nos, portanto, que a obra de Tolone consegue claramente trazer à luz o caráter peculiar de como se processa o pensamento de Welte, e, assim, também a contribuição que ele deu à elaboração de uma filosofia da religião de postura fenomenológica.

Pietro De Vitiis

INTRODUÇÃO

O homem da idade pós-moderna, não podendo não se perguntar que sentido têm os próprios atos existenciais, encontra-se diante de um singular dilema. Por um lado, ele é absolutamente filho da civilização tecno-naturalista, que tende a reduzir a inteira compreensão da realidade a uma explicação unidimensional de tipo analítico-causal; de forma que pode entender-se a si mesmo unicamente como simples função da totalidade assim concebida. Palavras como pessoa e liberdade, mas também como bem e mal, já não têm qualquer significado nem vale se perguntar o sentido existencial do indivíduo. Tudo, agora, é mero funcionamento, outra coisa não existe. A dialética do Iluminismo conduz a um niilismo da vida vivida, e, portanto, não se pode interrogar sobre o sentido das relações sociais entre homens.

Por outro lado, nem nas instituições religiosas tradicionais e na fé por elas transmitida o homem da idade pós-moderna parece encontrar sustentação. As grandes palavras transmitidas tornaram-se incompreensíveis. Estas certamente revelam que as grandes questões da Humanidade, colocadas no passado, não podem ser simplesmente caladas. Todavia, o acesso àquilo que com elas era originariamente pensado parece como que obstruído. A proliferação, na sociedade pós-moderna, de formas de "religiões" esotéricas, na realidade nem mesmo suscetíveis de serem comunicadas, parece ser disso uma prova posterior.

Numa situação do gênero, é reconhecida a grande importância de um filósofo que, em seu país, pertencia mais à turma dos tranquilos, mas que se confrontava com a dimensão do contingente, de maneira radical e persistente, mediante o rigor da própria existência.

Em *La luce del nulla* (título de um de seus livros), o filósofo da religião Bernhard Welte, nascido em Friburgo, levou em consideração a questão, levantada de modo todo original por Martin Heidegger, sobre o *sentido do ser*, conseguindo assim – na situação emersa na idade moderna – novas possibilidades de resposta ao questionamento do homem sobre si mesmo.

Oreste Tolone – que, por meio de traduções, mas sobretudo por meio dos trabalhos a ele dedicados, muito contribuiu para que Welte se tornasse conhecido – tenta aqui reelaborar, no contexto da perda de sentido e esvaziamento da fé, a resposta formulada pelo filósofo em termos de uma *razão fundamental*, se assim podemos dizer. Há motivos para acreditar. Ou, melhor dizendo: há *motivos da razão* para se expor ao *risco da fé*.

Com razão Tolone parte dos escritos nos quais Welte se dirige ao homem enquanto *ser histórico*: homem que se descobre como aquele que deve empreender qualquer coisa a partir de si mesmo e do mundo que, no saber, está à sua disposição. O escrito de Welte *Determination und Freiheit* começou a movimentar-se através da obra do famoso etólogo Konrad Lorenz: *Il cosiddetto male. Sulla storia naturale dell'aggressione* (1963), que o público recebeu, em grande parte, como negação da existência do mal no sentido ético e moral. Depois, nos anos sessenta, chegou-se a frutuosos diálogos entre Lorenz e Welte, e, entre outras coisas, a um simpósio que aconteceu em Friburgo (14 a 16 de julho de 1967). Naquela ocasião, Lorenz deixou claro, no entanto, jamais ter querido, com suas obras, negar a liberdade do homem como origem do bem e do mal no sentido da responsabilidade, moral e humana; esclareceu além disso como num primeiro momento havia pensado dar ao próprio trabalho exatamente o título *Al di qua del bene e del male*, mas que a editora optou por *Il cosiddetto male*. Sempre naquela sede, Lorenz procurou explicar a relação entre os nexos causais, assim como os indaga a etologia, e a liberdade constitutiva do homem, comparando o etólogo com um mecânico capaz de explicar o funcionamento do carro de maneira exclusivamente analítico-causal. Aonde se deva ir com o carro é, porém, outra e nova questão, para a qual o mecânico não tem nenhuma resposta. Ele pode dizer, entretanto, para onde não se deve ir com o carro se o objetivo é não destruí-lo. A comparação de que fez uso então Lorenz me parece ser um paradigma totalmente válido para hoje, diante da discussão sobre o naturalismo suscitada pela neurobiologia.

Que as reflexões de Oreste Tolone, de resto, tomem sobretudo a movimentação do texto menor, colocado de propósito em um contexto politológico, *Sull'essenza e sul retto uso della forza* (1960), e dos ensinamentos de Welte, *Storicità e rivelazione* (1993) e *Verità e storicità* (1996), ensinamentos que representam seu legado, que mostra de que maneira essas reflexões interpelam, sem adiamentos, nosso presente. Porque este presente, por meio do processo de globalização, é determinado não só enquanto técnico, não só enquanto econômico, mas, ao fim das contas, enquanto *humano*. O que está em jogo e decidirá a sobrevivência do gênero *homo sapiens sapiens* é a questão: de que forma nós, enquanto homens, nos relacionaremos uns com os outros sobre este único planeta. Isso equivale, depois, à pergunta: que faremos do poder técnico-científico que exercemos sobre a Terra, que faremos do poder que, reciprocamente, exercemos nos relacionamentos, sobre homens sempre diferentes?

Dentro desse horizonte são lidas as reflexões de Oreste Tolone, que se prendem às reflexões de Bernhard Welte. Dentro desse horizonte, essas reflexões colocam o leitor diante do questionamento se para ele se abre um caminho para a fé: fé no sentido de um fundamental relacionamento religioso com o *mais que humano*; e, em particular, fé bíblica, mais cristã. O acolhimento, por parte da fé, do desafio, que chega até nós nos testemunhos da Bíblia e mais ainda na figura de Cristo, pode ser apenas o acolhimento que provém da livre decisão de um homem histórico. Mas esse acolhimento nada tem de irracional ou insensato. Sobre isso Tolone, ao lado de Bernhard Welte, lança luz.

O trabalho de Oreste Tolone é um trabalho muito denso e honesto. O desejo é de que possa servir de ajuda a muitos que, na mesquinhez e urgência do nosso tempo, estão à procura do caminho da fé.

Bernhard Casper

1

A GUERRA PERPÉTUA

A filosofia de Bernhard Welte é antes de tudo filosofia da religião, ou seja, indagação racional do divino, do religioso e, portanto, do infinito. Opondo-se a uma concepção extrema como a de Barth – que radicaliza a oposição entre infinito divino e finito humano –, Welte insiste na necessidade de individuar no homem aqueles elementos capazes de condicionar o fenômeno religioso. O estudo do humano é, por isso, parte integrante dessa busca, pois, compreendendo melhor o homem e sua natureza, é possível acabar encontrando aquelas premissas ontológicas e antropológicas que permitem que o eterno e o homem entrem em contato. A pesquisa antropológica é portanto constitutiva da filosofia da religião, na medida em que torna claro o *preambula fidei*. Para que o infinito possa revelar-se e ocupar um lugar no mundo, é preciso que aqui haja um finito capaz do infinito, isto é, em condições de entrar em contato e interagir com ele. É preciso que no homem exista uma predisposição ou propensão que ao menos permita – a isto que é "totalmente outro" – que venha à existência, mesmo que de maneira condicionada e parcial. Já nesse sentido resulta óbvia a copertença das duas dimensões (infinito-finito). Essa dialética, possível em tudo o que existe, encontra seu ponto nevrálgico no homem, naquele em quem, mais que em outro lugar, a tensão se faz evidente, transformando-se em sinal de sua existência.¹ No homem e em sua constituição, o antagonismo, próprio de todo vivente, toma corpo, até tornar-se a essência de sua própria natureza. Estudar o homem significa estudar um lugar privilegiado de interação. É necessário, então, esclarecer em que sentido finito e infinito possam ser, um e outro, constitutivos do homem, além do mundo, e de que modo eles possam conviver em unidade. O que significa que o homem é finito e infinito ao mesmo tempo? E, depois, o que se entende por finitude e infinitude?*

1. Tudo está cheio de deuses

"O conflito é pai de todas as coisas, de todos rei; e a uns revela como deuses, a outros, como homens; a uns faz escravos, a outros, livres".² Assim, para Welte, a guerra não acontece simplesmente como violação temporária da paz, e sim como uma constante, da qual a paz é que é interrupção; não é a ruptura ocasional de um equilíbrio que tem sua origem na culpa do homem (no erro evitável que, com mais atenção, não se incorreria), e sim a infatigável dialética à qual a vida inteira, vivente e não vivente, humana e não humana, está submetida. Busca-se em tudo o indício de uma verdade que gosta de se esconder e que fala em toda parte, desde que ouvida, sob forma de guerra. No mundo da vida, da natureza, da história, transparece um perene contraste não resolvido, ignorado às vezes, outras exacerbado, que assume as aparências e as formas mais anômalas e fora de hábito, todas reconduzíveis à simultânea copresença na vida de finitude e infinitude. Esta é a intuição do fundo da qual parte

---

[1] Um dos assuntos da filosofia de Welte é que a presença de Deus seja enfrentada a partir de uma análise paciente e concreta do *Dasein*. Cf. L. Wenzler, *Bernhard Weltes Sprechen von Gott – eine Theologie die Zukunft hat,* in *Mut zum Denken, Mut zum Glauben. Bernhard Welt und seine Bedeutung für eine künftige Theologie,* hrsg. von L. Wenzler, Katholische Akademie Verlag, Freiburg i. Br. 1994, p. 8.

* Agradecimentos a Bernhard Casper e a Liana Moca, por seus preciosos conselhos.

[2] Heráclito DK 22 B 53.

nosso autor, e em torno da qual se concentra sua reflexão. Certamente, a evidência da finitude é de tal forma patente que não seria nem mesmo necessário confirmação, tantos são os exemplos que se poderiam aduzir a propósito. Um pouco mais desafiadora é a afirmação de um infinito presente e ativo com igual força. Da tensão do rio no encontro com o mar, da árvore em direção ao sol, do animal contra sua presa, até aquela que impele o homem a agir para determinado fim ou para seu exato contrário, tudo poderia ser lido como a multiforme manifestação de uma mesma lei. Além do mais, nessa perene mutação, é inevitável que algumas coisas se tornem divinas, outras, humanas, e que o humano em alguns lugares se torne escravo e, em outros, livre. Nessa ótica, tudo está cheio de deuses, de qualquer coisa pode brilhar o divino e seu conflito com o humano, em toda parte fala a insatisfação da transcendência, no amor e na dor, na culpa e na doença, no conhecer e no pensar, na solidão, no escoar do tempo, na força ou na violência, no desejo, na angústia, no eros, no jogo e no sono, onde tudo se cala. A forma exemplar e resumida na qual essa dialética encontra sua plena expressão é a do confronto entre o ser e o dever ser, para o qual todo o resto pode confluir. Indagando o mundo em sua expansão, tentemos entender como é possível sustentar no homem a existência de mencionada duplicidade. Em que sentido o homem é finito e infinito ao mesmo tempo?

2. O ser humano e a força

Procuremos responder a esse questionamento partindo de um fenômeno simples, o da força, capaz de levar à luz a peculiar estrutura ontológica do homem. O termo força, no sentido mais amplo e essencial, vem a significar uma capacidade, uma faculdade de ser, um dinamismo interno, na ausência do qual não se pode nem mesmo sustentar que nos encontramos diante de um vivente. Tudo isso que é, no fundo, pode ser, tem uma intrínseca capacidade de ser, de vir a realizar-se, pelo que, naufragando de certo modo a ontologia de Parmênides, é verdade que o ser é poder ser, o poder ser é força, portanto o ser é força. Tal afirmação implica que a força pertence tão radicalmente ao ser de todo ente, a ponto de poder sustentar a sua recíproca pertença. A planta tem uma força própria, o peixe tem força, a estrela tem uma força. Todo ente dotado de ser é poderoso, isto é, em posse de sua específica potencialidade. Assim, o raio fulmina, o leão ruge, o rei reina, ou seja, cada um, enquanto é, seguramente pode alguma coisa, tem uma possibilidade, um "poder" ativo de realização. Contudo, em sentido estrito, os objetos da natureza não têm força, são cândidos e inocentes e realmente não desenvolvem nenhum poder, a não ser aos olhos dos homens. Não sabem o que fazem, não assumem uma posição, simplesmente acontecem, abandonados como estão ao próprio ser, ao próprio agir. O homem, ao contrário, é outro, *é* diferente e portanto *pode* diferentemente do resto do mundo. Ele pode e, além disso, sabe que pode, tem a consciência de transformar-se e de realizar-se, é um ego que satisfaz e compreende a si mesmo e, a partir do momento que o seu é um ser excelente, excelente será sua possibilidade, a força praticável.[3] O seu ser poderoso, precisamente porque consciente, contém um poder excepcional que a ele concede não só fulminar, não só humanizar, mas desumanizar e "transumanizar", ou seja, ser livre. Livre para ser poderoso ou estéril: nele "há a força do poder como também a força da impotência".[4]

3. Força e abertura

O quanto está afirmado insiste na peculiaridade do ser humano e de sua natureza, que não é rígida e definida de uma vez por todas, mas aberta, incondicionalmente voltada para o ulterior, para uma totalidade

---

[3] Cf. B. Welte, *Über das Wesen und den rechten Gebrauch der Macht. Eine philosophische Untersuchung und eine theologische These dazu*, Rombach, Freiburg 1965, p. 14.

[4] *Ibidem*, p. 15.

ilimitada que nele toma o nome de mundo.⁵ Como o de Heidegger, também o homem de Welte é um ser no mundo, *In-der-Welt-Sein* ou, segundo a fórmula do nosso autor, um *Weltdasein*, um ser-aqui aberto à diversidade, livre na transcendência e na realização. Ele, de fato, tem um desmedido desejo de posse e de saber, que o induz a superar todos os limites, a expandir o próprio horizonte até se identificar com quase tudo, com o possível e com o impossível.⁶ A força humana é portanto mundial, *Welt-macht*, pois não é a expressão de uma potencialidade circunscrita, mas de uma liberdade consciente de poder (e de não poder), que deriva de uma abertura para o ser toda particular, que abraça e inclui todas as possibilidades e as direções imagináveis. O rei não reina do mesmo modo que o raio fulmina, porque o rei é, é no mundo e pode o mundo inteiro.

Resta, porém, um lugar privilegiado no qual o ser-aqui pode exercitar mais plenamente sua força e aspirar ao máximo a sua plenitude, ou seja, o mundo dos semelhantes, da pessoa, no qual o eu e o tu, em seu encontro, tornam o humano qualquer coisa de mais verossímil e próximo.⁷ Nisso se consegue o ápice do poder do ser-aqui.⁸

4. Força e direito

O exercício da força por parte daquele que é poderoso do ponto de vista mundial, que convive desde sempre com o outro homem, com o qual estabelece relacionamentos de força e supremacia, presume um

---

⁵ *Ibidem*, p. 16.

⁶ "Se o horizonte ilimitado da abertura humana, que faz parte do homem e no qual se cumpre seu ser, definimos como mundo, então podemos dizer: o ser do homem, a ele confiado, é Welt-Dasein, isto é, entende-se em uma conclusão vivente abrangente, na amplitude aberta, que encerra todas as possibilidades e que nós chamamos mundo" (*Ibidem*, p. 16). (Onde não esteja especificado diferentemente, todas as traduções das obras de Welte são nossas.)

⁷ *Ibidem*, p. 18.

⁸ "Só na interumanidade, quer esta apareça como eu-tu ou como nós, encontram-se as possibilidades de desprender a plenitude e a especificidade do humano *ser aqui no mundo*" (*ibidem*, p. 19).

princípio ideal que legitime e regule a força, e ao qual, consciente ou inadvertidamente, todos fazem referência. Esse princípio, que funciona como parâmetro e medida universal e que está na base de todos os direitos que se afirmam historicamente, é o Direito (*Recht*). Os direitos positivos repousam sobre o direito ideal que, por sua vez, nada possui de certo sobre que se fixar: este, de fato, está "baseado sobre o absoluto". Que quer dizer isso? Que a força humana, em seu surgimento, para realmente poder ter força e impor-se como legítima potência mundial, tem necessidade de um reconhecimento ideal, tem necessidade de ser reconhecida em sua pretensão absoluta. Em caso contrário, ela perde autoridade e desemboca na violência pura e gratuita. Não é por acaso que também as ditaduras mais extremas ou as formas de governo menos respeitosas dos direitos – e portanto mais brutalmente violentas e repressivas – não se possam contentar em impor seu domínio com o uso das armas, mas se preocupem em lhes dar uma caricatura de legitimidade, *como se* isso fosse de algum modo justo, legítimo e, por isso, autorizado a existir. Também nos totalitarismos ocorre uma caricatura de democracia, e isso porque o embuste da violência resultaria descarado e cínico demais para poder ser suportável. Portanto, a força em sentido estrito, isto é, aquela consciente do homem, é tal na medida em que seja reconhecida, e os homens são poderosos se poderosos de uma força autorizada. Donde, menos direito, menos força; menos força, menos ser. Assim, o direito de um povo emergente tem uma força que prescinde da força militar, antes, estando a verdadeira força fundada no direito, disso deriva paradoxalmente que é mais forte um povo inerme do que um exército ilegítimo, porque um está de posse de um direito que torna forte, o outro de uma força que gera fraqueza. Certamente, um direito sobre o território tem necessidade de ser concretizado, caso contrário corre o risco de permanecer uma ideia, transcendente, mas formal. Por esse motivo, toda pessoa e todo grupo de pessoas no mundo reivindicam seus direitos e lutam por eles, e a guerra, a história e a política no sentido mais elevado outra coisa não são senão o exercício dessa concorrência de ideias-direito, que pretendem obter concreto reconhecimento.⁹ Tal qual a força, assim a violência busca no direito a própria legitimação, pois é nele que encontra a autoridade; de fato, "toda ausência de direito é de certo modo direito incorreto"¹⁰ e, todavia, sempre direito, isto é, sempre necessitada de um fundamento. Também um governo despótico terá necessidade de munir-se de um direito, de um aparato constitucional, que terá de alguma forma a pretensão de valer como absoluto, de valer como deve ser, ao qual obrigar o agir público. A esse tipo de dialética não é possível fugir, porque, de um lado, a violência luta para conquistar sua autoridade, de forma que não pareça arbitrária e por isso violenta, e, de outro, o direito procura impor-se como única fonte de legalidade e como único detentor do uso da força. Tudo isso como demonstração de uma originária e ilimitável tensão entre um ser e um dever ser, que nem mesmo o ilegal utilizado pela violência consegue anular.

Como conclusão, quanto mais o homem segue a transcendência do direito que reside no coração da força, mais se torna humano, quanto menos isso acontece, maior será a divergência entre força e violência. Deduz-se daí que "não é o homem que torna justo o direito, mas o direito que torna o homem humano e, nisso, torna a força deste força humana".¹¹

5. O "ser-aqui humano"

Recorrendo ao exemplo da força e da violência, abrimos uma janela para o homem, pela qual entrevimos um ser livre em sua realização, no relacionamento com o mundo, expressão de uma luta entre a dimensão material e ideal da força. Um ser terrivelmente dinâmico, forçado a construir sua interação com o todo em que se acha colocado desde o início, sob a marca do dever. Para compreender

---

⁹ *Ibidem*, p. 33. No que diz respeito à relação da violência com o poder veja-se também H. Arendt, *Sulla violenza*, Guanda, Parma 2002, p. 57-58.

¹⁰ "Toda injustiça [*Unrecht*] é, em qualquer mundo, injusta injustiça [*unrechtes Recht*]" (B. Welte, *Über das Wesen und den rechten Gebrauch der Macht*, cit., p. 26).

¹¹ *Ibidem*, p. 24.

o sentido e a consistência da liberdade humana e de sua perene luta, fica claro, portanto, em que sentido o homem é lugar desse conflito e em virtude de que constituição sua. O primeiro passo a dar vai na direção de uma assim dita "redução fenomenológica", operação segundo a qual se deve caminhar para o homem e para sua constituição ontológica para poder encontrar as condições de possibilidade do *polemos*. Recuperando uma impostação que leva diretamente a Husserl e Heidegger, Welte sustenta que reduzir significa voltar ao inicial, àquilo que está na origem de todas as sucessivas possibilidades, e tem um duplo significado, positivo e negativo. Na segunda acepção, reduzir indica a necessidade de impedir que hábitos, interpretações e conhecimentos pré-existentes criem obstáculo ao surgimento daquilo que é. Na primeira, ao contrário, denota o pensamento positivo, fenomenológico, que tem a responsabilidade de perceber e deixar surgir o fenômeno enquanto tal. Aplicada ao homem, tal redução conduz à revelação do *Dasein*. Em outras palavras, deixando de lado o conhecimento pregresso, podemos ascender novamente à definição elementar de "ser-aqui". Antes de qualquer qualificação e teoria, antes de qualquer definição articulada, é indispensável prestar atenção ao fato de que o homem, em sua especificidade, "é aqui". Eu *sou aqui*, eu estou aqui, em um lugar, de um modo ou de outro me situo, ou melhor, já me situo na presença de e de frente a. Ser-aqui reclama, por um lado, o inevitável atirar-se e a finitude, que toma forma de localização, de história, por outro, a abertura de um mundo de possibilidades no qual já estamos imersos. O eu-sou aqui aparece como óbvio, mas também como maravilhoso, porque nenhum outro sobre a terra está na condição de experienciar-se como aquilo que está presente e que fala por si mesmo: eu estou aqui. O meu ser-aqui é portanto originário, porque todo o resto, as definições, os saberes, a ciência, as fés pressupõem de qualquer forma o ser-aqui de homens de fé, crentes, homens de ciência que racionalizam.[12] Nesse sentido, o homem é o lugar, o espaço aberto no qual todo o resto encontra sua condição de possibilidade.

6. O ser-aqui no mundo

É preciso compreender, agora, onde efetivamente o homem está posicionado, onde está originariamente. A famosa expressão *In-der-Welt-Sein*,[13] transformada por Welte em *Weltdasein*, indica a peculiaridade de seu existir. O ser-aqui é essencialmente vivente em um mundo com o qual está sempre *em relação*. Ser vivente quer dizer estar no mundo; de fato, a partir do momento em que ele é dado, é dada a ele simultaneamente a relação para outro: eu penso, ouço, quero, e obviamente estes atos estão necessariamente vinculados a um objeto de meu querer, de meu pensar etc. Enquanto o homem está sempre além de sua identidade, pertence a sua dimensão ontológica premeditar o mundo em que se encontra – e, portanto, o *outro* do homem, o qualquer coisa, jamais totalmente estranho. O outro é constitutivo do ego, pois, como não existe pensamento sem o pensado, também não existe ser-aqui sem mundo. Por esse motivo, pode-se deduzir que o outro é seguramente estrutural ao ser-aqui.[14] O surgimento do ser-aqui implica o dar-se de *qualquer coisa* com a qual ter o que fazer; isso insiste na centralidade de um mundo que aparece como o horizonte abrangente de toda relação. O ser-aqui humano está constitucionalmente em outro lugar,[15] junto de qualquer outra coisa, além de si, e perenemente voltado

---

[12] B. Welte, *Determination und Freiheit*, Knecht, Frankfurt a. M. 1969, p. 22.

[13] B. Welte, *Im Spielfeld von Endlichkeit und Unendlichkeit. Gedanken zur Deutung des menschlichen Daseisns*, Knecht, Frankfurt a. M. 1967, p. 11-20.

[14] *Ibidem*, p. 13.

[15] Interessantes convergências podem ser projetadas com alguns estudos de antropologia filosófica, contemporâneos ou precedentes a estas reflexões. Pense-se apenas na concepção plessneriana da natural transcendência biológica do homem à excentricidade. Cf. H. Plessner, *Die Stufen des Organishen und der Mensch. Einleitung in die philosophische Anthropologie*, Walter de Gruyter, Berlin-New York 1975, ou *Ein Newton des Grashalms?*,

à própria superação: está *über-sich-hinaus*, isto é, originariamente relacionado, coisa que pressupõe a existência de um onde, para o qual tender. Onde se dá o homem revela-se um horizonte mundial, uma natural ulterioridade, um estar no mundo que nada está na condição de interromper: o qualquer coisa é dado com o homem.

7. Da substância à relação

A categoria do *estar no mundo* pode também ser lida como um último ato de um percurso que substituiu, pelo primado da substância, o da relação. A passagem da *ousía* ao *prós-ti*, da *substantia* à *relatio*, acontece lentamente no curso da História.[16] Desde a metafísica aristotélica, a *ousía* é aquilo que está em primeiro lugar e que funciona como base e princípio das demais categorias, está representando aquilo que é óbvio, que é em si, o sujeito de qualquer predicado, o sujeito do qual é predicável todo o resto, também a relação. A substância – de um animal por exemplo – pode ser compreendida mediante uma definição, *horismós*, que tem a função de dizer-nos essencialmente que coisa seja esta coisa, isto é, de pôr aqueles limites conceituais, aquelas delimitações que confirmam exatamente o que se pode encontrar no interior de tais cortes (animais). Só em um segundo momento, pressuposta a existência da substância animal, pode-se afirmar sobre ela que se situa na terra, está cansada, ou seja, podem-se atribuir-lhe características secundárias. Disso se deduz a existência de um mundo de ideias platônicas, formas aristotélicas, de coisas bem definidas e separadas do resto do mundo (entre as quais o homem, animal racional), e que só num segundo momento podem abrir um diálogo com o

---

in *Gesammelte Schriften*, Suhrkamp Verlag, Frankfurt a. M. 1983, p. 247-266.

[16] A respeito da passagem substância-relação acontecida no curso da história da filosofia, cf. sobretudo o artigo de B. Welte, *Über zwei Wesen, das Ewige zu denken*, in *Zwischen Zeit und Ewigkeit. Abhandlungen und Versuche*, Herder, Freiburg-Basel-Wien 1982, p. 25-42.

mundo. As tradições tomista e cartesiana insistem substancialmente em tal postura, na qual sujeito e objeto estão, enfim, separados. Se a *substantia* tomista é afiançada como aquilo que é, o ente em si subsistente, ao qual não compete o *ser no outro*, a *res* cartesiana lhe toma o lugar, com a agravante, agora, de que tal substância pensante se propõe a si como fonte e garantia da objetividade externa, da substância pensada, radicalizando a diferença entre sujeito e objeto.[17] Deus mesmo é concebido como substância infinita. Deduz-se daí que a metafísica clássica, sobretudo com Descartes e Kant, mesmo continuando a insistir na existência da coisa em si, que está na base de todo conhecimento certo e verdadeiro, resvala na direção de um primado absoluto do sujeito e de uma evidente dependência deste: a "pretensa objetividade transforma-se então na objetividade de uma subjetividade concebida de modo novo".[18] Segundo essa dominante impostação, a substância é aquilo que realmente é, o verdadeiro fundamento.

Radical é a reviravolta que acontece na filosofia contemporânea, principalmente com Husserl, que, introduzindo a suspensão do juízo, o *epoché*, termina por colocar em dúvida a obviedade da substancialidade e, com os conceitos de *noesi* e *noema*, põe as premissas para a substituição da substância pela relação. Assim, enquanto antes os relacionamentos de categoria deviam ser explicados em relação à substância, agora, ao contrário, todas as substâncias, parece, são compreendidas a partir de um relacionamento. Em princípio, é o relacionamento e não a subjetividade que em seguida se relaciona a outro: no princípio existe a relação. Ainda mais decisivo é Heidegger, quando introduz a definição de homem como ser-aqui, originário *ser no mundo, com ser aqui*,[19] a definição do pensar como agradecer

---

[17] "Aquilo que antes se chamava *ousía* e mais tarde *substantia*, nele se chama de novo *substantia* ou também *res*" (*Ibidem*, p. 27).

[18] *Ibidem*, p. 30.

[19] Cf. M. Heidegger, *Sein und Zeit*, Niemeyer Verlag, Tübingen 1986, p. 117-125 (*Ser e Tempo*, Vozes, 2000).

(*denken als danken*), a do ser como acontecimento, *Ereignis*, a de verdade, como destino.

Dentro dessa moldura insere-se a redução fenomenológica do homem, entendido essencialmente como ente cuja substância é a relação.

8. A abertura do homem como abertura do ser

O deter-se do homem em uma originária relacionalidade é possível em virtude de seu deter-se na luminosidade do ser, que com sua iluminação possibilita o jogo recíproco, a coaparição do eu e do mundo. Com o ser aparece simultaneamente o mundo inteiro em sua relação. Só a partir do acontecer do ser, o existente vem à luz, o qualquer coisa se revela. Isso significa, para não usar categorias heideggerianas, que tudo o que existe, assim como existe, pressupõe um espaço de existência que permite e condiciona o surgimento de cada coisa; de fato, no nada é impossível que qualquer coisa apareça, tanto mais se pensamos no fato de que etimologicamente "nada" exprime exatamente a ausência de ente.[20] No ser, ao contrário, vêm à luz o mundo, o homem, a disposição das coisas e sobretudo o modo como o homem compreende e se relaciona com tudo o que o circunda. O abrir-se do homem sobre o mundo, ou seja, sua compreensão do ser das coisas, muda conforme as épocas e, conforme as épocas, muda, por exemplo, seu modo de relacionar-se com a natureza. Por isso, se em determinada época a natureza aparece como revelação do mistério profundo da vida, no qual se esconde o sagrado, e em outra época como simples fonte de provisionamento energético, e para alimentar o lúdico, isto é, como puro instrumento nas nossas mãos, isso não depende simplesmente da arrogância crescente do homem. Antes, precisamente no modo diferente de ver as coisas fala um modo diferente de ser das coisas, que toma a forma da época. Se o rio de Heráclito não é mais nosso rio, para o qual pensamos construir diques e margens, isso depende do

---

[20] Cf. B. Welte, *Über die verschiedenen Bedeutungen des Nichts*, in *Zwischen Zeit und Ewigkei*, cit., p. 43-50.

fato de que o ser fala diferentemente nas duas épocas e, por causa dessa sua mutação, mudam o ser das coisas e a compreensão das coisas por parte do homem. O relacionamento que ele terá com os entes – seja de um ponto de vista prático ou teórico – será o espelho dos diversos modos de abrir-se do ser. Assim, a própria verdade, que ontem se mostrava como substância, hoje se mostra como relação. Nesse jogo de sombras e luzes, o homem desenvolve um trabalho ativo, pois, diferentemente de todos os outros entes, com seu integrar-se e existir, participa da libertação do ser, tanto que "este simples ser-aqui se mostra ainda no princípio como abertura do Mostrar-se. O ser-aqui e o estar na claridade da luminosidade são o mesmo".[21] Podemos afirmar, agora, que o homem está tão distante do resto do mundo quanto a luz da escuridão. O inanimado, a pedra, a planta, o animal mais evoluído, ou qualquer engenho artificial, existem sem outro, mas nenhum deles "é aqui", aberto a si mesmo e à consciência ontológica: nenhum vive o outro e o ego como problema interrogativo. Isso significa, de um lado, sustentar a diferença de essência com o resto do mundo, declarando a especificidade humana uma questão ontológica (em divergência com a orientação sustentada naqueles anos por uma parte da nova antropologia filosófica);[22] de outro lado, significa reprojetar na mesma dimensão física e corpórea do ser-aqui a expressão inevitável de seu original estar em jogo, que acontece por si mesmo.

9. O homem: campo para jogo

A estrela é luminosa, em si, no entanto, é escura como o inanimado. Brilha, mas em si é escuridão se está fechada ao mundo, inconsciente de si, de seu existir e de sua relação com o Universo. Com ela não se abre um mundo. Ao contrário, luminoso é o homem que, vivendo, ilumina o mundo. De fato, ele é originariamente outro si mesmo, e é graças a ele que de certo

---

[21] B. Welte, *Determination und Freiheit,* cit., p. 27.
[22] Orientação sustentada particularmente por Arnold Gehlen, em sua obra principal *Der Mensch. Seine Natur und seine Stellung in der Welt*, Athenaion, Wiesbaden 1978; tr. de C. Mainoldi, *L'uomo. La sua natura e il suo posto nel mondo*, Feltrinelli, Milano 1983.

modo vêm à existência a planta e o animal, que têm de si uma consciência muito parcial. O homem é o outro, ou, como já sustentara Feuerbach, o um é dois, o homem é dois.[23] Na base de tal familiaridade com o todo está a luminosidade do ser que torna o homem humano, ou seja, um campo para jogo. O homem emerge quando emerge a maravilha da existência de qualquer coisa que se coloca sob a forma de pergunta: que é isto? Qualquer coisa é, e eu me maravilho pelo fato de encontrá-la e que essa qualquer coisa seja e, em sendo, esteja sempre em familiaridade comigo. O fato de eu poder colocar a pergunta "que é isto?" testemunha a ontológica copertença do ser do ente e do homem, de ser do ente e compreensão que disso o homem pode ter. O fato de que somente eu no mundo possa maravilhar-me e perguntar-me a respeito do ser de qualquer coisa, me diz que no fundo o ser se revela a mim, que eu estou em condição de desarticular o fechamento do mundo e referir-me a isso que aparece como o *primum* por excelência,[24] o ser, que fundamenta nossa compreensão. Como para Santo Tomás, o ser para Welte é a luminosidade primordial graças a qual o resto se revela e se problematiza, e, portanto, quando nos colocamos perguntas, fazemo-lo porque, no fundo, estamos já na luz: "a partir do momento em que, interrogando, nos observamos ao redor: que é isto?, nós já nos movemos nessa luz e, simultaneamente, recebemos seus raios nas costas".[25]

A abertura do ser, todavia, toma as formas indeterminadas disso e daquilo, de qualquer coisa que, concedendo-se, nos abre espaço e nos revela a abertura na qual estamos posicionados. Pensar, indicar, compreender são o sinal da copertença do ser e do homem, no ser--aqui.[26] Falar, portanto, é humano, porque é humano perguntar.

---

[23] B. Welte, *Geschichtlichkeit und Offenbarung*, Knecht, Frankfurt a. M. 1993, p. 26; tr. de O. Tolone, *Storicità e rivelazione*, Milella, Lecce 1997, p. 35.

[24] Cf. B. Welte, *Heilsverständnis. Philosophische Untersuchung einiger Voraussetzungen zum Vertändnis des Christentums*, Herder, Freiburg-Basel-Wien 1966, p. 43.

[25] *Ibidem*.

[26] Cf. M. Heidegger, *Identität und Differenz*, Neske Verlag, Pfullingen 1957; aos cuidados de U.M. Ugazio, *Identità e differenza*, in "Aut Aut" 187-188 (1982), p. 2-37.

Perguntar e falar são o sinal do ser-aqui no mundo, da abertura que se torna problema, da qual o homem pode tomar distância, que ele pode nominar e tornar objeto. Lembra Karl Löwith[27] que o homem é capaz usar a palavra porque antes de tudo é capaz de perguntar, isto é, de confrontar-se com aquilo com que desde sempre está em relação: o ser originário. Pergunta-se, então, porque há problemas perante o gratuito desprender-se do ser do ente: tudo é problemático. O verdadeiro nó, porém, é o ser e sua relacionalidade com o ser-aqui. Não é por acaso que no *Gênesis* Deus se volta para o homem com estas palavras: "Onde estás?".[28] O homem, imediatamente, deve prestar conta de qualquer coisa: antes de tudo, o homem *responde*, teve de dar uma explicação, dar uma resposta a uma pergunta premente e perturbadora, ao perturbante ser do ser. O fato de Deus se voltar pela primeira vez para o homem (que acabava de cair) interrogando-o, nos lembra que o homem nasce submisso a uma pergunta. Encontrar-se de improviso como coisa entre as coisas obriga o homem a prestar conta, a explicar-se àquele mar de realidade do qual o separa a consciência e ao qual o une a pertença comum ao ser. O existir, em sua pura presença, dirá Sartre, é desconcertante, é uma pergunta sem resposta que entretanto fomenta no homem a pergunta ontológica, da qual todas as demais perguntas são fragmentos. Sendo-aqui, o homem está no mundo, capaz de tomar distância, de interrogar-se, dar-se respostas e construir positivamente uma interação que assume as formas da cultura. Sendo-aqui, o homem renuncia à substância e se torna possibilidade, livre agir, espaço e lugar onde transformar-se.

---

[27] K. Löwith, *Natur und Humanität des Menschen*, in *Sämtlichen Schriften*, vol. 1, hrsg. von K. Stichweh, M.B. de Launay, Poeschel Verlag, Stuttgart 1981, p. 259-294.

[28] "Então abriram-se os olhos de ambos e, percebendo que estavam nus, juntaram folhas de figueira e fizeram tangas para si. Ouvindo o rumor de Javé Deus, que passeava no jardim à brisa do dia, o homem e a mulher se esconderam de Javé Deus no meio das árvores do jardim. Mas Javé Deus chamou o homem e lhe disse: 'Onde estás?' Respondeu: 'Ouvi o teu rumor no jardim e tive medo, porque estou nu, e me escondi'" (Gn 3,7-10).

2

A FINITUDE DO HOMEM

1. Os limites do ser humano

Na raiz de todo modo de ser humano existe a originária relação entre o ser com o ser-aqui, lugar privilegiado no qual se desenvolve a pergunta sobre o ser e no qual o ser se torna problema para si mesmo. O lance da ontologia termina por reconduzir toda pergunta àquela do início. O humano *ser aqui no mundo*, pelo simples fato de ser-aqui nestes termos, encerra em si a marca da disputa, da dialética inconclusa, que tem na liberdade sua expressão plena.

Neste ser para o mundo e abrir o mundo, o homem recoloca uma conflitualidade interna que assume as formas mais variadas e que denota a íntima contraposição de finito e infinito. A um homem entendido como *ser aqui no mundo* compete, para começar, uma limitação estrutural.

Antes do mais, o fato de vir ao mundo implica já por si o reconhecimento do mundo, a aceitação de um horizonte determinado para o interior, a partir do qual mover-se e agir e que pelo próprio fato de se dar se impõe a nós como um dado de fato inequívoco. Portanto, tudo o que eu vejo, ouço, tudo aquilo com o qual entro em contato, de um ponto de vista físico ou espiritual, condiciona minha existência e, embora este mundo-ambiente seja também a condição para que o homem se desenvolva e desenvolva suas potencialidades, isso representa simultaneamente uma determinante externa da qual não é bom nem possível esquivar-se.

Digamos simplesmente que o preexistente,[1] de qualquer gênero que seja, se proponha ora como condição de possibilidade do homem, definido de fato originariamente como ser no mundo, ora como seu limite intrínseco. Desse mundo-ambiente preexistente naturalmente fazem parte o mundo natural e o mundo da convivência humana, mutável para cada um, mas para cada um igual, ou seja, "dado".

Esse condicionamento resulta mais evidente e inevitável no momento em que se leve em consideração o homem em movimento, em ação, porque nesse caso parece evidente que todo agir e todo relacionar-se é sempre referido a qualquer coisa.[2] Eu me refiro a ti que me escutas ou à maçã colocada sobre a mesa, dirijo-me em tua direção ou te evito, em suma, tenho o que fazer com uma disposição, física ou não, que influencia meu ser e meu transformar-me e que vivo como um pressuposto do qual não posso, mesmo querendo, esquivar-me. O qualquer coisa já dado, o ser mundo é por si uma determinante que, como nos lembra Löwith, se impõe a nós como qualquer coisa de problemático à qual dar uma resposta.

Acrescente-se a isso que ao lado do limite do mundo entendido como pré-existente coloca-se o limite específico *deste* mundo, deste pré-existente. De fato, à finitude por assim dizer criatural – que nos impõe prestar contas de qualquer coisa sobre a qual não decidimos – soma-se a finitude de dever prestar contas "deste" qualquer coisa específico, ou seja, aos limites de um homem somam-se os limites do homem que eu sou: isto é, de ter exclusivamente meu mundo aqui e agora. Essa passagem, entretanto, requer posteriores esclarecimentos, pois remete à estrutural localização espaço-temporal do homem, isto é, a seu ser sempre *hic et nunc*.

O estar num lugar. Eu estou sempre num espaço bem preciso, porque eu sou também meu corpo, e meu corpo, apesar do crescimento a que está sujeito, e isso é a capacidade de expansão

---

[1] Cf. B. Welte, *Determination un Freiheit*, cit., p. 45.

[2] *Ibidem*, p. 46.

para o mundo típica de todo ser vivente, tem um relacionamento pontual com a realidade, ou seja, determina minha expectativa e meu ponto de vista. Assim, para falar como Leibniz, toda mônade possui só uma visão parcial e nebulosa daquilo que a circunda. Ninguém escolheu seu próprio espaço corpóreo, e o desejo de nele intervir corrigindo-o, modificando-o (por exemplo, com as intervenções de cirurgia plástica), ou negando-o, testemunha também a angústia com a qual se vive o fato de se ter sido o signatário desse corpo limitado e pronto. O desejo de ser mais alto e mais bonito é de qualquer forma o sinal de uma ruptura nos contornos disso que se é, que nasce da necessidade de ser mais do que a si próprio, também sob um ponto de vista físico. Todavia, esse ser em um espaço preciso assume conotações bem mais amplas a respeito do simples estar de posse do próprio corpo. Estar limitado no espaço significa, de fato, pertencer a esta terra, a esta paisagem, e, consequentemente, a uma cultura e a uma língua que o homem vive como próprias. Ser de um ou de outro lugar não é secundário, é, antes, essencial, mas não no sentido de que um é privilegiado ou mais afortunado em relação ao outro, ou, seja como for, não apenas, mesmo porque persiste a impossibilidade de se expandir além dos confins dos quais proviemos. Certamente, isso não quer dizer que a localização seja uma condenação ao fechamento e à incomunicabilidade, tanto mais hoje que estamos numa época da assim dita globalização. O "ser de um lugar" não exclui a possibilidade de viver como próprio também o resto do mundo e de seus lugares, e no entanto exclui o ser de qualquer outro lugar, pois o lugar do qual se provém é de qualquer forma o ponto de partida de onde se pode distanciar, eventualmente a ser superado, mas que para sempre permanece como referência a partir da qual relacionar-se com o restante: em suma, o prejuízo a ser conhecido, mas não a ser eliminado. Nessa ótica, até mesmo o cosmopolitismo existe para evidenciar seus limites estruturais. Com efeito, enquanto se pode realizar uma operação de codivisão e de abertura nos contornos de outras civilizações, de outras terras, de outras culturas em geral, não se poderá jamais evitar de se colocar atrás do espaço originário do qual se provém – assim como nos colocamos atrás do corpo.[3]

Eu estou sempre num tempo bem-preciso, que assume as feições da época, do período histórico e de suas recorrentes perguntas, do tempo em que vivo e da relativa duração de meu corpo e de minha vida. Antes de tudo, cada um de nós está obrigado a viver *somente* a duração da própria singular existência, a qual, prescindindo da extensão mais ou menos respeitável, permanecerá sempre insatisfeita. Essa insatisfação, mais que uma ingênua curiosidade, esconde o desejo de viver em outra época histórica, ou seja, a necessidade de se projetar além do tempo que se é obrigado a viver por limites intrínsecos. A necessidade de não se parar no aqui e agora nos recorda que esse é nosso horizonte mais próprio. Portanto, embora se possa falar do homem como de um lugar utópico,[4] porque sempre em condição de se projetar além de si próprio e, em vista disso, de estar ali onde não está, isso, não obstante tal operação de transcendência, recorda-nos sobretudo que estamos aqui e não ali, que somos agora e não antes, que jamais seremos medievais, sejam quais forem os esforços que possamos fazer para conseguir uma "fusão dos horizontes" e adentrar-nos na mentalidade daquele tempo. Que não seremos para sempre. Como temos um ponto espacial do qual partir, temos dele um espaço temporal que nos abre a todos os outros espaços temporais, e que representa realmente nossa pátria. Logo, o inexplicável e indiscutível fato de estar aqui, agora, e não alhures, amanhã, é o sinal palpável de uma finitude da qual não se subtraem os dotes tipicamente humanos de abertura ao diferente, em sentido amplo, e da qual são expressões a capacidade de traduzir de outras línguas, de reconstruir civilizações passadas ou de estudar a História.

Tal pensamento pode ser sintetizado também de outra maneira, ou seja, concentrando a atenção sobre a unicidade e sobre a parcialidade

---

[3] Cf. B. Welte, *Im Spielfeld von Endlichkeit und Unendlichkeit*, cit., p. 25.
[4] Cf. H. Plessner, *Die Stufen des Organischen und der Mensch*, cit., p. 341-346.

de cada perspectiva. Eu sou eu mesmo e só eu mesmo.[5] Por mais esforços que eu realize, por mais tentativas que possa fazer para tomar as distâncias de mim, esta operação está destinada a falir, a menos que não se queira arriscar um verdadeiro e peculiar naufrágio existencial, a menos que não se queira alienar-se renunciando ao reconhecimento e aceitação da própria identidade. Mas, nesse caso, tem início a própria doença mental,[6] na qual a amplitude das pretensões supera largamente a das possibilidades. De fato, nenhum de nós pode menosprezar-se a si mesmo, e, não obstantes os defeitos, este estar centrado sobre si permanece a única verdade permanente. Não obstante a excentricidade o torne sempre mais do ele efetivamente é, o homem tem um destino ao qual não pode esquivar-se: aquele de ser ele mesmo. Por isso, também o fato de ser *quodammodo omnia* é uma maneira diferente de nos recordar que embora sendo nós tudo, de certo modo, em sentido estrito não somos nada a mais do que o que somos agora, aqui e pelo tempo consentido. Não somos outro senão nós mesmos, pelo que não só nos é impossível ser Júlio César, como também ser o gato que temos à frente ou a vizinha do andar de cima. O eu que somos é nosso destino e, como tal, também fonte de restrições e de limitação.

Dizer que o homem é limitado no espaço e no tempo, e que não pode ser outro senão ele mesmo, significa apenas tornar mais explícito o significado que assume o "aqui" dentro da expressão ser-aqui. É seguramente verdade que esse seu ser no mundo é antes de tudo uma abertura, que fornece aquele campo para jogo no qual emergem as infinitas possibilidades do homem, as inumeráveis imagens de si às quais ele pode dar seguimento ou não. Se de fato viesse a faltar esse espectro de opções, essa imprevisibilidade no jogo das escolhas e das oportunidades, não nos encontraríamos certamente diante de um ser livre e responsável, mas de um manequim bem-engenhoso.

---

[5] B. Welte, *Im Spielfeld von Endlichkeit und Unendlichkeit,* cit., p. 27.
[6] Cf. G. Stanghellini, *Antropologia della vulnerabilità,* Feltrinelli, Milano 1997, p. 76-78.

O homem, ao contrário, vive nessa abertura, que frequentemente é uma mudança de pátria, como num jogo de mil possibilidades, no qual existe o aspecto que, entre tantos, ele quererá assumir. Não por acaso é Kierkegaard, um dos mestres de Welte, que distingue na possibilidade uma das categorias fundamentais, das quais todavia ele ressalta não só a dimensão positiva, quanto a angustiante e finita. Assim, assinar qualquer obra própria com um pseudônimo diferente se tornava não só uma virtual multiplicação de si mesmo e dos caminhos eventualmente a se percorrer, como também um chamado da necessidade de decisão que, se de um lado nos faz sentir--nos poderosos e reis, do outro nos faz viver a derrota por ter tido de voltar as costas a tudo aquilo que, escolhendo, ficou abandonado. *Ter possibilidades, portanto, é por si um elemento de limitação*, e não só por esse motivo. O homem é ontologicamente limitado porque incapaz de ser tudo aquilo que pensa, de fazer todas as coisas, de amar plenamente, de estar sempre cheio de energias, ou seja, a expansão em qualquer direção chega sempre a um ponto limite que, mesmo mudando e distanciando-se no tempo, permanece o mesmo. Assim, progredir no campo do saber, por exemplo, não nos torna, por pouco que seja, menos finitos, porque o sentido de finitude é diretamente proporcional aos avanços e progressos conseguidos, pelo que nada é mais verdadeiro que a máxima segundo a qual "mais sou e menos sou". E, como para o conhecimento, isso vale também para todas as faculdades pelas quais se explica normalmente a humanidade do homem. Por isso, não só o homem está obrigado a escolher entre infinitas possibilidades, excluindo todas as demais, mas, uma vez feita a escolha, ele não está nem mesmo em condição de levá--la a fundo, pelo que dar a vida pela ciência penaliza duplamente o cientista. Antes de tudo, porque não poderá ser tantas outras coisas, e depois porque não saberá ser nem mesmo cientista em profundidade. Eu não posso saber e fazer tudo, eu não posso tudo. Além do mais, diversamente do que sustenta Feuerbach, essa impotência metafísica não pertence apenas ao homem enquanto indivíduo, mas à Humanidade em sua totalidade.⁷ É o homem integral que é impotente, que sente o peso da própria insuficiência, e os grandes avanços da tecnologia, da medicina, não fazem senão aprofundar o sentido do fracasso e da incompletude. Nessa perspectiva, não há espaço para qualquer pensamento crítico ou marxista, que pense que a emancipação da Humanidade seja só efeito de tempo, ou que devolva as responsabilidades do insucesso às formas de estruturar a sociedade, de condicionar a vida psíquica, de redistribuir o dinheiro e de investi-lo na pesquisa e na tecnologia. Nada disso é capaz de mudar o destino do homem.

*O homem é mortal.*⁸ No corpo, a finitude do homem se faz finalmente visível e se torna um fato reconhecido, confirmado pelos próprios limites que o confinam. O corpo, de fato, é uma realidade ampla, circunscrita, sujeita a crescimentos físicos reduzidos, que, com o tempo, tendem com certeza a desaparecer. Na acepção que estamos utilizando, o corpo é entendido como coisa, como objeto que se encontra a nossa frente, com o qual temos uma relação e que em mais de uma circunstância pode parecer estranho e desagradável. Esta cisão é possível em virtude da dupla natureza do corpo. Por um lado, isso coincide plenamente com nós mesmos, no sentido de que nós somos nosso corpo e nosso corpo é o imediato desdobramento daquilo que somos, e por seu intermédio colocamos em ação nossas potencialidades, enxergamos com nossos olhos, ouvimos com nossos ouvidos, ou seja, o transformamos em instrumento, *medium* da vida. O lado positivo da fisicidade consiste no fato de que ela conduz e promove naturalmente a presença daquilo que somos.⁹ Por outro lado, a fisicidade se torna obstáculo à realização dos nossos desejos, dos pensamentos e das ações, mostrando o lado obscuro, obstrutivo, que age como peso e empecilho, que

---

⁷ B. Welte, *Im Spielfeld von Endlichkeit un Unendlichkeit*, cit., p. 23.

⁸ *Ibidem*, p. 28.

⁹ B. Welte, *Auf der Spur des Ewigen. Philosophische Abhandlungen über verschiedene Gegenstände der Religion und der Theologie*, Herder, Freiburg-Basel-Wien 1965, p. 86.

limita e impede o livre jogo das faculdades humanas. O corpo é um desmancha-prazeres, pois nos momentos menos oportunos intervém para nos lembrar aquilo que somos, para nos impor suas leis férreas, para fixar os limites de nossos sonhos ancorando-nos, no bem e no mal, no mundo do factível. Emerge portanto seu lado passivo, aquele que faz resistência, que nos diz até onde é possível nos lançarmos porque, além daquele ponto, vai-se ao encontro da banalidade mais corriqueira, da queda, da dor, da doença que desemboca na morte. Banal é não poder pensar por causa da dor e, devido à insônia, não poder dormir, estar à mercê do vento e dos objetos mais insignificantes, porque nós somos, sim, cães pensantes, mas sobretudo cães em poder das fumaças e vapores venenosos suficientes para nos eliminar – ensina Pascal.[10] Por esse motivo, é realmente difícil identificar-se com o corpo, sentir-se totalmente um com algo que, algumas vezes, nos sustenta e, outras, nos parece completamente distante de nossas necessidades íntimas, a ponto de nos parecer inconfiável e traidor. A relação com o corpo é dialética, porque aquilo que ele com uma mão abre e elucida, com a outra fecha e subtrai:

> a corporeidade por meio de sua essência limita e reduz nossa própria vida, ameaça-a e a tenta inexoravelmente através de sua efetiva constituição. Todavia, ela permanece, nisso, inalterada, positiva condição e horizonte de toda presença e realidade qualitativamente consumada de nosso ser-aqui.[11]

Esta ambivalência é particularmente evidente e impactante em alguns fenômenos, nos quais é possível viver o máximo e o mínimo alheamento com o corpo: o eros, a culpa, a doença e a morte.

---

[10] B. Pascal, *Pensieri,* aos cuidados de A. Bausola, Rusconi, Milano 1993, p.153 (*Pensamentos*, M. Claret, 2004).

[11] B. Welte, *Auf der Spur des Ewigen*, cit., p. 92.

2. O eros

Na relação erótica, qualquer que seja, acontece que o ser corpo e o ter corpo se fazem uma coisa só; assim, nos movimentos que veem como protagonista a fisicidade, realiza-se uma real simbiose com o ego, que se sente plenamente representado e expresso por um *medium* que naquela dificuldade parece inteiramente adequado. É como se nesse tipo de relacionamento contasse menos a ambiguidade há pouco descrita e emergisse, ao contrário, uma consonância, uma unanimidade de intenções a ponto de tornar o corpo leve e a intenção material. No eros não se percebe exclusivamente a superação da fratura, pelo fato do não sentir mais o próprio corpo, ou seja, de não o sentir como instrumento embaraçoso, que deva ser pilotado e guiado para melhores serviços; não se vive apenas um sentido de familiaridade e casamento conosco mesmos, mas uma sensação de não alteridade com o outro, capaz de "redimir" a finitude do corpo e de elevá-la a uma condição de plenitude. Esta, porém, é uma ventura que nem sempre se verifica, a partir do momento que nem sempre se vive o ato amoroso como um jogo, como um encontro livre destituído de finalidade. Na carícia – recorda-nos Levinas[12] – a mão nada procura, não se propõe objetivos, mas vaga simplesmente sem meta, no jogo das partes, tocando de leve sem agarrar, sem necessidade de capturar o corpo, de se fazer dono dele, antes para liberá-lo e subtraí-lo dos próprios limites. Porque na carícia e em todo contato erótico acontece uma invasão recíproca, que expande os limites subjetivos tornando-os evanescentes; acariciando, evapora-se a linha de demarcação da mão que toca e do corpo que é tocado, e, nesse deslizar, se dá origem a uma abertura que assume as características de um jogo feliz. Também nesse caso pode-se de repente romper dolorosamente a banalidade do corpo, não apenas externamente, em forma de doença, mas internamente, assumindo as feições da angústia, da vergonha, do embaraço devido à própria nudez.[13] No enrijecimento que aprisiona

---

[12] E. Levinas, *Il tempo e l'altro*, Il Melangolo, Genova 1987, p. 58.

[13] B. Welte, *Auf der Spur des Ewigen*, cit., p. 96; cf., além disso, M. Scheler,

todo indivíduo em seu ser mais profundo, para o qual já o próprio corpo é coisa estranha e distante, volta a falar a inadequação mais estrutural, contra a própria vontade e, geralmente, no momento do impulso máximo para o outro. Qualquer coisa semelhante acontece na experiência da culpa.

3. A culpa[14]

Enquanto os limites do corpo são vencidos prevalentemente como uma injustiça ou como um destino pelo qual não somos de forma alguma responsáveis – no sentido de que o corpo faz sentir seu peso mesmo contra nossa vontade –, no caso da culpa acontece que ela é acompanhada de uma íntima necessidade de redenção, que reforça ainda mais o refugado respeito por aquilo que teríamos desejado ou deveríamos cumprir. Na culpa, de fato, vive-se a recusa radical entre um projeto, uma ambição reconhecida como necessária e legítima e uma realização que se revela parcial e carente e que denota a sistemática inadequalidade disso que somos. Nessa experiência não se vive tanto a dor de um limite imposto quanto a dor de um limite interno, oculto, do qual, de uma forma ou de outra, não conseguimos não nos sentir corresponsáveis. Toda vez que experimentamos essa sensação, nos damos conta simultaneamente de duas coisas: que jamais teríamos querido ser culpados, e que, mesmo sentindo-nos de fato culpados, jamais nos identificamos com nossa culpabilidade, como testemunha de uma distância que nos ajuda a não afundar completamente. O homem culpado sabe sempre de sua culpa, mas sabe também que não é inteiramente culpado. Não obstantes essas

---

Pudore e sentimento del pudore, Guida, Napoli 1979 e S. Kierkegaard, *Il concetto dell'angoscia*, Sansoni, Firenze 1991, p. 84 (*O Conceito da Angústia*, Hemus Livraria e Editora, 1968). Para ambos os autores, todavia, na dificuldade devida à nudez, na vergonha, fala qualquer coisa além da matéria, fala o espírito, que não se reconhece totalmente na banalidade do corpo.

[14] B. Welte, *Zwischen Zeit und Ewigkeit*, cit., p. 83.

atenuantes, tal consciência está acompanhada da convicção do irremediável, pois o que se cumpriu, o que foi violado, não poderá ser refeito, e os gestos assumem um valor inaudito, ditado pelo fato de que têm o poder de causar danos irreparáveis. O ser-aqui do homem resvala para seu ponto mais baixo e parece ancorar-se para sempre no erro cometido, pelo que nada parece em condição de salvá-lo dessa condenação, nada mais é capaz de torná-lo diverso do que é naquele momento, assim que o passado assume a primazia, enquanto o futuro perde a própria força revolucionária, surgindo como aquilo que, mesmo querendo, não poderá modificar o fato de que aquilo que aconteceu tenha acontecido. Na culpa, o futuro é impotente em relação ao passado, e o culpado está posicionado em seu gesto, que de maneira alguma poderá ser cancelado. Com efeito, nenhuma coisa finita, nenhum gesto reparatório estão em condição de compensar o vazio aberto e recuperar uma situação comprometida definitivamente: para um culpado não há reabilitação segura. No caso de que seja toda a sociedade a fazer-se porta-voz de tal instância e a negar qualquer possibilidade de redenção, em nome do fato de que, por exemplo, ninguém mais poderá restituir-nos a vida de um homem que já não existe ou a integridade de pessoas que não mais serão as mesmas, abre-se o caminho para um sistema amplamente repressivo. Portanto, uma vez identificado o homem com o que fez e cometeu, nada resta senão sancioná-lo com uma pena igualmente irremediável e definitiva: a pena de morte.[15] De qualquer maneira, a culpa não é coisa de que o homem possa fugir, *nela* e *contra* ela o homem naufraga, sem nada

---

[15] Só reforçando a centralidade da abertura para o mundo, entendida como infinita possibilidade de transcendência nos confrontos consigo, com o mundo, e, portanto, nos confrontos com as próprias ações, é possível reconhecer para o homem uma dignidade perene, que nenhum gesto é capaz de eliminar definitivamente. Nesse caso, o executor de um crime, enquanto responsável, jamais se ajustará totalmente com o ato cometido, conservando consequentemente uma ulterioridade. Em nome disso, por exemplo, Giuseppe Capograssi, embora proveniente de outra tradição filosófica, é pela condenação da pena de morte. Cf. G. Capograssi, *Opere*, vol. 3, Giuffrè Editore, Milano 1959, p. 90-99.

poder fazer, sem poder opor-se a um combate que demonstra a íntima rebelião, o íntimo desarranjo do culpado.

4. A saúde

Igualmente forte é o desarranjo experimentado, por parte do doente, nos confrontos com o próprio corpo. Também neste caso há uma luta entre ego e ego que deriva do fato de o homem ser simultaneamente pessoa corpórea e corpo pessoal. A dor e o sofrimento não são uma prerrogativa exclusiva do médico, mas pertencem a todos; em todos os casos são fenômenos que se apresentam ao homem como sinal de conflito. Ele, na verdade, não quer sofrer. Esta é a primeira verdade com a qual todos, mais dia menos dia, concordamos por meio de nossa experiência pessoal.

O homem quer ser sadio, isto é, tem de si uma imagem dinâmica que o conduz a aspirar ao próprio equilíbrio psico-físico, à saúde plena.

O homem deve sofrer, no sentido de que está destinado a sucumbir a essa segunda força que cedo ou tarde prevalece, e que no entanto é vivida como força alheia e alienante, como abuso injustificado.

Onde há o desencontro há a dor: o mal e o estranho tornam-se coisa minha contra a minha vontade, de forma que o doente, o paciente, não é só campo de batalha para uma luta dos elementos, mas também combatente ao qual o médico deve apelar de maneira dialógica, a fim de despertar em quem sofre o potencial existencial e transformá-lo em parte ativa na cura. Paciente não é aquele que padece, que recebe os cuidados do médico, mas antes aquele cuja natureza reage a uma força alienante: *medicus curat, natura sanat.*[16]

---

[16] B. Welte, *Leiden und Heilen*, in B. Welte, *Zwischen Zeit und Ewigkeit*, cit., p. 121-131.

5. A morte

Talvez seja exatamente na morte que se vive, na forma mais estridente, o contraste em relação à desesperada finitude do homem. Se, de fato, na angústia emerge o fracasso no qual a projetividade positiva começa a vacilar e se alarga o sentido de inadequação, até se tornar um verdadeiro e peculiar elemento de crise, com a culpa e com a morte não há crise que se sustente. Não estamos mais diante de uma ameaça, como no caso da angústia, já não somos assediados por um perigo ao qual tentamos resistir; ao contrário, o peso da finitude se fez insuportável e violento, pelo qual todo projeto de sentido que não leve em conta a real imperfeição está destinado a arrebentar-se contra os dois obstáculos não contornáveis. Mas, em primeiro lugar, contra a morte. É ela o verdadeiro "espinho da finitude"[17] que aguilhoa e acompanha a vida de cada um e que cada um não gostaria de enfrentar como problema crucial da própria existência. Tanto é verdade que um mecanismo de defesa, talvez o mais eficaz colocado em ação pelo homem no curso de sua história, é o de transformar em tabu tal argumento. Dele é preferível não falar: antes, é uma verdadeira e peculiar interdição que, consciente ou inconscientemente, com maior ou menor força, está sancionada nas sociedades ocidentais, particularmente nas contemporâneas. A morte se torna inominável e inoportuna, escabrosa por sua essência, e, portanto, a ser afastada, não apenas como vocábulo e argumento de discussão e de pesquisa, mas também como fenômeno físico, intolerável para uma cultura toda voltada ao controle e ao domínio do imprevisto. Cultura que, tanto está interessada em "fazer aparecer a vida", em multiplicar os experimentos de clonagens e as qualidades de frutas presentes nas bancas de nossos mercados, quanto está atenta em fazer desaparecer os traços da morte dos lugares mais frequentados da vida cotidiana, em desimpedir o campo de uma presença invasora, sempre na condição

---

[17] "Stachel der Endlichkeit" (B. Welte, *Im Spielfeld von Endlichkeit und Unendlichkeit*, cit., p. 81).

de nos recordar a nudez do rei. E, assim, se houve tempo em que se nascia debaixo de um repolho – como demonstração de quanto estava no coração o mistério da origem –, hoje, segundo Philippe Ariès, sob um repolho se morre, como que para eliminar qualquer traço do que é tido como excessivamente desagradável.[18] Morrer em casa é hoje deselegante, pelo menos quanto enfrentar um discurso do gênero: o tabu trabalha de forma sorrateira para que se chegue, em boa paz com todos, à *morte da morte*. A existência desta forma de "evitamento" testemunha qual seja a força de tal fenômeno e qual a resistência do homem em seus confrontos, tanto mais se se considera que neutralizar um pensamento do gênero é quase impossível. Este volta nos momentos mais delicados a nos reforçar a ilusoriedade de todo projeto que não leve em conta o fato de que toda coisa e todo indivíduo estão destinados a naufragar. Eu devo morrer e nada posso fazer a respeito, nem mesmo removendo totalmente esse pensamento, lançando-me no sorvedouro da fatalidade, afanando-me, lendo jornais que me escondam o visual ou cultivando plantações de repolhos! Este é o limite por excelência do qual não posso fugir e que, como nos recorda Heidegger, nos faz viver a impossibilidade de qualquer outra possibilidade. Portanto, o homem: a) desliza lentamente *para* a morte, no sentido de que não quereria terminar dentro dela; b) naufraga *contra* a morte porque, mesmo não querendo morrer, não tem nenhum instrumento para evitar que isso aconteça[19] – quereria, mas não pode. A maior dignidade do homem reside exatamente nessa rebelião. Resta o fato de que tal aspiração mantém o caráter da cobiça, pois todos sabemos que, se há uma forma de democracia real, esta é exercida pela morte, que, surda aos reclamos de eternidade, reduz a pó toda coisa que se lhe apresente com igual veemência e inexorabilidade.

---

[18] Com relação às dinâmicas que têm levado, nas várias épocas históricas, à omissão do pensamento da morte dentro da sociedade ocidental, vejam-se o trabalho de P. Ariès, *Storia della morte in Occidente del Medioevo ai giorni nostri*, Rizzoli, Milano 1994 (*História da Morte no Ocidente: Da Idade Média aos nossos dias*, Ediouro, 2003), e o meu ensaio *Mito e morte nell'antropologia di Plessner*, in "Idee" 48 (2001), p. 165-178.

[19] B. Welte, *Im Spielfeld von Endlichkeit und Unendlichkeit*, cit., p. 95.

6. Os limites da História

A morte, em sentido amplo, não é somente um fenômeno que se refere a determinados indivíduos, mas uma lei que é fácil de encontrar em operação em todas as circunvoluções da História. O simples fato de que nela se vislumbre uma abertura para o impossível, uma propensão para o alto, não pode senão fazê-la aparecer a nossos olhos como qualquer coisa inconclusa e falimentar, incapaz de manter fé nas promessas feitas. Não obstantes todos os progressos e todas as conquistas conseguidas nos âmbitos mais diversos, desde o dos direitos humanos ao da defesa da vida e do ambiente, da salvaguarda da infância ou da equidade social e mundial, da redistribuição das riquezas etc., qualquer passo à frente é um passo para trás, porque prevalece o sentido de incompletude e inadimplência em relação àquilo que se nos era prefixado. A parcialidade dos resultados obtidos faz sim com que o curso da História apareça constelado de algumas grandes conquistas e muitos contínuos malogros, que avalizam a ideia de que ela esteja destinada a permanecer sempre atrás,[20] a estar sempre atrasada consigo mesma. Observando bem, porém, "a potência da finitude se mostra também de várias maneiras, mais elementares, ainda mais misteriosas. Manifesta-se na potência da morte, que põe fim a toda vida terrena".[21] A História, de fato, com seu fluxo ininterrupto, tem força para desviar a atenção dos acontecimentos de um protagonista e concentrá-la sobre a sucessão dos protagonistas e dos acontecimentos, que parecem transcorrer com um movimento autônomo e incorrigível, como se tudo devesse ir adiante prescindindo dos homens e das circunstâncias. A História parece dotada de uma autossuficiência que nada nem ninguém tem a capacidade de arranhar, nem mesmo o desaparecimento físico daqueles que materialmente eram os protagonistas dela. Assim, não há evento, pequeno ou grande, que seja levado avante e concluído pelas mesmas pessoas que o haviam

---

[20] B. Welte, *Storicità e rivelazione*, cit., p. 65-67.
[21] *Ibidem*, p. 65.

empreendido, não há revolução ou reforma que tenha o mesmo executor do princípio ao fim, porque é prerrogativa do tempo assistir inerme ao surgimento e ao desaparecimento de todos, e tudo isso sem particulares maravilhas. Ou melhor, há um momento, um breve átimo, no qual o desaparecimento do líder parece colocar definitivamente em crise o andamento dos fatos e assim tornar-se insuportável, chocante, há um momento em que a morte de qualquer um nos recorda o caráter insubstituível que ele tinha, e toda tentativa de perseverar no caminho por ele aberto parece vã. Ainda assim, é só um instante, o primeiro, aquele no qual prevalece o vazio, a solidão de todos, e a perda parece um fato ao qual nada nem ninguém está em condição de remediar, porque onde havia um homem agora não há nenhum, onde havia um povo resta uma massa de gente de luto. Naquele momento "o defunto e sua obra são insubstituíveis",[22] mas só por um brevíssimo espaço de tempo, que passado tudo retorna ao seu posto e recomeça como se nada tivesse acontecido. A queda de um reino, a queda de um homem provocam ansiedade, porque por um instante prevalece a consciência de que toda coisa é destinada a durar para sempre e transformar-se em história a ser estudada. Por um instante, a finitude faz seu ingresso na História e nos recorda que não há império, mesmo milenar, que resista, que não há rei, mesmo duradouro, que reine eternamente. Não é esse, porém, o único modo de falar da finitude; esta se faz caminho na democracia e no conflito entre "potências mundiais". Prescindindo, de fato, do manifestar-se da morte como tal, é na fragmentação e no atrito entre povos que nós a divisamos. Sendo a História um campo para jogo, um cenário circunscrito e limitado, e, ao contrário, sendo múltiplas as forças em campo, todas aguerridas e desejosas de impor a própria supremacia sobre os outros, o resultado não poderá ser senão um perene conflito, um *bellum omnium contra omnes*. Que seja uma guerra de todos contra todos está no normal das coisas, a partir do momento que todos os componentes, cada potência mundial, pelas indeferidas

---

[22] *Ibidem.*

pretensões sobre o mundo, se coloca como *a* potência mundial, como a única capaz de se impor às demais, de se expandir além de todo limite físico e ideal, para finalmente se fazer Deus. A realidade, no entanto, é bem diversa, os povos são muitos e o território restrito, razão pela qual ou se acolhe pacificamente o princípio hobbesiano segundo o qual *Jus in omnia est retinendum*, ou se sofre materialmente no confronto com os outros atores, que pensam exatamente da mesma maneira. O limite, portanto, é intrínseco à história dos povos e aparece sob forma de guerra militar, econômica, legal, civil, guerra de secessões e de religiões. Entretanto, esse atrito não se mostra só entre grupos: também dentro de cada um deles se apresenta aquela mesma dinâmica que leva, em um estado, em um reino, em uma nação, à criação de poderes antagônicos, com força dilacerante ou destrutiva. O da democracia é um caso gritante e emblemático ao mesmo tempo.

Por um lado, temos poderes centrais que tentam agregar, coordenar, mesmo indo às vezes em prejuízo dos interesses privados e gerais, por outro, os homens que individualmente, com suas demandas e sua breve vida pedindo que seja levada em conta e que vejam reconhecidos aqueles direitos e aquelas prerrogativas tidas como inalienáveis: de um lado, aquela que Welte chama a onipotência do poder central, do outro, a grandeza e a liberdade periférica.[23] Centro e periferia se enfrentam com uma veemência e com êxitos que mudam conforme os estágios da História. Assim, fases de nítido declínio do indivíduo se alternam com fases em que o indivíduo e os seus interesses representam os únicos parâmetros a serem respeitados; governos totalitários, nos quais o poder central vigora sem ser contestado, com governos que simplesmente parecem uma somatória das reivindicações pessoais e que renunciam a fornecer uma única forma de guia e de projeto que não seja particularista. Muito frequentemente assistimos ao recíproco conflito que dá origem a um rumor, a um equilíbrio precário no qual,

---

[23] *Ibidem*, p. 70.

com diversas gradações, convivem, limitando-se, ambas as forças, com o efeito de originar um jogo livre, mas alternado, que podemos definir como "democracia". Na democracia, ápice da cultura jurídica ocidental, jaz latente o germe da guerra e da tensão, a finitude em seu grau máximo. Esta aparece como um sistema complicado e institucionalizado entre poder central e liberdade periférica, um sistema de compromisso no qual a potência central pode ser poderosa, mas não muito, em confronto com a liberdade dos muitos, e os muitos podem ser livres e todavia não muito, em confronto com a grandeza e a capacidade de ação do todo. A liberdade, entendida como *as* liberdades, a grandeza, entendida como as grandezas, se limitam.[24]

7. O limite da verdade

Às formas de condicionamento até agora encontradas se lhes agrega uma que, se quisermos, precede e determina todas as outras, porque condiciona tais condicionamentos. Trata-se da verdade.

Qualquer forma de verdade, seja ela científica, filosófica ou moral, tem a pretensão de ser absoluta, de se propor como qualquer coisa duradoura, destinada a resistir aos ataques do tempo. A verdade, quando aparece, jamais se propõe a ser uma entre tantas, mas ambiciona a dizer uma palavra definitiva que atravesse a História sem ser redimensionada ou derrotada. Ela se expressa antes de tudo sob forma de juízos,[25] de palavras, portanto, frases, definições e testes que a tornam compreensível e comunicável aos demais: é uma afirmação pronunciada com uma língua histórica própria, em determinado período, dentro de uma tradição consolidada. Isso quer dizer que as verdades nascem ancoradas em um mundo, em uma linguagem bem definida, pela qual, não obstantes as possíveis traduções, elas dizem: *ánthrophos zóon politikón*, ou seja *verum*

---

[24] *Ibidem.*
[25] B. Welte, *Wahrheit und Geschichtlichkeit*, Knecht, Frankfurt a. M. 1997, p. 44.

et factum convertuntur, ou ainda *Zur Sache selbst*, refletindo cada uma a sua perspectiva. Em segundo lugar, esses juízos, enquanto comunicáveis e traduzíveis, são compreendidos diversamente pelos homens, e isso não por uma falha, mas pelo fato de que não existe verdade senão na compreensão dos homens, que, em sua multiplicidade e diversidade, tentam colher o sentido íntimo do que lhes é proposto. Portanto, 1. A verdade se dá como juízo. 2. O juízo é sempre juízo de homens. 3. O modo de participar e de entender a verdade única pode sempre ser modificado pelo fato de cada um ter suas próprias experiências, suas percepções sensíveis, sua história. Ser nascido em um lugar, ter visto ou escutado algumas coisas em vez de outras, ter vivido exercendo um ofício e não outro é coisa que condiciona não só nossa vida, mas também o modo de ler e interpretar a verdade feita juízo. Certamente, essa é uma modificação secundária e material da verdade, porque ditada por condições empíricas que mudam de pessoa para pessoa.[26] 4. Mais radical, ao contrário, é o segundo tipo de modificação, que depende, agora, do tipo de intencionalidade com a qual nós nos reportamos a isso que temos à frente. Assim, será profundamente diferente o fungo encontrado em um bosque pelo passante que observa e se avizinha com total desinteresse pelo chão do bosque em relação ao mesmo fungo procurado e seguido com tenacidade pelo coletador de fungos,[27] diferente o martelo ou o serrote de um carpinteiro em relação aos de um artista de vanguarda. Isso significa que a verdade em suas variadas formas é modificada, em seu aparecimento, pelas maneiras como nos aproximamos dela e que tornam a mesma frase pronunciada pela mesma boca completamente diferente se ouvida por ouvidos diversamente

---

[26] "A verdade é uma, mas o modo de sua presença é para mim e para ti, sob muitos pontos de vista, subdividido e fracionado; nós pensamos o mesmo, mas de modos diferentes, pois cada um fez experiência dela de forma diversa e segundo outra perspectiva" (*Ibidem*, p. 108).

[27] Cf. J. v. Uexküll, *Ambiente e comportamento*, Il Saggiatore, Milano 1967.

predispostos.[28] Além disso, eu posso aproximar-me daquilo que você diz com uma abertura e uma disposição de sentido opostas, que tornam sua afirmação plausível ou inafiançável. Posso ouvir com confiança ou com pessimismo, com angústia ou com amor, com seriedade ou com superficialidade, e isso não é indiferente, porque já no tipo de abertura, desesperada ou confiante, jogam-se os destinos, a credibilidade do que é dito. Na simples afirmação "o céu é azul"[29] pode-se esconder um significado autêntico ou nem tanto, conforme o azul do céu seja observado por um cínico ou por uma pessoa enamorada. Mas não poderia ser de outra maneira, a partir do momento que a ambivalência metafísica é a única possibilidade concedida ao homem em seu relacionamento com a verdade; se assim não fosse, ele se identificaria plenamente com o absoluto e não seria, portanto, de fato, diferente de Deus. Nessa ambivalência, entretanto, reside um duplo risco, o de querer se iludir e o de não querer compreender, que, pois, outra coisa não são senão duas manifestações da mesma subjetividade,[30] isto é, de uma subjetividade desejosa de absolutizar a própria perspectiva pessoal, sem levar em conta a verdade. O desejo de dizer as coisas como elas estão, de evitar a ambiguidade, de forma que se chegue à certeza, é um perigo desmascarado tão logo nossa verdade entra em contato e se confronta com a verdade de outros e de outras épocas. 5. A maneira de entender a verdade pode ser modificada pelo horizonte da época, que muda, e no qual ela se manifesta e se entrega à História. Isso significa que a verdade única é ontologicamente finita e limitada, pois não existe um espelho imparcial da verdade, e não só por causa dos limites pessoais do homem ou dos prejulgamentos com os quais eles dela se aproximam."[31]

---

[28] B Welte, *Wahrhart und Geschichtlichkeit*, cit., p. 111.
[29] *Ibidem*, p. 112.
[30] *Ibidem*, p. 116.
[31] *Ibidem*, p. 169-176.

A verdade se abre de modo limitado e diferente conforme as épocas históricas, pois em cada época o mundo assume uma fisionomia própria que deriva da luz em que este aparece. É a época mesma que nos fornece uma maneira específica e limitada de conceber, entender e interrogar o mundo, que nos faz ver as coisas por *uma* perspectiva que nós não escolhemos, mas na qual nos movemos desde o início enquanto atores daquele período. Vir à luz quer dizer viver no interior de uma luz que condiciona o modo pelo qual o mundo aparecerá e o modo pelo qual o compreenderemos, pois com o tempo mudam os modos de nos compreendermos, de compreender a realidade e, portanto, mudam as verdades. O mundo em seu aparecer e o parecer que do mundo os homens têm, são amplamente condicionados pela época em que nos encontramos; isso carrega consigo uma pré-compreensão do ser, um modo de ser, de entender e de agir, que faz, sim, que o mundo, em seu aparecer, e o pensamento, no pensar o mundo, sejam tais como são. Assim, o mundo clássico e o medieval possuem uma diversa cognição da vida, da natureza, observam com outros olhos a realidade, chegam a outras conclusões sobre o caráter do divino ou sobre o primado que ao homem compete exercer. Constroem edifícios que denotam um modo diverso de se relacionar com a terra, com o céu, com o sagrado, escrevem livros partindo de pressupostos assaz diferentes que cada um, em sua idade, guarda na memória como deduzidos e sacrossantos, utilizam línguas que já possuem dentro de si uma filosofia de vida, uma hereditariedade oculta que ninguém na verdade escolhe. A Grécia antiga e a Europa moderna, Parmênides, Descartes ou Lao-Tze movem-se sobre trilhos que pressupõem uma forma diferente de conceber o tempo, a morte, que se respira no ar, que deriva do fato de que os protagonistas daquela época se encontram dentro de um horizonte, de uma verdade que nenhum povo é capaz de criar, mas que cada um dá como pressupostos. Este horizonte outra coisa não é senão o destino do ser, que inaugura novas pré-compreensões, novos modos de se relacionar com o ente, com as coisas, com os objetos, com a matéria-prima, com as fontes de provisionamento. Viver na era da técnica significa, então, viver em uma época em que toda coisa emerge sob o selo do útil e do calculável, sem que isto subentenda uma valorização moral negativa da época histórica. O ser se desdobra originando um mundo e um pensamento: mundo e pensamento são dois lados de uma mesma coisa, ou seja, da verdade.

> Podemos definir a forma mundial da verdade como o modo correspondente em que o ente, *in toto*, no pensamento de todos com respeito à humanidade chega, ao aparecer, como aquilo que é, arte grega – forma mundial da verdade –, moderna ciência.[32]

Se queremos, é exatamente esse o maior limite inerente à história do homem, o pressuposto ontológico que foge a seu controle. Com efeito, o fato de o ser pertencer a uma época nos recorda que aos limites subjetivos se junta a finitude estrutural da verdade, que reveste mundo e homem, e que fala sob forma de destino.

8. O homem temporalizado-temporalizante

O fato de que o homem seja um, em *um* espaço, em um tempo, em uma época determinados e que neles viva, exclui-o assim de infinitas possibilidades, porque ele está aqui e não ali, pelo menos no mesmo momento, hoje e não ontem, o que significa estar sujeito ao princípio de identidade, de não contradição e do terceiro excluído. Já isso, como se viu, é uma das mais duras fontes de desencontro, porque no mundo do coração desejamos ser ubíquos, onitemporais, estar em todos os espaços, todos os tempos e todas as épocas possíveis, ao invés vivemos sob nossa pele o limite da datação. Uma época exclui a outra, um tempo exclui o outro. Tais exclusões representam para nós uma condenação, um falimento. Ainda assim, esses espaços e esses tempos outros, passados e futuros em relação a nossa vida, ou que nos

---

[32] *Ivi*, p. 208-209.

pertencerão somente numa sucessão linear, exerçam seu peso sobre nós e não apenas em sua ausência. Aquilo que é muito distante fala dentro de nós e age às vezes como estorvo, às vezes como auxílio e sempre como hereditariedade da qual não podemos nos subtrair. Nós somos, portanto, nossa época e não outras, e, no entanto, não só, sendo abertos a um mundo que se desdobra em antes e depois de nós. Assim, quando Welte fala de um homem temporalizado-temporalizante (*gezeitigt-Zeitigende*),[33] entende exatamente isso. *Zeitigen* em alemão remete ou ao verbo produzir, gerar, ou à palavra *Zeit*, tempo, pelo que dizer que o homem é um ser *zeitigende*, temporalizante, significa destacar a capacidade de inventar, criar coisas novas, tomar decisões, ser livre, isto é, dar origem a qualquer coisa de novo, jamais vista, produzir qualquer coisa de imprevisível da qual só ele é o autor, mas também inaugurar um tempo em que coisas, ações e pensamentos surgem sob uma luz diferente. Entretanto, esse temporalizar jamais é total e aparece comparado com um passado que levamos dentro de nós e que torna nossa criação sempre parcial, jamais *ex nihilo*. Portanto, o elemento de novidade que carregamos com nossa vida nasce de um pré-dado que assume o nome de época, de História, de língua, que existia antes e que existirá depois de nós, e no interior do qual, inconscientemente, o homem se move em absoluta liberdade. É isso que se entende por temporalizado. O homem desdobra e renova um tempo que já lhe é consignado preventivamente: no momento em que vem à luz, ele nasce velho e jovem ao mesmo tempo. Fala, por exemplo, uma língua que inova com elementos da gíria e a faz própria, mas que é, no entanto, sempre a língua dos pais, dos antepassados, que carrega consigo valores e tradições, histórias, termos cheios de passado, que remetem a uma visão do mundo dentro da qual ninguém pode dizer a sua.[34] Ser temporalizados-temporalizantes, portanto, quer dizer ser *livres-não livres*, abertos-fechados, ou seja, finitos-infinitos; em outras palavras, obrigados a moderar as pretensões que não aceitam condições, as condições que anulam as pretensões. Disso já havia falado Kierkegaard.

---

[33] B. Welte, *Storicità e rivelazione*, cit., p. 48-52.
[34] *Ibidem*, p. 43-45.

9. Determinantes biológicas

Baseados nisso que acabamos de analisar, o homem enquanto ser, e, depois, enquanto ser vivente e animal, seria então submisso a uma série de determinações físicas, biológicas e, mais ainda, psicológicas, que demonstram sua plena pertença ao reino da natureza. Ele vive na natureza, enquanto natureza, alinhado plenamente a suas leis: tanto em linha segundo as quais, para muitos cientistas, e, por exemplo, para muitos estudiosos de antropologia filosófica, não existe o problema de uma especificidade humana, uma vez que toda coisa, todo sistema complexo e, portanto, também o homem pode ser explicado simplesmente se recorrendo a causas materiais, à matéria em movimento, repropondo um modelo reducionista e materialista. Não haveria, portanto, uma substancial diferença, senão de organização, entre o mundo da extensão e o do pensamento, assim que a alma[35] e a consciência não seriam outra coisa senão funções do corpo pesquisadas e compreendidas na proporção de todas as outras grandezas corpóreas. Isso levaria a entender a existência de uma verdadeira e peculiar continuidade no mundo da natureza, da qual nem mesmo a liberdade estaria em condição de fugir: a liberdade como variável da necessidade.[36] Essa forma de reducionismo parece absolutamente impraticável.

10. *Naturfrei* ou *naturlos*

Isso não quer dizer que o homem não esteja sujeito a impulsos e estímulos, a leis elementares que tornam seu corpo mais parecido ao de um gato do que ao de um anjo, não quer dizer subtraí-lo à esfera da natureza em nome de uma presumida filiação divina. Entretanto, não é possível calar a novidade que nele se apresenta e que foge a

---

[35] B. Welte, *Determination und Freiheit*, cit., p. 39.

[36] Cf. J. Monod, *Il caso e la necessità*, Mondadori, Milano 1997 (*O Acaso e a Necessidade*, Vozes, 2006).

qualquer lógica quantitativa. O homem não está privado da natureza, não está desancorado dela, mas vive como corpo entre os corpos, coisa entre as coisas. Se assim fosse verdadeiramente, deveríamos falar de determinismo biológico. Ele, ao contrário, mesmo sendo completamente natureza, demonstra não ser *somente* natureza.[37] Ou seja, o fato de possuir uma tendência natural, de ter os impulsos sexuais, agressivos, seguramente reconduzíveis a uma estrutura psico-física, embora arcaica, não impede que a esses impulsos e a essas tendências o homem possa responder livremente, a ponto de secundá-los ou de negá-los de todo. A ele pertence a faculdade de sublimar[38] as próprias necessidades, isto é, de mudar, interromper a cadeia necessária causa--efeito, estímulo-resposta, típica dos animais; pode subtrair-se até ao que seria natural e prognosticado, bastando querer. Comer, repousar e fazer amor são atos completamente diferentes dos de nutrir-se, dormir e reproduzir-se, e a diferença reside no fato de que o homem, no momento em que os realiza, deles participa. A superioridade consiste antes de tudo na capacidade de dizer "não" àquilo que quereria nos determinar automaticamente: dizer não ao puro instinto fazendo uma greve de fome, dizer não ao sono para permanecer acordado quando as circunstâncias o impõem, dizer não ao sexo quando este nos pareça inoportuno. Todavia, também ao dizer "sim" demonstramos nossa profunda alteridade com a natureza, pois, também no ato de secundar o sono, o sexo ou a fome que incitam, nós reforçamos a superioridade em relação a um mecanismo que nos quereria subverter (e que às vezes consegue). A partir do momento em que consinto que tal impulso seja satisfeito, eu saio da mera esfera da natureza e confiro àquele ato a dignidade humana, que nobilita o alimentar-se transformando-o em comer, e o sexo, transformando-o em eros.[39] Uma vez dito "sim", o que

---

[37] B. Welte, *Determination und Freiheit*, cit., p. 135.
[38] A respeito do conceito de sublimação, confrontar M. Scheler, *Die Stellung des Menschen im Kosmos*, Bouvier Verlag, Bonn 1991; aos cuidados de M. T. Pansera, *La posizione dell'uomo nel cosmo*, Armando, Roma 1970.
[39] B. Welte, *Determination und Freiheit*, cit., p. 67.

é feito perde o caráter da brutalidade, porque o homem daquilo se fez dependente. Também nesse caso é ele que decide se permitir decidir, que aceita que a determinante de tipo biológico ou psicológico tenha o caminho livre, a ponto de se tornar não a causa, mas o motivo de suas ações.

Essa capacidade de não estar completamente ao capricho da lei natural denota uma margem de autonomia, a qual demonstra claramente que o homem: 1. não é privado de natureza (*naturlos*), porque de qualquer forma submisso a determinantes; 2. é livre da natureza (*naturfrei*),[40] sendo capaz de decidir se permitir decidir ou não; 3. as assim ditas determinantes biológicas, físicas etc. não são de fato determinantes, pois agem sobre o homem como *condicionamentos*, como pesadas influências que jamais assumem o caráter de verdadeiras e próprias determinações.

11. O homem não funciona

Em caso contrário, de fato, o homem seria o simples fruto, a simples consequência daquilo que o precedeu, o efeito descuidado de uma série de premissas às quais não poderia de modo algum opor-se: seria um mecanismo bem engendrado, mais próximo de um objeto, de uma máquina, antes que um ser *faber furtunae suae*. Ao contrário, nem mesmo nos casos de máxima coisificação é possível conseguir tal nível de abjeção, nem mesmo nos casos em que a farmacologia[41] tentasse reduzir o homem a seu invólucro, eliminando qualquer resistência da consciência ou abatendo toda forma de autonomia. Por mais esforços que possam ser levados a efeito, será vã a tentativa de reduzir o homem, mesmo envilecido, a seu aparato de funcionamento, porque nele resistirá sempre, mesmo se em medida imperceptível, a faculdade de tomar distância de si e rebater o próprio dissenso em relação àquilo que

---

[40] *Ibidem*, p. 136.
[41] *Ibidem*, p. 76.

externamente pareça determiná-lo plenamente. Do homem jamais se poderá afirmar que *es funktioniert*,[42] que funciona como um distribuidor em ação!

Ele *se relaciona* com o próprio comportamento natural sem com ele se identificar, e nessa tomada de distância mostra que é muito mais que seu aparato empírico e biológico, pelo qual pode, certamente, deixar-se determinar, mas ao qual pode também impor suas diretivas. No momento em que o indivíduo é capaz de transcender a própria tendência natural e referir-se a si mesmo chamando-se "eu", ele se transforma em pessoa, isto é, em qualquer coisa absolutamente original, que não deriva da simples soma daquilo que o precedeu. Dizer "eu" significa, de fato, dizer eu faço, eu penso, eu escuto, eu recordo, ou seja, tomar sempre e de alguma forma posição em relação ao que se tem em frente, seja isso um objeto, um pensamento ou a si mesmo, demonstrando uma autonomia e uma liberdade que impedem de considerar a pessoa um puro objeto. O homem, portanto, é o "ponto focal da liberdade",[43] é o que está *por trás* de qualquer decisão, é o *Woher*, isto é, o "de onde", a origem profunda da qual provém a íntima escolha, a coragem, o ato imprevisto e imprevisível que rompe com a sucessão deduzida e graças ao qual ninguém jamais está em condição de saber o que acontecerá na presença de uma pessoa. Esta é fonte de surpresa e de originalidade, é *singulare tantum*,[44] ou seja, segundo o princípio dos indiscrimináveis, irrepetível identidade que se explica em cada ação, sem que eu nada possa fazer a respeito. Onde está o homem ali encontramos um "quem" do qual ouvir uma resposta, não um mecanismo a ser regulado ou um animal a ser adestrado, um "quem", um "detrás", um "de onde" (*Wer, Hinter, Woher*), um ponto de partida, dado o qual, nada mais é igual a antes.[45] A irrupção do eu torna de repente o mundo previsível e

---

[42] Cf. B. Welte, *Zeit und Geheimnis. Philosophische Abhandlungen zur Sache Gottes in der Zeit der Welt*, Herder, Freiburg-Basel-Wien 1975, p. 41-52.

[43] "Brennpunkt der Freiheit" (B. Welte, *Zwischen Zeit und Ewigkeit*, cit., p. 58).

[44] B. Welte, *Zeit und Geheimnis*, cit., p. 46.

[45] *Ibidem*, p. 41-52.

imprevisível ao mesmo tempo, e torna o homem um ser profundamente incerto e dilacerado, conflitual e finito, um instável "entre", suspenso no meio de céu e terra, liberdade e determinação, provido "nem da segurança do ser animal nem da segurança de Deus".[46]

12. Originalidade e destino

Podemos reassumir o quanto foi dito afirmando que o homem é ao mesmo tempo origem e destino, novo e velho, porque nele fala qualquer coisa de inesperado e de antigo.[47] Hereditariedade genética, cultural, originalidade genética, cultural, previsto e imprevisível, são todos componentes do homem enquanto ser-aqui; e uma supera ou anula a outra, mas ambas convivem como relação na qual ora prevalece um polo, ora outro, ora a origem, ora o destino.

---

[46] B. Welte, *Determination und Freiheit*, cit., p. 138.
[47] "Nós homens, porém, *somos* [...] históricos, isto é, *temporalizados-temporalizantes*. Ou seja, nós *somos*, isto é, existimos, enquanto, recordando, recebemo-nos a nós mesmos do passado, e, recebendo e presentificando, cumprimos ativamente o hoje, projetando--nos sempre novamente no futuro" (B. Welte, *Storicità e revelazione*, cit., p. 50).

3

O INFINITO NO HOMEM

A descoberta da íntima liberdade da pessoa, ao lado da descoberta de que essa liberdade é sempre condicionada e ameaçada, é talvez o sinal inequívoco do conflito estrutural entre determinantes e condicionamentos, que atravessa toda a vida do homem. Todavia, não haveria conflito nem contraposição se não houvesse um verdadeiro antagonismo da finitude, isto é, se não houvesse uma verdadeira e peculiar rebelião nos confrontos do que nos parece por sua natureza inadequado e insatisfatório. O verdadeiro problema não consiste na imperfeição do cosmos, e sim no reconhecer a imperfeição e refutá-la, negá-la em nome de uma tensão, de uma pretensão que se impõe contra nossa vontade e que nos impede de aceitar como definitivo este estado de coisas. Em outras palavras, escandalosa não é a finitude, mas a incapacidade de ela própria se impor como horizonte definitivo e conclusivo, como a perspectiva que não alivia dúvidas e ambiguidades. Ao contrário, cada falência, cada derrota acompanha a convicção de que assim não deveria ter sido e de que assim não será, como demonstração de uma "medida secreta" que impede o homem de permanecer dentro daquele horizonte de finitude. A vida não é convincente em suas quedas e em suas injustiças, porque nos deixa sempre um sabor acre ao qual não sabemos nem queremos nos habituar. Daí a guerra. Se, de fato, repercorremos o breve trajeto feito até agora, damo-nos conta de que, em cada uma das passagens, se escondia a intolerância por todo tipo de limite, filha de uma força alternativa, porta-voz do não limite: escondia-se a recusa da morte em suas infinitas facetas.

Assim, por exemplo, a violência parece ilícita e execrável só em confronto com um direito que torna o homem humano e a força necessária. Só à luz de uma força como deveria ser, se afasta a negatividade de uma violência tal qual existe. Do mesmo modo, todos os limites do ser--aqui, já ponderados quando indagamos "a abertura da liberdade", nos parecem incorretos. Estar posicionados em um espaço e em um tempo precisos, o ter o que fazer com um mundo-ambiente que nos condiciona, viver apenas a duração da própria existência, com uma perspectiva parcial, poder estar só e ser sempre para si mesmo em vez de ser outros e para outros, não poder ser tantas outras coisas e tantos outros tempos: tudo isso é um problema na medida em que o homem vive isso como uma restrição, uma impotência intolerável, contra a natureza. Também no eros, no sofrimento, na culpa e na morte, o choque principal não deriva do fato de que o corpo seja banal, de que eu seja culpado e sofra na doença, que eu morra e que comigo morra um império, o estilo gótico, a monarquia, a democracia ou uma potência mundial aparentemente invencível. Deriva, isso sim, do desejar a plena simbiose dos corpos, do *não querer* sofrer nem morrer em nenhuma de suas inumeráveis variantes, do não querer ter sido culpado: aqui reside o ponto focal da batalha, no não aceitar a parcialidade da verdade, que deriva da origem terrena pessoal, da intencionalidade com a qual nos reportamos a ela, do horizonte de época no qual ela se manifesta. Enfim, nas contraposições temporalizado-temporalizante, origem e destino, liberdade e necessidade, falam os verdadeiros limites, as determinações, as hereditariedades que carregamos, mas sobretudo a íntima reivindicação de quem responde à contingência reclamando o incondicionado.

1. O impulso teológico

Não obstantes todas as falências e os passos atrás dos quais a História incorre, nós assistimos ao obstinado repropor-se de uma tensão, de um "impulso ao desenvolvimento" que nada parece capaz de fazer calar. Como para as ondas do mar a cada arrebentar-se e desfazer-se se segue a formação de uma nova onda, assim, na História, a cada desfeita, a cada derrota, segue a necessidade, por parte de novas gerações e impérios, de lutar pelos mesmos ideais, reforçando uma aspiração em direção daquilo que parece mais elevado, melhor, mais significativo. Portanto, as ações do homem parecem acompanhadas do desejo insuprível de ter sempre mais, conhecer profundamente, realizar justiça maior, criar reinos maiores e amar de modo mais pleno e apropriado, na tentativa de "elevar o mau até o bom e o bom até o melhor".[1] Poderíamos definir isso como um verdadeiro e peculiar *impulso teológico*, ligado àquilo que é sempre julgado como melhor (*Je Bessere*), sempre como mais elevado. Esse impulso atravessa todas as manifestações da vida do homem e da natureza e, enquanto mire para o alto e caia no chão, é destinado a persistir nessa dialética, sem jamais cumprir-se e sem jamais morrer. É preciso estar atentos, porém, para não confundir tal impulso teológico com a simples exigência de progresso, a partir do momento que esta última representa apenas um aspecto dele. A *tensão ao desenvolvimento* penetra em todos os ambientes e é universal, no sentido de que assume todas as formas do excedente, a útil e produtiva, mas também a inútil e supérflua, que induz o homem a produzir coisas sempre mais belas, mesmo se inúteis, a buscar saberes sempre mais partilháveis e abrangentes, embora pouco funcionais. Estamos falando, por exemplo, das artes, da filosofia, disciplinas nas quais o imperativo de ir sempre mais para o alto não anda *pari passu* com a necessidade de dirigir e manipular o mundo; ao contrário, nelas se revela a verdadeira natureza dessa lei que não está de fato ligada aos resultados e aos sucessos conseguidos. No homem, na História e na natureza acampou uma natural necessidade de superação, de transcendência em direção ao sempre maior, sempre mais belo, mais forte, que assume as semelhanças de um ir continuamente além de si. Ir além da divisão entre povos e raças, superar as paliçadas que

---

[1] B. Welte, *Storicità e rivelazione*, cit., p. 59.

dividem, dilatar as famílias, conseguir unidades sempre mais amplas, criar os Estados Unidos da Europa, sentir-se cidadãos do mundo, lutar pelo respeito aos direitos do homem, criar tribunais internacionais e organismos que valham em toda parte. Mas também buscar a glória e a magnificência pessoais, tentar ser mais competitivos e competentes, chegar a um acordo em uma discussão a fim de que a própria verdade seja a mais ampla e a mais forte possível, porque condividida e aceita como se de fato fosse universal. Em todas as manifestações da existência, animada e inanimada, fala uma tendência para o ulterior, em virtude da qual todo progresso é vivido como parcial, e a finitude – como qualquer coisa de intolerável e provisória – como um combate que nos revela a natural propensão para além dela. Só quem, de algum modo, já é projetado além do finito, viverá esse finito como um combate, como um fracasso não natural.

2. O princípio esperança

Falta entender se nessa insatisfação vem à luz a verdadeira natureza do homem ou simplesmente a vontade ilusória e infantil de não se resignar a um destino mortal que nivela tudo o que existe. Indaga-se, em outros termos, se na rebelião do homem contra a própria finitude fale alguma coisa de profundo ou apenas *o desconforto de uma natureza enfim consciente de si mesma*. Acontece de fato que um impulso ao incremento existe e se renova não obstantes todas as falências; acontece de fato que nos olhos dos homens há sempre muito mais do que aquilo que eles enxergam e têm à frente. Isso requer uma explicação filosófica que leve em conta tudo o que até agora foi dito.

Por qual motivo continuamos a lutar pela supressão da pena de morte, mesmo sabendo que ela sempre existiu e que provavelmente continuará a existir? Por que reprovamos as guerras civis ou as separações familiares, por que nunca, impertérritos, amamos a mesma pessoa não obstantes as mil desilusões que ao nosso redor existem como exemplo contrário? Ou o homem tem o olho grande ou é um sonhador incorrigível.

A verdade é que, a partir do momento em que o ser-aqui existe, aberto ao mundo e a sua época, aquilo que o rodeia não lhe parece qualquer coisa neutra e insignificante, jamais, nem mesmo em seu primeiro momento, no vir à luz. No vir ao mundo, o que antes de tudo nos atinge não é a utilidade das coisas ou sua manipulabilidade, quanto à abertura interessada e confiante do homem, o relacionar-se sob o selo da espera profícua.[2] O ser nos parece natural e originariamente interessante, porque por si nos parece *significativo*, dotado de sentido, como também o futuro e o passado por ele conhecidos. O interesse seria uma consequência, o efeito da significatividade do ser: porque o mundo se nos mostra significativo, nós somos interessados. É como se no princípio não se desse o *ser no mundo*, mas um *ser confiante no mundo*, ou seja, um homem à espera, pronto a divisar no futuro algo que o sustente e o coloque em segurança, procurando-lhe fundamento e sentido consumado, um futuro no qual não seja necessário ir além, superar-se, porque se está bem onde se está junto. Portanto, não só o homem é estruturalmente relacionado a outro, mas esse seu ser em relação revela um profundo interesse por qualquer coisa que lhe parece intimamente significativo, mesmo se não totalmente. A tal abertura interessada acompanha um "preceder o futuro",[3] isto é, uma antecipação de sentido, a espera de uma plenitude que agrade e satisfaça plenamente. Acompanha esse preceder a previsão do que poderá mudar o horizonte de sentido de nosso agir.

De um ponto de vista fenomenológico, a coisa importante é exatamente a originária e ontológica abertura do ser-aqui, que leva consigo uma confiante antecipação de sentido, que não se agrega num segundo momento, mas que vem à luz com o vir à luz do homem no mundo. O homem se abre ao mundo na esperança. (A manipulação

---

[2] B. Welte, *Heilsverständnis*, cit., p. 72-74.

[3] B. Welte, *Was ist Glauben. Gedanken zur Religionsphilosophie*, Herder, Freiburg--Basel-Wien 1982; tr. de G. Poletti, *Che cosa è credere. Riflessioni per una filosofia della religione*, Morcelliana, Brescia 1983, p. 31.

e a utilidade originária seriam já expressões do encontro entre uma necessidade total de significado e o sentido parcial das coisas.)

Que a vida do homem seja esperança não quer dizer senão que "esta vida se cumpre sempre em uma ativa e interessada antecipação de um futuro melhor, conquanto incerto".[4] Nós não agimos nos iludindo com um futuro que será, mas intuindo e antecipando uma significatividade que já é, mas ainda não por inteiro. De qualquer modo, essa espera de outro é insuprimível e indiscutível, pois que, seja que a esperança esteja bem colocada, seja que aconteça traída, ela continua a representar o horizonte para o interior de onde o homem se abre para a realidade. Isso nem se reforça nem se debilita por vias do que acontece concretamente sobre a terra. Antes, para ser precisos, a esperança, com a presunção de sentido, representa uma verdadeira e peculiar condição de possibilidade do ser humano, uma vez que é por natureza, e nenhum de nós, mesmo querendo, pode furtar-se enquanto pensa, age e ama. Poderíamos dizer que, se é verdade que existem fenômenos típicos de época que acompanham a maneira de se abrir do ser naquela determinada configuração (por exemplo, a moderna), existe uma característica que pertence ao ser enquanto tal e o acompanha no curso de suas diferentes revelações de época. Em suma, a esperança é um modo de se conceder do ser no ser-aqui, que não falha com o mudar das épocas históricas e ontológicas.

Entendida nessa acepção, a esperança de Welte não é assimilável ao princípio esperança de Bloch,[5] pelo qual, ao contrário, esta não representa uma dimensão constitutiva do ser e, portanto, uma grandeza ontológica, mas muito mais uma força imanente capaz de modificar as dinâmicas da História, da sociedade, da cultura, sem todavia a elas se sobrepor. Para Welte, porém, o princípio esperança é todo diferente de imanente e reconduzível a causas físicas ou biológicas, mas em contraposição tem uma dupla natureza. Antes de tudo é *transcendental*,

---

[4] B. Welte, *Zwischen Zeit und Ewigkeit*, cit., p. 73.
[5] B. Welte, *Storicità e rivelazione*, cit., p. 75.

no sentido acima aludido, isto é, torna possível a vida, o agir humano, é dele a premissa essencial; além disso, é *transcendente* porque, sendo sua realização sempre parcial, vai além de qualquer horizonte de sentido alcançado pelo homem: na esperança, dorme uma diferença de sentido imperecível.[6]

3. A pretensão de sentido

A existência de uma diferença de sentido nos recorda, portanto, a pretensão de significatividade que acompanha, desde os inícios, o ser e a compreensão que dele temos. Podem-se individuar alguns dos modos típicos e recorrentes pelos quais se explica esta pretensão de sentido?

a) Antes de tudo, esta pretensão de sentido é abrangente (*allumfassend*),[7] no sentido de que se refere a qualquer coisa que venha à luz, também pela primeira vez. Para cada coisa que apareça no horizonte do ser, seja esta real ou puramente possível, nós temos uma ideia de como deva ser. Tudo está submisso a essa pretensão de sentido. b) É oniconciliante (*allvereinend*), ou seja, tem a pretensão de valer para tudo e para todos, porque não é possível uma satisfação parcial, pessoal, que não leve em conta a dor, o sofrimento ou a injustiça que vige em todo o redor. O sentido ou é total ou não é, pelo que, se bem que apareça sob formas individuais, deve dar uma resposta que não deixe ninguém fora. Poderíamos dizer que a busca de sentido é solidária, dado que cada um sabe em seu coração que a plenitude e a felicidade pessoais passam inevitavelmente pela plenitude e felicidade dos outros. A solidariedade nos diz que não existe plena alegria se não é alegria de todos. c) É infinita (*unendlich*), porque qualquer resultado conseguido resulta insuficiente e, porquanto seja bom, justo ou verdadeiro, nos parece uma traição daquilo que nos tínhamos prefixado. O não preenchimento dessa medida, a recusa destinada a persistir, age em

---

[6] B. Welte, *Swischen Zei und Ewigkeit*, cit., p. 77.
[7] B. Welte, *Heilsvertändnis*, cit., p. 87-103.

nós como um espinho da finitude que persiste a nosso lado, que às vezes nos solicita, às vezes nos aflige, mas que jamais nos satisfaz. d) A pretensão de sentido é imperecível (*unvergänglich*), porque perante a fugacidade do tempo, na efêmera consistência de tudo o que oprime as cenas desta vida, ela reivindica o direito à imortalidade. O fato de que tudo passa irremediavelmente, que a morte ponha fim a todas as coisas, ao amor, à vida ou a uma viagem, e que em toda parte encontramos o vestígio da fragilidade e da provisoriedade, não nos dissuade da convicção de que assim não deveria ser, de que assim não é de todo bom. O desaparecimento de um ente querido, de uma instituição ou de um partido é de *per si* uma fonte de dor e de aflição, e se bem que em alguns casos possa parecer o êxito mais presumido e até desejável – pois que põe fim a uma longa agonia, a um insuportável desgaste –, contudo é vivido como intolerável e a ele acompanha uma íntima amargura.

Dois exemplos gritantes dessa pretensão, que não se retrai nem à vista da morte, são *a arqueologia* e *a astronomia*.[8] Essas duas disciplinas escondem o desejo do homem de indagar e reconstruir algo que está distante no espaço e no tempo. Assim, descobrir monumentos enterrados ou civilizações antigas, reconstituir os costumes de um povo desaparecido ou de uma cidade coberta pelas águas, equivale a pesquisar os traços de um cometa ou estudar a explosão, a luz de uma estrela que já não existe. O que iguala essas operações não é simplesmente a curiosidade de conhecer, quanto, antes, a necessidade de acreditar que cada coisa aparecida neste Universo tenha tido um sentido, tenha conservado um valor, que o astrônomo com o telescópio e o arqueólogo com seus instrumentos de escavação apenas reconduziram à luz. Reside nestes a vontade de que o mundo interior, sideral ou cultural, possa conservar a imortalidade de sentido. Reencontrar os restos de mundos ignorados, onde quer que estejam, nos ajuda a ter confiança no fato de que nada passa em vão e sem ser observado, e que até o tesouro escondido mais secreto – hoje ou amanhã – virá

---

[8] *Ibidem*, p. 98.

à tona, demonstrando assim a capacidade de resistir ao desgaste do tempo e à dispersão do espaço. Não obstante a experiência desminta tal pretensão incondicional, o homem continua a ter interesse por tudo e pretende que tudo seja bom e imperecível. e) A pretensão de sentido está além-ente (*überseiend*). O mistério que funciona como critério, se de um lado é oniabrangente, porque exerce sua função sobre cada coisa e situação, do outro, transcende toda entidade definida, exatamente porque as abraça a todas. Pelo mesmo motivo, é jamais plenamente imaginável e concebível, mas foge à apreensão ôntica e à determinação. Isso porque a ideia que temos não é uma ideia nossa, uma criação que *nós* excogitamos, ao contrário, é um fato que acontece e do qual podemos apenas captar a ação. À vista de tal pretensão de sentido, só podemos dizer: *veio-me uma ideia*. f) Ela, enfim, é surpreendente (*überraschend*), fora do comum, não admite cálculo ou previsão e se impõe dentro das vicissitudes cotidianas como qualquer coisa de absolutamente estranha, fora de lugar, que exatamente em virtude de tal diversidade atrai e espanta ao mesmo tempo. Disso deriva também uma forma de negatividade que se defronta com a positiva presença do que existe. O ser-surpreendente a torna maravilhosa e desconcertante.

4. A dialética negativa

Perante uma pretensão assim articulada, é impossível que nosso dizer, fazer e pensar seja "adequado", de bom nível, isto é, corresponda de maneira substancial àquilo que realmente tínhamos em mente. Se há o mar entre o dizer e o fazer, o mesmo mar se coloca, embaraçoso, entre o pensar e o dizer e, mais ainda, entre o imaginar e o pensar. A verdade é que existirá sempre um mar dividindo o que nós somos daquilo que teríamos querido ser; isso faz, sim, que no homem coabitem uma perene tensão e uma perene desilusão, um fracasso e uma inadequação que nenhuma obra de arte ou impulso amoroso será capaz de preencher. No fundo, é como se todo gesto feito pelo homem revelasse um íntimo desacordo consigo mesmo, como se toda vitória oficial escondesse uma falência, uma tristeza que às vezes surge travestida de perfeccionismo, às vezes de soberba, outras ainda de orgulho ou mania de grandeza, mas que quase sempre nos recorda o que nós não somos, o que não queremos.[9]

Assim, o íntimo tríplice niilismo de Gorgia é o espelho fiel desse sentimento, que se de uma parte pode se referir ao nada como um único horizonte sensato, por outra poderia falar uma linguagem exatamente oposta. O ceticismo metafísico de Gorgia, que se depreende das duas obras *Sul non essere* e *L'encomio di Elena*,[10] é radical e dá origem e desafogo a um sentimento trágico e conformado da vida, que nasce da íntima consciência de que todos os esforços são vãos, absurdas todas as pretensões. Assim, a tríplice negação campeia como verdade absoluta e o único estilo da indagação filosófica parece ser o niilismo ontológico, gnoseológico e comunicativo: o ser não existe, e se contudo existisse não seria cognoscível, e ainda quando fosse cognoscível, não seria comunicável. Todavia, neste tríplice fracasso, na impossibilidade de ser, pensar e dizer plenamente o que se pensou, repousa a íntima pretensão de se poder encontrar no ser enquanto tal e, encontrando-se nele, de poder conhecê-lo até o fundo e, uma vez reconhecido, de saber repeti--lo tintim por tintim e comunicá-lo a quem tenho à minha frente. Sem essa obstinada pretensão, de fato, não teríamos o direito de concluir que não sabemos comunicar o ser de uma forma mais ou menos adequada e satisfatória, nem poderíamos desconhecer, de alguma maneira, nossa capacidade de compreendê-lo, e talvez ainda mais radicalmente não poderíamos negar que conhecemos o ser como nos aparece. Em outras palavras, uma negatividade tão grande, um niilismo tão total não seriam legitimados se não pressupusessem uma profunda infinita aspiração à vista da qual toda coisa existente, pensada ou dita, não pode senão parecer pequena coisa: nada. O nada seria pois o *alter ego* não de uma

---

[9] Cf. E. Montale, *Ossi di seppia*, Mondadori, Milano 1991, p. 39 (*Ossos de Sépia*, Companhia das Letras, São Paulo, 2002).

[10] Gorgia, *Encomio di Elena*, aos cuidados de M. T. Cardini, in *I Presocratici*, Laterza, Roma-Bari 1981.

divindade ou de um absoluto, mas de uma absoluta esperança à qual nem mesmo o niilista consegue renunciar.

Esse jogo que perenemente se propõe entre o que teríamos desejado e o que conseguimos, podemos defini-lo como "dialética negativa".[11] A reação, depois do primeiro momento de entusiasmo, não pode senão ser de falta: isto é tudo? O sentido que nos dá o haver derrotado a solidão criando uma família, educando filhos ou falando às comunidades, com a esperança de melhorar o mundo ao redor, divulgando uma palavra de coerência e solidariedade, de ter escrito livros que sondem o espírito humano... tal sentido nos parece de improviso relativo, porque procurávamos o ser e encontramos entes, procurávamos o branco e encontramos coisas brancas, queríamos o bem e encontramos algumas coisas boas.

5. A diferença de sentido

Esta dialética negativa tem como fundamento e pressuposto a existência de uma diferença de sentido(*Sinndifferenz*)[12] entre aquilo que se obtém e o que se esperava. Pelo que toda coisa conseguida nos parece justa, mas até certo ponto; boa, mas não totalmente; bela, mas com reservas; como demonstração de que medimos tudo o que encontramos baseados em um critério que carregamos em nós desde o início, pelo qual uma coisa é melhor ou mais justa que outra. Na prática, a negatividade da dialética repousa sobre a negatividade de um confronto, levado a efeito no momento em que chama a atenção com a pretensão, por exemplo, de ser bela. O presumido descarte que se torna visível no "mas...", é um descarte de sentido, de completude, que notamos quando, à frente daquilo que deveria desfazer nossa perplexidade, não ficamos de todo convencidos. A realidade não nos

---

[11] B. Welte, *Zeit und Geheimnis*, cit., 134; ou: *Saggio sul problema di Dio*, in *Saggi sul problema di Dio*, aos cuidados de J. Ratzinger, Morcelliana, Brescia 1975, p. 24.

[12] B. Welte, *Zwischen Zeit und Ewigkeit*, cit., p. 76.

convence até o fundo, e nesse espaço de suspensão aninha-se o desejo de colocar as coisas no lugar, de corrigir o mundo na direção expressa por aqueles pontos, que não só nos anunciam a diferença existente, como também o caminho a percorrer.

6. A medida secreta

Ao pronunciar aquele "mas...", é como se pressupuséssemos a existência de um parâmetro universal na presença do qual nós estaríamos dispostos a acantonar a perplexidade, a não dizer mais: me agrada, mas não muito. De fato, só admitindo esse modelo as coisas revelam sua carência de ser, que age como propulsora e mola da História; só introduzindo uma "medida secreta",[13] de origem desconhecida e com autoridade, reconhecemos um ponto de referência com o qual comparar o existente. Cada coisa significativa que se diz, assim está bom, isto é justo, não é verdade... pressupõe um princípio de fundo que pertence à abertura do ser enquanto tal, e que, mais que ser extraído da comparação entre cada coisa significativa, é fundamental enquanto parâmetro. Em outras palavras, não é a beleza com a qual vivemos nos encontrando que nos faz adquirir com o tempo uma ideia empírica e abstrata de beleza, antes é a beleza que carregamos dentro de nós que nos faz reconhecer sempre a beleza parcial daquilo que vemos. Platão *docet*. É como se, no nosso amar, sofrer, lutar, nós carregássemos dentro de nós uma inconfessável certeza de como deveria ser, uma fonte luminosa à luz da qual julgar, observar, corrigir o mundo. É como se soubéssemos desde o início o ponto de chegada pelo qual trabalhar. Essa pretensão de incondicionado não admite exceções, mas se impõe dizendo: deve ser assim, assim está bem, agora tem sentido. Este *Sollen*, este dever, em relação ao qual qualquer situação é boa, mas com reserva, ordena e guia a exequibilidade, ou pelo menos pretende fazê-lo; é verdadeiramente uma peculiar antecipação

---

[13] Cf. B. Welte, *Che cosa è credere*, cit., p. 42.

de fé, uma medida infinita que se recoloca continuamente, e que a razão crítica, firmada no mundo moderno, não tem como conhecer. Recuperando a tradição de Agostinho e de Pascal, Welte sustenta que só *le coeur*,[14] o coração, pode reconhecer e dar crédito a uma medida que pede ser ouvida, como a reafirmar que não são possíveis medidas secretas para uma razão calculadora.

7. As ideias

No homem vive uma forma de incondicionado que fala nas ideias e na idealidade, que nelas se exprime: "Nós temos a ideia de que tudo deva andar bem, que a vida deva ser cumprida, e assim por diante. Temos a ideia de como deva ser e do que deva ser jogado fora. O ideal é a obrigação e, enquanto tal, não é simplesmente o dado factual e positivo... Essa obrigação põe em movimentação todos os movimentos do ser-aqui e os guia. Por isso, em todos os movimentos se trata disso, que se torne como deve ser, isto é, que se torne bom e sensato".[15] O dever guia nossas ações, possui uma carga de idealidade em virtude da qual se abre uma luta áspera que procura tornar ideal o real, ou seja, modelar, sobre a base de uma medida interna, a realidade externa. Por isso sofremos o limite em todas as suas formas, porque o homem, no fundo, quer ser significativo e infinito: quer ser como Deus, quer que o próprio jardim, para dizer como Voltaire, seja ordenado e perfeito, para ir, depois ao jardim ao lado e, pouco a pouco, a todos os jardins do mundo. Porque as pequenas mudanças são sempre o primeiro passo para transformações totais: as pequenas mudanças anunciam sempre grandes revoluções, ao menos em nosso coração. Nem a isso se pode renunciar, porque não existe sentido ou felicidade privada, desgarrada e avulsa da comunitária, não há satisfação que possa limitar-se às soleiras do portão de casa.

---

[14] B. Welte, *Auf der Spur des Ewigen*, cit., p. 147.

[15] B. Welte, *Im Spielfeld von Endlichkeit und Unendlichkeit*, cit., p. 36.

As renúncias esmagadas aos pés de qualquer palácio exigem polícia, o espinho nas costas do outro se torna espinho meu.[16] Entrelaçadas com a essência do homem, surgem então as ideias de bem, de belo, de verdadeiro, de justo, graças às quais uma coisa parece mais ou menos adequada àquilo que temos na cabeça. Esta parcial correspondência nos leva a dar ou a negar nosso assentimento, ou seja, a reconhecer a validade do que se vai cumprir.

8. Determinantes não biológicas

Esse mundo de ideias, presente desde a origem no homem, é parte constitutiva do ser-aqui. Portanto, como o exterior com o qual ele se relaciona pode vir a ser fonte de distúrbio, de influência e de determinação, do mesmo modo o interior, reportando-se a si mesmo, pode descobrir aquilo que o condiciona, a ponto de determinar as escolhas. Em outras palavras, pertence à natureza do homem esta série de elementos que agem sobre ele como determinantes internas ou transcendentes.[17] Se não existisse de fato a procura de belo ou de justo dentro de nós, as coisas consideradas belas e justas não teriam nem o vigor nem a capacidade de nos atrair, e menos ainda teriam a força de agir sobre nós como causas. A causa, exatamente, é aquilo que move e sabe mover – se bem que não necessariamente de forma mecânica –, é aquilo que sabe atrair e determinar um gesto, uma inclinação ou uma repulsa. Uma bela mulher me atrai porque sou sensível ao belo que vive em mim com a pretensão de ser satisfeito e age como causa interior originária e transcendente.

---

[16] B. Welte, *Auf der Spur des Ewigen*, cit., p. 22.
[17] B. Welte, *Determination und Freiheit*, cit., p. 43-51.

9. O postulado ético

Qualquer gesto que fazemos, portanto, tem como seu pressuposto uma ideia que seria bom seguir e que confere significado à ação; no agir, presumimos que tenha sentido aquilo que estamos fazendo, pelo que, no momento em que decido agir é como se dissesse "sim" à bondade daquela decisão e pressupusesse portanto uma sensatez como fundo, que vai além das metas pessoais:

> esta regra propriamente não admite verdadeiras exceções. Por isso, o pressuposto do sentido pode ser considerado como o dinamismo que comanda a realização da existência.[18]

Cada uma das ações se insere no horizonte de um pressuposto de sentido universal, a que chamamos postulado ético. *O homem vive como se a vida tivesse sentido, porque quer que a vida tenha sentido.* Sem essa premissa, acabaria por cair por terra o motivo de todo agir e combater, faltaria a vontade de lutar, de secundar aquelas determinantes interiores que, ao contrário, continuam a ter domínio sobre nós. Se não déssemos como deduzido que o que fazemos se insere dentro de um sentido global, até as operações particulares correriam o risco de perder valor e se cairia na indefinição e no relativismo. O homem pressupõe que a vida tenha sentido. O fato de que se continue a pensar e a agir como se assim fosse, é demonstrado amplamente pela vida ética do homem. Quando digo sim ao amor e não ao ódio, não apenas presumo que o amor tenha mais sentido do que o ódio, mas ao mesmo tempo dou como deduzido que tudo tenha sentido, porque em um mundo sem significado nem mesmo crer no amor teria significado. Negado o sentido total, está negado também o sentido de cada projeto. Welte, no entanto, é da

---

[18] B. Welte, *Religionsphilosophie*, Herder, Freiburg-Basel-Wien 1978; tr. de A. Rizzi, apresentação de A. Balletto, *Dal nulla al mistero assoluto. Tratato della filosofia della religione*, Marietti, Casale Monferrato 1985, p. 51. A propósito do postulado ético de sentido, veja-se também B. Welte, *Zeit und Geheimnis*, cit., p. 132-134.

opinião de que o agir humano seja uma prova concreta e evidente do contrário: o homem não deveria entretanto agir como age, ou seja, como se tudo tivesse sentido. Na base de tal consideração repousa um espírito humano teórica e praticamente responsável pelo que deve ser e que será, e que, assim, se opõe ao que não deverá ser. A alternativa para esse empenho é o niilismo ou o suicídio de Camus,[19] porque, já para poder viver e decidir, o homem supõe que tenha sentido existir. Como vimos em Gorgia, aqueles que sustentam a impossibilidade de qualquer absoluto, de qualquer sentido global, aderem a essa ideia porque "em qualidade de ações tais opções aparecem de vez em quando como as mais ricas de sentido, ou como as mais honestas e destituídas de ilusões ou quetais".[20] Pelo que também lá onde

> a vida humana decide renunciar expressamente ao sentido e contudo continua a ser uma figura de vida real e ativa, vemos que esta, até que seja vida, não pode não pressupor o sentido.[21]

A vida que não decide morrer é vida sensata. De fato, não obstante a dialética negativa, persiste no homem um empenho ético, quase a expressão de um instinto que nos impede de acreditar que viver pela liberdade, pelo amor e pela justiça possa ser uma ilusão. Diante da injustiça, a despeito da vítima, que seja o carrasco o verdadeiro vencedor da História, é *evidente*[22] que o postulado ético de sentido se impõe como um dado de fato. Diante da luta pelos direitos dos homens, da ação pela igualdade das pessoas, do cuidado amoroso, uma só coisa é certa e indubitável: que isso tem sentido.[23] Nisso o postulado mostra

---

[19] *Ibidem*, p. 54.

[20] *Ibidem*.

[21] Cf. B. Welte, *Saggio sul problema di Dio*, e B. Casper, *L'incapacità nella coscienza positivistica di porsi il problema di Dio*, in *Saggi sul problema di Dio*, cit., p. 29-47.

[22] Impossível não reconhecer no postulado ético de sentido de Welte a posição de Kant e a evidência de seu imperativo categórico.

[23] "Diante do amor concreto por outro homem, ou diante do empenho concreto de outros pela justiça e pela liberdade, já não se coloca a pergunta se isso tem sentido.

que há uma base essencialmente ética. Como para Kant, na *Crítica da Razão Prática,* não é possível renunciar à voz escondida e silenciosa da consciência mais íntima, à busca pela ética que se impõe no vigor da existência; como para Tillich não é possível se libertar do caráter incondicionado do imperativo moral, assim, para Welte, na chamada para o agir ético, qualquer que seja a ética vigente naquela época, naquela cultura, esconde-se uma necessidade de realizar um mundo à "imagem de si mesmo", de aproximar a realidade da idealidade: na obstinada e infatigável perseguição ética do sentido descobre-se que é o sentido pressuposto que dá força ao agir significativo do homem. Assim, enquanto é o homem que dá sentido ao mundo agindo eticamente nele, é a consciência com que o postulado se revela no amor e na justiça que dá ao homem a força para agir eticamente. É como dizer que há gestos que têm valor de *per si,* prescindindo de como está todo o resto, gestos que, porém, requerem que também o resto do mundo seja dotado de sentido. Por isso, sua verdade se faz fiadora da verdade do mundo, embora nada disso seja sujeito a demonstração. Exatamente por isso, a objeção de Feuerbach – aquela segundo a qual a pretensão de sentido se apoiaria essencialmente sobre uma forte ação de autoilusão, sobre a férrea vontade de se convencer que no fundo o mundo não seja tão infundado como parece – é difícil confutar.[24] A busca de valores absolutos esconderia o medo visível de quem já presume saber como são as coisas e que responde a tal medo projetando os próprios desejos em um mundo ideal, fantástico, inexistente. Esta objeção, a nosso ver, tem o mérito de conter grande avanço e, sobretudo, de alavancar a má consciência do homem que, descoberto culpado, confessa imediatamente todas as suas culpas e responsabilidades, além daquelas que seria lícito atribuir--se. Como quem se considera assassino, responsável pela morte do pai, pelo simples fato de ter ousado levantar as mãos contra ele, e, depois, se arrepender. O sentimento de culpa pela má-fé, pela própria pobreza

---

Antes, é evidente, nessa situação, e me parece com força elementar que isso tem sentido" (B. Wlte, *Zeit und Geheimnis,* cit., p. 135).

[24] B. Welte, *Dal nulla al mistero assoluto,* cit., p. 69.

tornada pública, prevalece sobre o problema objetivo de quem tenha sido verdadeiramente o assassino; o medo de que nada tenha sentido, o medo de ter sido totalmente imparcial ou tendencioso no resolver o problema da própria vida, induz apressadamente o homem a renunciar a uma conclusão, falseada pelo temor e pelo desejo, certamente, mas nem por isso falsa.

Não menos ilusória, portanto, seria a interpretação dada por Feuerbach, que reforça e absolutiza os próprios desejos – especificamente o desejo de omitir e separar do todo o problema do morrer, que permanece incumbente, se bem que escondido. Dizer que eu sou Deus não significa de fato dar uma resposta satisfatória à questão do fundamento do ser, da origem da realidade, do infinito desejo, ao valor do amor e do agir moral. Mais que outra coisa, significa, sem em nada querer pensar, saltar o antigo quesito filosófico que diz: por que o ser e não o nada? Substituindo o homem pelo absoluto, nada é dito a propósito, senão que o homem, elevado a Deus, afunda, achando-se soberano de um reino que, tendo a si mesmo como único responsável, resulta insensato e pobre. O imperativo moral e o agir amoroso vivem de vida própria, ou seja, irradiam uma significância que se autoimpõe e que não é possível ignorar: admitir a inexistência de toda forma de mistério absoluto não explicaria a força infinita com que certos gestos nos falam e se impõem, quase contra nossa vontade, a menos que se caia no pessimismo de Schopenhauer.

Welte, portanto, mantém que seja

> o projeto de sentido que faz o homem e permite sua existência, e, não vice-versa, o homem que faz o projeto de sentido. Ainda uma vez: não estamos diante de uma construção subjetiva. O postulado concreto do sentido, e, ultimamente, do sentido incondicionado, *interpela* o homem nas situações concretas de coexistência humana. Não é o homem que o suscita através de uma invenção pessoal sua.[25]

---

[25] *Ibidem*, p. 73.

Porque, se é verdade que eu sou o que faço, é igualmente e ainda mais verdadeiro que eu faço essencialmente o que devo, recordando, porém, que o eu-quero ser bom, justo, livre, como não sou é o eu-devo que toma a palavra. No agir prático fala qualquer coisa que é mais que o homem e que seus medos, em seu querer fala qualquer coisa a mais que o simples desejo.

10. Sono e jogo: oásis da felicidade

É óbvio que também o conceito de liberdade é reinterpretado e relido à luz da diferença de sentido e do postulado ético que parece guiar nossa ação. Muitas vezes, a liberdade foi de fato entendida como a indeterminação, a oportunidade de escolher entre muitas opções possíveis, como se a um maior número de oportunidades correspondesse a forma ideal de liberdade. Nessa concepção, já criticada por Kierkegaard e Schelling,[26] não se leva em conta o lado negativo da dispersão e da desorientação, terminando assim por valorizar a ideia de um homem totalmente fautor de si mesmo. Ao contrário, livre deveras é aquele que se deixa determinar pela causa que nele fala, prescindindo-se de si. É como dizer que liberdade e necessidade coincidem no momento em que o homem sinta a necessidade ética, amorosa, não como uma obrigação ou um limite, mas como o natural impor-se daquilo que deve ser e que não pode não ser, como a resposta ao desejo mais íntimo. Escolhendo a ideia e movendo-me no interior de seu facho de luz, eu me torno mais do que eu mesmo, porque livremente me encaixo a uma necessidade que pede para guiar minha ação. A coisa é tanto mais visível e clara em duas situações emblemáticas: o sexo e a música. Se o pianista e o amante recomeçassem a escolher a toda hora qual tecla do piano tocar, qual corda do corpo ou do eros fazer vibrar, o ato cumprido se reduziria a uma operação complicada, na qual viria a faltar o alento capaz de unificar os vários movimentos. No

---

[26] Welte enfrenta essa problemática, por exemplo, in *Über das Böse. Eine tomistiche Untersuchung*, Herder, Freiburg-Basel-Wien 1986; tr. de O. Tolone, *Sul male. Una ricerca tomasiana*, Morcelliana, Brescia (2005).

tocar ou no fazer amor não o faço pensando: "primeiro a tecla branca, depois aquela preta mais abaixo, e ainda aquela acima", a não ser no caso de que eu não passe de um aprendiz, obrigado a colocar em sequência as operações a executar. O aprendiz ama e toca como se devesse dispor em ordem as mil peças de um enorme quebra-cabeça, rememorando sua sucessão. Mesmo no caso em que se superasse este inconveniente – e se supera logo que se começa a falar, a escrever ou seguir trechos musicais expeditamente –, não está dito que isso seja propriamente um verdadeiro salto de qualidade. Se é verdade, de fato, que no hábito o espírito libera o corpo fornecendo-lhe habilidades, e o espírito garantindo a imediatez, é também verdade que esse resultado é conseguido graças à repetição. A repetição, porém, tem este defeito: de um lado, livra o homem dos próprios limites físicos e estruturais, fornecendo-lhe as assim ditas habilidades, que o tornam gracioso, ágil e elegante nas palavras e nos gestos, como se de fato ele conseguisse desembaraçar-se dos próprios estorvos; de outro, todavia, pode terminar por fechá-lo e ancorá-lo no corpo de forma definitiva. Aprendida a brincadeira, com efeito, seja ela a perfeita execução de uma *suite* ou um virtuoso passo de uma dança, a técnica se impõe de tal forma que então nos encontramos diante de filmes benfeitos, de execuções impecáveis, poesias bem-declamadas, mas não diante de um ato de liberdade. Nesses casos, a repetição formal se impõe, e o bom pianista é substituído pelo mau, a palavra pela tagarelice. Os atos humanos podem se transformar nos mais desumanos se privados de sua espiritualidade e se desancorados de ideias superiores. O *virtuosismo*, em todos os seus campos, é sinal da máxima reclusão, é um querer o impossível de modo errado, formalmente. A conciliação natural entre ação e intenção obtém-se mecanicamente, em prejuízo da profundidade. Quando as determinantes transcendentais não mais determinam e prevalece o hábito, a liberdade se transforma em angústia e desespero.

No jogo,[27] ao contrário, vige a ausência de finalidade, e a escolha tem um caráter passageiro, no sentido de que flui de maneira espontânea,

---

[27] Cf. B. Welte, *Dasein im Symbol des Spiels*, in *Swischen Zeit und Ewigkeit*, cit., p. 96-108.

sem resistência, pois a batalha entre finito e infinito fica suspensa por um átimo. Sobretudo na infância, quando o mundo ainda não parece submisso ao útil cotidiano, e a natureza, as plantas e os animais são fontes imediatas de maravilha, é como se o homem vivesse em um estado de graça, no qual toda forma de atrito parece aplacar-se. No jogo infinito da fantasia, realidade e idealidade já não estão em contraste, e tudo se desenrola sob os olhos jovens em uma medida de extrema confiança, na qual a dúvida e a luta não têm razão de ser. No espaço *franco* do jogo, no campo de jogo delimitado, ninguém tem o direito de entrar levando para dentro as leis e as regras em vigor no resto do mundo. Onde se joga, tudo é possível, e aquela medida secreta, da qual a criança nem se dá conta, parece expressar-se plenamente e encontrar sua cidadania sobre a Terra. Isso implica não a falta de tensão, bem palpável no jogo, mas da angústia, do esforço que não tem esperança de ser satisfeito. Assim, a festa, o esporte e os *jogos* olímpicos não são pura evasão, mas rituais nos quais a necessidade de sentido encontra a sua manifestação em uma representação simbólica da vida, como deveria ser. No entusiasmo esportivo, nas olimpíadas, que não por acaso no mundo grego escandiam o desenrolar do tempo, despe-se o íntimo contato com aquele mundo de sentido que alhures, e, com o passar do tempo, está sujeito ao arbítrio do homem. O que hoje é dura responsabilidade ontem era simples escolha, cuja leveza ainda se renova no jogo e nos ritos esportivos. Neles fala o símbolo. O jogo, de fato, é uma espécie de metáfora da vida que nos ajuda a enfrentá-la e a suportá-la com mais facilidade, uma espécie de arquétipo no qual estão retidas as leis que regulam nossa existência.[28] Assim, nos jogos em que desafiamos a sorte, que tanto nos atraem, nós revivemos o sentido de precariedade, a casualidade que nos recorda essencialmente que podemos até ser derrotados, em qualquer momento, e que isso, não obstantes as tentativas hodiernas de programar o futuro, depende exclusivamente da sorte primeira, de um dom do céu que nós podemos

---

[28] B. Welte, *Swischen Zeit und Ewigkeit*, cit., 96.

apenas acolher. Por isso, nada mais apropriado do que o mote de Meister Edkhart: "conduze-te e deixa-te ir".[29] Nos jogos de campo, isto é, aqueles em que existe um quadrado bem definido, como o futebol, está, ao contrário, representado o dinamismo da vida. Eles falam de uma ordem escondida na profundeza da alma, à qual todos aspiram e pela qual, jogando, combatemos: falam da ordem competitiva da vida. Essas lutas têm qualquer coisa que as liga ao mito, pois também ali um fato, um evento (a partida, neste caso), assume um valor emblemático, representa aquilo que continuará a se repetir no tempo, mas que encontra sua explicação na história original. Assim, a partida de futebol poderá ser jogada ao infinito, mas sempre para reforçar a mesma rivalidade, a mesma lei: jogar bola é como viver, ou seja, mover-se em um espaço e em um tempo delimitados, respeitando regras e confrontando-se com rivais, os quais, sejam jogadores, heróis ou povos, querem sair vencedores. Sim, porque no jogo há quem vence e há quem perde, mas sempre em obediência a um regulamento, a um costume, a um ritual, que não deve de forma alguma ser violado, caso contrário quem venceu perde, é punido e eliminado: "o ritual fixa esse limite qualitativo entre o campo de rivalidade dos adversários e o campo de hostilidade dos inimigos".[30] O jogo é um rito regulamentado por normas de direito, no qual o homem se representa e antecipa a vida como deveria ser, como seria belo que fosse, e a partir da qual ele tenta repropor, também na vida real, tantos campos de futebol, tantas zonas francas, dentro dos quais fazer vigir e observar regras que sejam mais respeitosas e menos lesivas da dignidade dos concorrentes, de modo que torne a vida sempre menos um desencontro, sempre mais um confronto. Nessa ótica, seria lida a criação de instituições e regulamentos como a "Paz de Deus", na época medieval, a Cruz Vermelha Internacional, a Declaração dos Direitos Humanos por parte da ONU.

---

[29] *Ibidem*, p. 99.

[30] *Ibidem*, p. 104.

A capacidade de símbolo é um dom concedido ao homem graças ao qual o que nos circunda parece real e ideal ao mesmo tempo: é a promessa de uma possibilidade que ajuda a viver e relaxa a mordaça da decisão, do aut-aut.[31]

Também o sono representa um verdadeiro oásis da felicidade. Nele desaparece todo tipo de preocupação, de aflições, e ao fechar os olhos não repousamos simplesmente como todos os animais, mas dormimos, isto é, "abandonamos o mundo a seu curso e abandonamo-nos a nós mesmos ao curso secreto das coisas",[32] revelando uma confiança elementar que se renova toda vez que nos entregamos a nosso leito. Sono e jogo são dois símbolos de uma possível correspondência, de uma guerra suspensa.[33]

---

[31] B. Welte, *Im Spielfeld von Endlichkeit und Unendlichkeit*, cit., p. 59.
[32] B. Welte, *Swischen Zeit und Ewigkeit*, cit., p. 92.
[33] Cf. G. Capograssi, *L'azione sorella del sogno*, in *Opere*, cit., vol. 3, p. 9-22.

4

LIBERDADE E NIILISMO

Como sabemos, no entanto, sono e jogo são apenas ilhas, situações limites nas quais a íntima contradição da vida parece aplacar-se. Bem ao contrário, em vez, é o andamento do dia a dia, a normalidade, que não dorme e não joga, e que, por isso, é intimamente combatida entre o atirar-se para o alto e o fazer as contas com o cotidiano, que rotula repouso e jogo como simples fuga da realidade. É como se, no momento de trabalhar ou de fazer política, aquelas pretensões de fundo fossem deixadas de lado como anacrônicas e relegadas a uma esfera marginal, a do divertimento, da arte, da poesia etc., a fim de aplacar a consciência, sem entretanto alterar os equilíbrios conseguidos. Dessa maneira, o mundo das ideias obtém o reconhecimento – por exemplo na literatura – reivindicando o direito de incidir sobre comportamentos concretos, mas de fato segregado a um mundo sempre paralelo: a vida real é outra coisa. Nela é preciso ter os pés bem firmes e evitar seguir miragens e quimeras, que complicam a gestão e a administração do particular. O poeta nobilita o homem, para que não lhe venha à mente abandonar sua condição e tomar parte no comércio ilícito, no azáfama de todos os dias. Não por acaso, a fama dos poetas e dos artistas é muitas vezes póstuma, *a posteriori*, consegue algo quando a mensagem de suas obras já está espoliada de toda implicação prática imediata, para elevar--se a lei universal do homem, como se diz, válida para todos, porque molesta para ninguém. Fale também de injustiças, portanto, mas não desta, agora. O poeta nobilita o homem, porém com a condição de que o homem fique como é.

Essa busca, no entanto, cai no vazio, porque a tendência ao desenvolvimento é uma lei que jamais se consegue debelar totalmente, pela qual, de um modo ou de outro, o homem e a sociedade vivem a luta entre finito e infinito. Enquanto no sono e no jogo, portanto, a luta parecia desaparecer e a liberdade colocar-se como auxílio do cansaço e das regras, na vida ordinária muda a característica que ela é obrigada a desenvolver. É aqui, de fato, que aparece clara a imprevisível função da originalidade e da vontade, chamadas a dirigir a vida, ou levando em conta aquela medida secreta, ou renunciando a todo lugar utópico. Querer o bem e a perfeição não é coisa natural nem sem consequência.

É nessa chave que Welte, em seu famoso ensaio *Über das Böse*,[1] relê Santo Tomás. Dizer que querer é essencialmente querer o bem, e que o bem é tal, isto é, bom, enquanto em condição de determinar o movimento da vontade, significa admitir a existência de uma medida secreta de sentido, à qual o querer está naturalmente ligado. Coisa diversa é a realização dessa vontade.

1. O caráter da liberdade no mal

A vontade seria *inclinatio boni*. Uma inclinação, entretanto, é uma inclinação que impõe o movimento, que faz sair de si mesmo induzindo à tensão para com o outro: é aquela condição natural do homem pela qual se rompe um fechamento ontológico, sem que, todavia, se chegue a determinar a direção de maneira incontroversa. O homem, se só tivesse o bem como motivador, não seria bom necessariamente, porque, se o fosse, inevitavelmente não seria livre; mas em certo sentido é exatamente a liberdade que garante ao homem a possibilidade de decidir fazer-se semelhante a Deus. Isso o intuiu o próprio diabo-serpente, que seduz Eva com a maior das tentações: *se* comeres desta

---

[1] Cf. *Über das Böse*, cit., p. 9-30.

árvore, tu serás como Deus, tu serás Deus. Só o exercício da liberdade pode conduzir o homem à própria humanidade ou desumanidade. Ainda segundo Schelling,[2] Deus seria "obrigado" a criar o homem livre, para o homem, livremente, decidir segui-lo, reconhecê-lo como Pai, desejá-lo, e para que Deus possa fruir do fato de que uma criatura sua tenha decidido voltar a Ele mesmo tendo estado na condição de dele se distanciar e de renegar o *bonum simpliciter*.[3] O homem é feito à *semelhança* de Deus, isto é, conforme a imagem que o obriga a dar agora, por iniciativa própria, um passo na direção por ele pré-escolhida para que possa transformar sua semelhança em identidade. Só aceitando o risco de um ser capaz de negá-lo e refutá-lo, Deus pode esperar encontrar um ser desejoso dele e, portanto, semelhante a Ele. A ambiguidade que tanto Tomás, Schelling ou Kierkegaard caracterizam está no trocar a liberdade pelo livre arbítrio, pelo que me torno divino se exercito automaticamente a liberdade,[4] refutando qualquer forma de condicionamento, de finitude. Daqui nasceriam as várias formas de desespero, que se apossam do homem como doença moral e da qual é extremamente difícil curar-se. Querer desesperadamente ser a si mesmo e não querer desesperadamente ser a si mesmo são modos, de parte da liberdade, de desconhecer uma finitude à qual não se pode remediar só com as próprias forças. O homem, portanto, confirma a vocação de ser um animal *cismático*, a cuja laceração não é permitido remediar. A esse propósito, Schelling fala de uma composição não resolvida, que reflete a composição divina de existência e fundamento, enquanto Kierkegaard

---

[2] Esta é uma argumentação que encontramos sobretudo nos *Scritti sulla libertà*. Veja-se, a propósito, F. W. J. Schelling, *Philosophische Untersuchungen über das Wesen der menschlichen Freiheit und die damit zusammenhängenden Gegenstände*, in *Shellings Werke*, vol. 4, Beck'sche Verlag, München 1983.

[3] Isto porque, recuperando Santo Tomás, o *bonum simpliciter* outro não é senão a divindade.

[4] "O livre arbítrio não é encontrado em outra criatura fora do anjo e do homem; mas, tanto o anjo como o homem pecaram: em nenhuma criatura, portanto, o livre arbítrio é confirmado no bem" (Santo Tomás, *Le questioni disputate*, vol. 3, Edizioni Studio Domenicano, Bologna 1993, p. 347).

utiliza, para expressar a mesma tensão presente no homem, o par de conceitos "antipatia/simpatia e simpatia/antipatia".[5]

O homem seria, assim, um animal destinado a sair de si enquanto desejoso de um bem infinito, o único capaz de induzi-lo ao movimento, de abri-lo à busca de um sentido abrangente. Essa misteriosa força de atração não é, entretanto, uma força mecânica, pois requer a livre adesão do sujeito. Ter uma inclinação para a música não significa ser um bom músico e, da mesma forma, ter uma inclinação para o bem não quer dizer de algum modo ser bom. De maneira provocante poderíamos sustentar que ser inclinados a ser humanos não significa de fato ser homens. O homem tende à perfeição como nem a flecha lançada pelo arqueiro tende ao alvo, como nem a pedra tende a cair em direção de seu lugar natural.[6] Ele, de fato, dirige a si mesmo, ou seja, conhece o fim em direção ao qual ele se prolonga, e deliberadamente o segue. Mas não é assim para todas as outras criaturas, que são dirigidas para um lugar ou um fim que ignoram completamente e em direção do qual são impelidas de forma coercitiva e violenta, ou melhor, seguindo uma inclinação natural. A flecha arremessada do arco suporta todo o percurso. A pedra que aspira a seu lugar natural, ao contrário, é por natureza levada a cair no lugar mais baixo, segundo, portanto, sua inclinação, embora inconscientemente:

> as realidades naturais são inclinadas àquilo que a elas convém, tendo em si mesmas certo princípio de sua inclinação [...], assim que, de certo modo, elas mesmas vão e não apenas são conduzidas [*vadant et non solum ducantur*] aos devidos fins.[7]

Como a pedra tende para a terra e nela fica, o homem tende à ideia, ao bem, mas nele não permanece, porque não o atinge, mesmo

---

[5] S. Kierkegaard, *Il concetto dell'angoscia*, Sansoni, Firenze 1991, p. 25 (*O Conceito da Angústia*, Hemus Livraria e Editora, 1968).

[6] Santo Tomás, *Le questioni disputate*, cit., vol. 3, p. 79.

[7] *Ibidem*.

aspirando-o incessantemente. Diversamente das outras criaturas, o homem não ambiciona naturalmente à perfeição de modo implícito, mas de modo explícito, por meio de uma vontade que decide acompanhar o próprio movimento ou desviá-lo. De qualquer maneira, ele não está em condição de eliminar a motivação, mas apenas de corrigir a trajetória canalizando a mesma energia, que tende para o bem, para um bem outro que é o homem a impor. O mal, portanto, não seria senão um desvio de uma tensão natural na qual o homem é chamado livremente a acreditar. Assim, em certo sentido, o homem é pedra, que não pode deixar de cair, e, entretanto, é também arqueiro, que arremessa o próprio dardo e corrige a trajetória, deliberando qual deva ser seu lugar natural. De qualquer modo, uma coisa não lhe é dado fazer, ou seja, não cair, negar o movimento, ocultar a propensão sobre a qual ele não decide, mas da qual toma a iniciativa e às vezes orienta segundo seu arbítrio. O homem é arqueiro e flecha ao mesmo tempo, pelo que ter uma boa inclinação não quer dizer de fato ser bom!

Pelo mesmo motivo ele é de certo modo Deus, porque se sua natureza fosse realmente alcançada, em nada se diferenciaria de Deus;[8] se o homem fosse deveras aquilo que é, ou seja, homem humano, não seria substancialmente diferente do Deus divino. Isso porque à essência do homem se insere *naturaliter* e *immobiliter* o infinito princípio divino, do qual nós nos damos conta na inexaurível tensão do desejo e para a qual apela a serpente tentadora no jardim do Éden. Se pudéssemos acompanhar nossa íntima propensão, seríamos perfeitos. Todavia, a não realização de nossa essência afasta definitivamente o homem de sua perfeição. Não obstante ele seja *essencialmente* divino na aspiração, permanece *existencialmente* humano, isto é, impossibilitado de levar a efeito aquilo que potencialmente está inscrito em seu código ontológico. A humanidade do homem residiria, portanto, em sua autorrealização, no destino, na necessidade de se realizar. Sob esse crinal se move, a

---

[8] Cf. B. Welte, *Über das Böse*, cit., p. 17.

passos incertos, o animal, sempre se equilibrando entre malvadeza e santidade.

É como se o homem e a sua vontade, portanto, fossem *reféns do infinito*, porque determinados segundo ato necessário, mas imperfeito. Não posso deixar de querer divinamente, posso, porém, deixar de querer o divino, e nessa diferença desenvolve-se a ideia de uma super-humanidade que pretende se fazer supercriaturalidade. Essa tentação é fruto de uma vontade distorcida, que rejeita a própria origem e que pode encontrar um pretexto na inevitável *reductio ad phantasmata* que caracteriza o relacionamento com a existência. Diante de uma tensão infinita em direção de uma pretensão absoluta, o homem acaba por se encontrar com objetos parciais e insatisfatórios, com fantasmas, que assumem a aparência de coisas definidas e, assim, incapazes de aplacar o impulso. Não obstante suas aspirações, o homem não pode senão viver entre *phantasmata*, refém do infinito, vítima, contudo, da finitude.

A verdadeira questão, portanto, reside no fato de que, para as criaturas espirituais, essência e existência caem dentro da autorrealização, no sentido de que a conciliação entre ideia e ação não é nem automática nem natural, mas sujeita à escolha e à liberdade pessoais. Por isso, se também fosse Deus o verdadeiro lugar natural ao qual o homem aspira, como a terra, embaixo, à terra, e o céu, ao céu, isso não seria suficiente para garantir-lhe a chegada, sendo ele uma flecha que escolhe o próprio alvo ou uma maçã que pode decidir como cair na terra.

O mal, assim, teria a própria raiz no simulacro do homem, no fato de que ele carece não tanto de uma perfeição, mas de uma atualidade própria. Na consciência reside a base da má consciência. Por isso, o homem é dois, e ambas as partes o representam; há o homem humano e o homem desumano, o que se identifica com a perfeição e o que, ao contrário, a repudia ou dela se distancia; há a flecha que segue o impulso que lhe foi dado e a que se rebela contra ele, desviando da trajetória.

2. A ambivalência da liberdade

Ora, nessa duplicidade reside a premissa da fé, do ateísmo ou do niilismo. A mesma luta entre finito e infinito, que diferencia o agir do homem, se recoloca no momento em que se trata de acreditar, ou não, em uma ideia de Deus, de reforçar livremente um impulso teológico ou, ao contrário, de negá-lo. O fato é que, ao chamado de um absoluto que fala nas formas mais variadas de ideia, de postulado ético ou de Deus, segue uma *conversio ad phantasmata*, ou seja, enquanto aspiramos a uma justiça e a uma bondade plenas, nos deparamos exclusivamente com coisas e situações mais ou menos boas e justas, que todavia não têm a força de aplacar nossa tensão, que volta logo depois. A um mundo feito de coisas se contrapõe um mundo feito de ideias, que persiste na procura de si. Não só. A *conversio* não é somente o sinal tangível da finitude do cosmos, mas também uma exigência do homem, que à vista de tais pretensões inumanas, de tais verdades abstratas, se sente desorientado e não à altura; sente, em suma, a necessidade de ancorar-se ou refugiar-se em um mundo feito de coisas concretas. Isso porque o incondicionado, estando sempre ainda por vir, e portanto futuro, se torna uma presença embaraçosa, vivida pelo homem como qualquer coisa de externo, opressivo e ameaçador. A verdade faz mal porque nos obriga, mesmo contra nossa vontade, a lhe prestar contas, nos pede que tomemos posição mesmo quando quereríamos voltar-nos para o outro lado e simular indiferença; além disso, é impossível desfazer-se dela, porque simultaneamente vive em nós como aquilo que tira algo para nos induzir a buscá-la, mas não o suficiente para, com resignação, aceitar sua ausência. A liberdade do homem é ambivalente, porque ele, de um lado, quer por todas as forças o que lhe parece bom, belo e justo, mas, de outro, não suporta seu peso e incompletude.[9] A diferença de sentido que permanece, não obstantes todas as ações éticas, é vivida como qualquer coisa de intolerável, como o sinal de inadequação com a qual se pode apenas aprender a conviver.

---

[9] B. Welte, *Determination und Freiheit*, cit., p. 123-130, como também *Heilsvertändnis*, cit., p. 177.

Diante do fracasso, o homem pode reagir de modos diversos, por exemplo perdendo a paciência. A impaciência metafísica, de fato, nasce exatamente da dificuldade ontológica do homem de suportar a ideia de que se dê um infinito sob a forma de aspiração, ao qual jamais poderá seguir um infinito sob forma de realização. Impaciência e ambivalência são os modos pelos quais o homem se relaciona com aquilo que se lhe apresenta sem nunca se dar. De qualquer forma, na base de ambos jaz a profunda necessidade do homem de atingir a unidade consigo mesmo, de criar uma identidade plena, que leve em conta uma pretensão de sentido que intimamente ele percebe como sua. Da exigência de ter ao mesmo tempo essa dupla natureza, se deduz uma série de reações e respostas, até contraditórias, que vão da religião ao niilismo, do fanatismo à magia, nas quais a liberdade é chamada a dizer a última palavra. Certamente, épocas diversas dão respostas diversas. Em qualquer caso, recorda-se que na base de toda realização está o desejo latente de realizar uma identidade, a mais completa possível, na qual o homem chegue a superar todo íntimo dilaceramento e a viver harmonicamente a tensão que o relaciona ao ego e ao mundo. O homem é um ser que vive sob a marca da tensão incondicionada, da qual, às vezes, quereria fugir, mas na qual, outras vezes, quereria naufragar.

De acordo com a livre estratégia empregada por cada indivíduo, nós chegamos a êxitos opostos, que preveem, no mínimo, a morte e o desaparecimento de Deus. Por isso, recapitulando, podemos dizer que, no homem, ser-aqui no mundo, aberto ao mundo, emerge uma forma de incondicionado que parece provir de dentro e tomar a forma de diferença de sentido, que a tudo transcende e a cujo confronto tudo parece incompleto e insuficiente. Este princípio vivente do "sempre além"[10] não se aplaca diante de nenhum resultado, antes, sua prerrogativa é aspirar ao ulterior. Tal princípio, que age em direção ao divino, não tolera nenhum tipo de limite e restrição, mas constringe cada um à superação. Consequência é que a essência humana, a qual transcende

---

[10] B. Welte, *Auf der Spur des Ewigen*, cit., p. 79.

no infinito, jamais poderá ser realizada e conseguida completamente; razão pela qual não obstante "l'homme passe infinement l'homme",[11] ele continua permanentemente atrás de si mesmo.

> Aos homens certamente podem se dar elevadas e puras formas, como marcas e símbolos do eterno. Mas ele próprio permanece sempre além, em âmbitos a que só chega na fé e na esperança.[12]

Outra perigosa contraindicação, por causa dessa incompletude constitutiva, é a tentação de impacientemente transferir para a própria vontade subjetiva, e portanto à finitude de seu ser-aqui, aquela plenitude futura que menos se consegue tolerar. O homem cai na tentação "de querer ser absoluto na mera petrificação da própria vontade; de querer ser onipotente e oniabrangente na violenta eliminação de todo outro direito e querer; de querer ser exaltado, violento e terrível na fantástica ascensão de uma pretensão de dominação além de qualquer humana medida".[13] E quanto mais o homem quer ser como Deus e conseguir com a própria vontade aquilo a que aspira, tanto mais se arrisca a se tornar autodestrutivo, desesperado e infeliz. "Esse perigo e essa tentação são como a sombra que Deus lança na finitude do homem";[14] é a possibilidade do mal do qual o homem pode se fazer promotor por impaciência. A diferença do mundo em relação à ideia carrega o homem de uma ânsia infinita que ele pode decidir veicular e acompanhar de modo variado. Nessa ambivalência da liberdade, reside a possibilidade, seja da infinita fé em Deus, seja da infinita rejeição da religião. Diante do evidente descarte, a primeira e mais natural reação pode ser a de "voltar-se para a outra parte".[15] Isto é, ele desvia a atenção daquele mundo.

---

[11] *Ibidem* (recuperando Pascal).
[12] *Ibidem*, p. 81.
[13] *Ibidem*.
[14] *Ibidem*.
[15] "Wegwendung" (B. Welte, *Heilsverständnis*, cit., p. 177). Cf. H. Lenz, *Mut*

3. Fuga da imanência: o movimento negativo

A tentação de se voltar para o outro lado, uma vez constatado o peso da finitude, pode assumir duas formas fundamentais, cujo escopo é tornar tolerável o descarte intuído entre ser e dever ser. A primeira forma consiste em um movimento negativo com que o sujeito tende a exaltar-se a si mesmo, a própria vontade e o próprio agir, à medida infinita de todo dever, como critério que pode desprezar se confrontar com qualquer outro modelo de autoridade. Era esse o caso das ideias, da pretensão de sentido, do postulado ético, dos quais o homem não era simplesmente criador, mas testemunha. Todavia, nesse primeiro caso, mais que se propor e construir-se concretamente como único parâmetro de referência, o homem age negativamente, isto é, projeta *dissimular*, desviar a atenção de tudo o que poderia recordar-lhe sua estrutural finitude, complicando e impedindo qualquer hipótese de absolutização do ego. Em suma, perante a pretensão absoluta que não consegue aplacar, outra coisa não resta senão proceder à supressão, ou, pelo menos, ao distanciamento daqueles fenômenos e daquelas circunstâncias que mais que outros nos fazem sentir o descarte daquilo a que se tinha pretendido. Pelo que, se deveras não é possível não mirar assim para o alto, que ao menos nosso olhar não assista ao momento em que ao disparo se siga a inexorável queda, ou seja, não podendo eliminar a pretensão de infinito, que se oculte a evidência do finito. É a isso que Welte define como estratégia da imunização, ou *movimento negativo*.[16] Esse movimento, por sua vez, pode assumir uma dupla feição. A maneira mais elementar é aquela em que, para evitar o fracasso, o homem se cala a respeito da morte em todas as suas múltiplas e variadas manifestações. Todo morrer, acabar, concluir, toda cessação que traga à luz esta profunda verdade da vida, é colocada de lado e esquecida, para que o homem possa viver tranquilamente,

---

zum Nichts – Was dem Glauben Leben gibt, in *Mut zum Denken, Mut zum Glauben,* cit., p. 63-88.

[16] B. Welte, *Im Spielfeld von Endlichkeit und Unendlichkeit,* cit., p. 81.

sem sofrer pela presença de uma sombra inconveniente, que reconduza tudo a sua justa dimensão. Ao *memento mori* contrapõe-se a tabuização da morte, que assume, em sociedades como a nossa, o caráter de *diktat*, de um imperativo que é bom não contradizer, sob pena do desorientamento mais cabal e o reconhecimento de uma precariedade que – em tempos de *divertissement* – pode facilmente ser trocada por depressão, desajustamento, doença mental. "Tabuizar a morte" significa *não querer ver a diferença*, ou seja, cometer um pecado de omissão com que se altera a realidade e se desvia o olhar daquilo que poderia fazer naufragar nossa pretensão de sentido. Se a morte é um naufrágio que mina a minha natureza de homem, que ambiciona a plena identidade, evito naufragar escolhendo olhar para alhures. Como vimos, em era tecnológica são muitas as estratégias e estratagemas que podem conduzir tranquilamente o homem para a beira de um precipício, sem que o perceba ou se preocupe com isso. Se o fim é uma passagem crucial à luz da qual é preciso reler o curso da vida passada, isto é, se a morte me diz que eu existi, um remédio é fechar os olhos toda vez que nos deparemos a sua frente.

A segunda maneira, complementar da primeira, prevê que no curso do dia e da vida, supressa a morte, *se fale só de coisas*. Tudo se torna um agradável argumento de discussão, qualquer coisa atrai nosso interesse e, quanto mais nos distrai, mais nos atrai, pois assim enchemos o vazio deixado pelo desaparecimento da morte, do tabu. Assim, à morte da morte corresponde o falar da vida até em suas formas mais acidentais, não importa quais, para que não se fique só à vista de uma finitude que não dá saída para fuga. Quando a vida se torna um espetáculo do qual falar, também a morte, como seu último ato, se torna objeto pessoal. Distração e azáfama são duas faces de um mesmo movimento, que dão ao homem a sensação de ser mais idêntico a si mesmo de quanto não seja. É esta propriamente uma verdadeira fuga da imanência, um movimento negativo que arrisca ser desmascarado de um momento para o outro, porque profunda é a morte e difusa a má consciência do indivíduo. Portanto, se a estratégia da tabuização se torna necessária, nem por isso é suficiente para harmonizar o homem com o ego e com o mundo. É preciso um passo avante.

4. Fuga na imanência: o movimento positivo

O movimento positivo, propriamente, tem forma de verdadeiro engano, e não se limita a omitir ou interromper, mas age ativamente. Desimpedido o campo pelo grilo falante, que assume as formas de morte e de pecado, permanece uma impaciência a ser aplacada que propriamente serve para delinear uma verdadeira filosofia alternativa da vida, para a qual a ânsia de absoluto possa ser claramente canalizada. De qualquer modo, o absoluto que se esconde na impaciência deverá ser alcançado, de maneira que o homem poderá ter a impressão de satisfazer aquela pretensão que age nele sob forma de postulado. Não podendo dela se desfazer completamente, são concebidas estratégias que possam aplacar a má consciência do indivíduo, fornecendo-lhe um instrumento com o qual combater a finitude. É como dizer que, diante da inadequação que acompanha o desejo do infinito, uma alternativa plausível e menos dolorosa é a de desejar infinitamente o finito, de modo que a incondicionalidade se transfere de um absoluto externo ao sujeito, à vontade, do qual o infinito faz parte na forma de desejo. No primeiro caso, admite-se a existência de um feito autônomo, que se impõe ao sujeito e o questiona, abrindo nele um debate e uma real crise de identidade, que o obriga a se colocar em questão, a definir se à humanidade do homem pertence, estrutural ou acidentalmente, àquela medida eterna que o torna um animal inquieto e desterrado. No segundo caso, ao contrário, o infinito emerge como simples exercício da vontade, que de fato cria o incondicionado desejando incondicionalmente. Nessa segunda estratégia de afrontamento do mundo, não domina o objeto para o qual orientar nossa tensão, mas a infinitude da tensão que, querendo, pode ser dirigida a qualquer campo do agir e do saber. Portanto, toda coisa pode ser desejada infinitamente e, assim, ser satisfatória. Desse modo, e sem muitas contraindicações, cumpre-se verdadeiramente um peculiar malogro, devido ao qual o homem parece conseguir um equilíbrio no qual o absoluto é substituído por um absoluto desejar. Tudo isso cria as condições para que o homem possa estar finalmente em acordo com o condicionado. De que modo?

Relacionando-se com ele como se fosse incondicionalmente correto, significativo, como se pudesse dar, *no tempo*, respostas de sentido. De fato, é o eu a colocar-se como absoluto e a apoderar-se da medida eterna.

Concretamente, isso quer dizer voltar-se para a totalidade do mundo finito, procurando nele exercitar a própria infinita tensão, da qual se espera plenitude de sentido e felicidade, embora a distância. Vou ao encontro do mundo de minha procura e nele busco resposta. É como se o homem escolhesse *o melhor mais próximo (nächste Beste)*[17] relativo, e o delegasse a ser absoluto. *Nächste Beste*, todavia, tem em si outra acepção, a de "o primeiro a chegar", o primeiro que acontece, ou seja, expressa a disposição do homem a preencher um vazio, a encontrar, embora só no imediato, no mais próximo, qualquer coisa a exibir, um troféu que possa ser levantado até o ponto de se propor como a felicidade. O *horror vacui* é insustentável, particularmente quando o vazio implica o vazio de sentido, a ausência que ao homem não é dado compreender. A essa perigosa eventualidade pode-se responder com um movimento positivo que trasveste a realidade de incondicionado, quase a modo de ídolo. O finito é feito infinito.

5. A febre de Prometeu

De fato, é como se o homem não chegasse a desprezar o incondicionado – que repropõe até nos eventuais relacionamentos que se instauram com o mundo. Só que dessa vez ele se coloca como medida infinita, chama a atenção sobre seu agir, que agora tem necessidade de ser progressivo e vitorioso. Uma necessidade febril de realização permeia todo setor, todo ambiente do agir, e sobretudo aqueles em que é possível um crescimento ilimitado e palpável, de maneira que eles se tornam o lugar privilegiado em que exercitar uma ação positiva. O mundo finito deve transparecer em luz sacral e assumir um aspecto que permita imaginar uma plenitude futura, uma

---

[17] B. Welte, *Determination und Freiheit*, cit., p. 126.

margem infinita de aperfeiçoamento. Nada melhor para alcançar o objetivo que elucidar um mundo de relacionamentos quantificáveis, isto é, suscetível a um indiscutível processo de crescimento, aperfeiçoamento e modificação. É como dizer que o crescimento do tráfico, da entropia, do comércio com as coisas e as pessoas, o multiplicar-se da projetividade, da aglomeração, também mental e psíquica, da competitividade exasperada é também a forma moderna de tender infinitamente para o infinito, uma vez que o infinito em pessoa tenha sido momentaneamente supresso. Dominante é todo campo que tenha elevado poder de transmissão, em que se pode esperar um crescimento potencial infinito, no qual os resultados de hoje serão sempre momentâneos e parciais em relação aos de amanhã, e nos quais, todavia, se persiste na convicção de realizar – junto com todos os que me precederam e que me seguirão – pela verdade, por um absoluto que fala nas formas de pátria ou de raça, de ciência, de arte ou de violência. No interior dessa espiral que obriga o homem a se fazer infinito, a intensificar de modo prometêico e febril qualquer operação sua, respira-se um ar que poderíamos definir como "barroco", a partir do momento que nenhum espaço jamais pode ser deixado vazio, nada é deixado como não tentado, porque está em ação um processo todo apoiado apenas sobre os ombros do homem, que mira a sempre descobrir coisas novas, a excogitar e a aumentar. A consciência que acompanha essa progressão é de que, no fundo, não crescer e não melhorar é já morrer e regredir, é desconhecer a potencial infinita autossuficiência da Humanidade. Uma sociedade desse gênero tende a revestir de um valor absoluto, exacerbado, esferas que disso assumem normalmente um maior conteúdo.

Pátria e raça, identidade geográfica e política são o primeiro banco de prova, a primeira forma de engano positivo. Com fervor absoluto se tenta salvaguardá-los, como se dessa defesa dependesse a humanidade do homem. A religiosa dedicação com que se pode lutar por essas metas esconde uma profunda necessidade de sentido, que procura caminhos mais curtos, atalhos, contanto que satisfeita. Apenas essa irrefreável necessidade pode criar mártires. Os limites da pátria e da raça se tornam limites intransponíveis, que decidem não tanto a subsistência do próprio estado, quanto da própria identidade de homem que, para se sentir uno consigo mesmo, procura acompanhar por vias transversas (isto é, optando pelo melhor mais próximo) o infinito que fala nele, como em todo o resto do mundo.

A *ciência exata* reapresenta o outro caminho privilegiado, que dá ao homem cientista o instrumento para se inserir num percurso sem fim, o da pesquisa, no qual a verdade é sempre futura e nós estamos perenemente seguindo seus passos. De tal modo à estrutural inadequação e insuficiência de resultados alcançados se contrapõe o ilusório convencimento de que, no fundo, eles serão conseguidos, ao infinito, pelo trabalho de todos os que nos seguirão e tornarão veraz a profecia de um absoluto humano e pacificado. O mesmo que dizer que o homem é Deus, mas não por enquanto. Estamos, todavia, em bom caminho.

A má infinidade. Dessa maneira se projeta para além de si o alcance de uma perfeição hipotética e formal, que não modifica minha existência e tanto menos fornece respostas a nossas pessoais buscas de sentido. Insere-se em um percurso cuja indeterminação legitima o sonho de uma futura conciliação entre ser e dever ser. Entretanto, esse é um processo que Hegel não teria duvidado em taxar como "má infinitude",[18] pelo qual se chegaria a explicitar uma luta contra a má consciência. Má consciência e má infinitude poderiam representar, portanto, duas expressões de uma mesma necessidade humana, a de preencher o descarte insuportável entre pretensão de sentido e uma diferença de sentido, entre uma *Heilsverständnis* e uma *Heilsdifferenz*: isto é, poderiam aparecer como duas ilusórias respostas à necessidade de adormentar a dor provocada pelo espinho da finitude. Na prática, é como se Welte quisesse dizer que, às vezes, para o homem é preferível o "natural" acompanhar uma má consciência, que induz a omitir o vazio da própria limitação e a dirigir-se para fetiches e ídolos tecnológicos e biológicos. E então, nesta ótica

---

[18] B. Welte, *Im Spielfeld von Endlichkeit und Unendlichkeit*, cit., p. 78.

distorcida, o uso da violência se torna justiça, ou seja, em uma perspectiva de palingênesis, justifica-se como indispensável e propedêutico para a realização do infinito, que toma forma de teoria e prática raciais, de expansionismo imperialista, de nações e de todos os pretextos que a História nos oferece. Pelo mesmo motivo, a ideologia se torna verdade, porque "quando um só cão começa a ladrar para uma sombra, dez mil cães fazem dela uma realidade",[19] sobretudo quando aquele cão é um homem, e, a sombra, a projeção de uma incômoda finitude. Razão pela qual uma ideologia certa é bem mais preferível a uma verdade dúbia, e entre as duas o homem de bom grado dá crédito àquilo que mais o tranquiliza e o mantém em companhia.

Um último exemplo é aquele em que o homem de igreja e de fé, o religioso, termina por se transformar em *mago*. Apropriando-se de um mundo feito de ritos e de cultos, de práticas utilizadas pelo homem *pro domo sua*, isto é, manipulando e instrumentalizando o caráter sacral encoberto para exercitar o culto do ego, ele guia e controla os elementos, comunicando e interagindo com forças celestes superiores. Mesmo dentro de um quadro institucional, é proposto um modelo centrado sobre o indivíduo que persiste em um comportamento que não deixa espaço para Deus.

Dessa última eventualidade falaremos mais à frente, a propósito da assim dita religião inconsistente.[20] Acontece de fato que também no interior de contextos oficiais é possível encontrar o perigo de um *sujeito exuberante*, do qual o próprio Deus poderia tornar-se apêndice.

6. A transcendência revirada, ou seja, da hýbris

Os inconvenientes que temos descrito são aqueles dos quais o homem vai ao encontro quando, mesmo para alcançar a própria identidade (a medida infinita que está nele), desconhece a medida finita, que no

---

[19] E.M. Cioran, *Squartamento*, Adelphi, Milano 1989, p. 179.
[20] Cf. capítulo 5, *Desfiguração da religião*.

entanto o caracteriza. Por isso, o agir anárquico, totalitário, violento pode esconder o orgulho daqueles que, diante de um mundo carregado, que não responde a suas pretensões, tenta realizar em primeira pessoa o quanto desejaria, com um impulso no qual o infinito fala de maneira transfigurada. Até no terrorismo, sustenta Welte, podemos encontrar o mesmo estímulo, a mesma exigência de infinito, perseguida todavia com meios próprios, confiando em si mesmo e na possibilidade de criar para si respostas que não se encontram alhures. Se por sua responsabilidade ou de outrem, isso agora não importa. O finito se trasveste de infinito e disso o homem se torna depositário e artífice, escolhendo cada vez os ambientes nos quais exercer uma missão, que o coloca na desesperada condição de ser, de qualquer modo, *causa sui*. O ser arrogante é aquele que pensa além (*tra-coitare*), além do devido. Agindo assim, o homem se coloca como absoluto e se torna Deus.

"Se Deus existisse, não poderias suportar não sê-lo": é esse um modo de pensar além do devido, de superar os limites lícitos do pensamento e do desejo, na base do qual repousa uma exigência que, Deus ou não Deus, o homem pretende que seja satisfeita, até por si mesmo.

7. O nada

No fundo, as estratégias humanas de afrontamento[21] não vêm simplesmente em resposta a uma pretensão de sentido que obriga a um esforço febril e inquietante. A má infinitude é certamente uma "reação" a um sentido absoluto, ainda mais, ao nada que parece derivar do confronto do real com tal pretensão de sentido. É o nada a palavra-chave, a virada negativa de uma procura que, encontrando-se com o que é, termina por criar o deserto em torno de si, transformando o silêncio em vazio. Nisso não há esquemas a pesquisar porque a vida se revela, finalmente, como a falsificação mais cabal e aniquiladora de uma aspiração ilusória. Desse modo, ou o real é elevado a tudo, como no caso

---

[21] Cf. B. Welte, *Saggi sul problema di Dio*, cit., p. 20.

das estratégias já mencionadas, ou é reduzido a nada, porque, efetivamente, nada representa, se comparado com a sensatez da qual está à procura; pois é assim que o mundo se transforma de improviso e simultaneamente, conforme os olhos que se colocam sobre ele, numa frenética corrida atrás da verdade, do espírito, da plenitude, ou em uma desolada charneca da qual foi revelada uma vez por todas a estrutural insuficiência. *De certo modo, a busca de sentido é mãe de seu oposto*, do nada, que agora parece caracterizar tudo o que se encontra: é como se a verdade carregasse em si, como sua extrema e perigosa potencialidade, a capacidade de anular! O nada é a inevitável consequência de um pensamento que prevê e supõe o absoluto, e que no entanto jamais se encontra nele. Para compreender o quanto o nada faz parte de nosso horizonte existencial, basta esclarecer com mais precisão o conceito e depois revelar sua presença ou não na sociedade, nas atividades, nos processos que caracterizam nossa época.

8. ... e suas características

Dada nossa existência, esta aparece sempre como ser-aqui aberto ao mundo, com o qual estar em relação no espaço e no tempo. Essa abertura de crédito nos confrontos da realidade, todavia, vem logo ladeada por experiência igualmente decisiva e dolorosa, e isso é que *nós não existimos desde sempre nem para sempre existiremos*. Essa consciência parece ter em suspenso nossa existência pessoal, que, então, nos parece precedida e seguida por um silêncio desconcertante. Admitido o fato de que não existiremos mais, para sempre, no tempo a seguir, e que na verdade jamais existimos, no tempo precedente, resulta, mais que outra coisa, difícil crer que este *não ser* futuro e este *não ser* passado possam verdadeiramente ter sido interrompidos, mesmo que brevemente,[22] por um segmento de vida que, apresentando-se, teve as feições ou a pretensão de absoluto. Torna-se difícil fundar a própria existência sobre

---

[22] Welte fala a esse respeito sobretudo em *Dal nulla al mistero assoluto*, cit., p. 40-50, e em *Das Licht des Nichts. Von der Möglichkeit neuer religiöser Erfahrung*, Patmos Verlag, Düsseldorf; aos cuidados de G. Penzo, *La luce del nulla. Sulla possibilità di una nuova esperienza religiosa*, Queriniana, Brescia 1983, p. 17-21.

uma não existência que parece preeminente e universal.[23] Esse é um destino que não cabe só ao homem, mas a todo ser, seja instituição, sociedade ou cultura; toda coisa que vem ao mundo nem existia antes nem existirá depois, entretanto existe neste momento, e a coisa não é simples de ser explicada. "Depois não virá mais nada",[24] declamou Brecht, pois haverá um dia em que nós não existiremos. Seguindo as indicações de Welte, portanto, entendemos como nada "a não existência passada e futura do homem existente".[25] Portanto, o nada não é propriamente uma coisa ou uma substância verdadeira, mas não é também uma ausência, um vazio, um não ente, isto é, um nada de ente (*Nichts*), um "onde não há nada". É, antes, "o outro da existência", aquela falta, aquele faltar (ou aquele não vir ainda), que pesa, que se torna visível, embaraçoso, e do qual fazemos experiência exatamente em virtude de seu embaraçoso não mais ser-aqui. Fugindo de rodeios de palavras, podemos afirmar que o nada, pelo fato de comparecer como uma subtração, se impõe como aquilo de que não é possível não fazer experiência. O fato de que um dia não existiremos mais, que não existimos desde sempre, que não existiremos eternamente, é qualquer coisa de positivo (*positum*) cujo peso vivemos.[26] Em certo sentido, o nada é a primitiva revelação tangível da finitude do homem, contra toda sua pretensão. Não obstante pareça coincidir com a mesma experiência da morte, é qualquer coisa de mais amplo, porque precede e segue nosso segmento de existência e diz respeito mais ao aparecimento que ao desaparecimento de todo ser, pelo que se com a morte é o morrer, o decair parecendo coisa absurda e insensata, à luz do nada é a vida o excepcional do qual prestar contas. A experiência do nada pode ter seguramente a morte como sua protagonista, mas não se identifica com ela. Certamente a morte, com sua interrupção de sentido, pode remeter o problema para aquele nada eterno de partida e a sua violação na vida. É como dizer, com Anaximandro,

---

[23] Cf. B. Welte, *Saggi sul problema di Dio*, cit., p. 16.
[24] *Ibidem*, p. 19.
[25] *Ibidem*, p. 16.
[26] B. Welte, *Dal nulla al mistero assoluto*, cit., p. 45.

que a morte contingente é o indefinido futuro, por causa da violação de um indefinido passado. Embora esse nada em si não seja nada de concreto e representável, representa contudo qualquer coisa de que fazer positivamente experiência, pois cai sobre nós como o antes e o depois aos quais está inevitavelmente conexo nosso agora. Esse nada é portanto qualquer coisa de extremamente presente. Não poderíamos falar do nada como de um dado inegável "se não fosse para nós de qualquer modo um *dado*, para nós que existimos e até quando existimos. Mas se é para nós um dado, se torna agora uma *experiência*, como quer que o seja. E se a não existência é experimentada como aquilo que foi ou como aquilo que será, agora enquanto experiência significa qualquer coisa de positivo exatamente em sua negatividade. Na verdade, experienciar que um tempo não existíamos e que em um dia não existiremos significa e diz alguma coisa. Considerar este fato não é como nada".[27] A experiência do nada – da não existência passada e futura – tem as seguintes características:

1. O nada é vivido como essencialmente *ambíguo*,[28] e isso por causa de sua própria natureza. De fato, esse eterno silêncio do qual proviemos e para o qual caminhamos pode ser lido simultaneamente como ausência perfeita, em que nada há para escutar, ou como ocultamento que guarda a palavra por excelência. A escuridão pode esconder tanto um quarto vazio como um quarto cheio, e no entanto isso nós o descobriremos só como conclusão. Até aquele momento é preciso tolerar o peso de uma escuridão que pode esconder de tudo, o puro nada, que torna a vida infundada e absurda, ou o *nada visto*,[29] que, se escondendo, revela uma nova possibilidade. Na escuridão, ou não vejo nada, ou nada há para se ver. Todas as características posteriores, portanto, manterão a marca da ambiguidade. 2. O *dinamismo negativo*. Como já dissemos para a morte, diante do nada o homem tende a fugir, pois ele *repele e distancia* e induz a

---

[27] *Ibidem*, p. 44.
[28] Cf. B. Welte, *Saggi sul problema di Dio*, cit., p. 19-22.
[29] B. Welte, *La luce del nulla*, cit., p. 46.

distanciar o pensamento do homem sobre si. Dele brota um verdadeiro e peculiar dinamismo originado da terra que se apoia sobre uma série de estratégias, cujo intento é o de "desviar o olhar da embaraçosa não existência".[30] Temos assim a *estratégia da imunização*, com a qual se foge do nada para mergulhar em projetos e utopias eventuais; a *estratégia da neutralização*, na qual a potência desestabilizante do nada é desligada, a ponto de tratar este último com a mesma medida de qualquer outro fenômeno material. Por exemplo: continua-se a falar e escrever sobre a morte, mas do mesmo modo que se fala e se escreve de cigarros e de debruçar-se sobre jornais, ou seja, sem reservar para ela um lugar e um espaço especiais; a *estratégia da deserção*, que pensa em diminuir a preocupação ou o sofrimento existencial pelo nada, rotulando as reflexões sobre a morte e o nada como perda de tempo, cujo único objetivo é o de desertar, de não absorver os verdadeiros deveres práticos e vitais do dia a dia. Em todos os casos, pensa-se em diminuir o caráter e a função do não existir, que é, de diversos modos, deixado à margem da vida real e empenhativa. O nada nos rejeita. 3. *O nada não é uma coisa*. Isto é, carece de uma definição, de um conceito, sendo a negação de todo predicado; é nominável e expressivo só em sentido metafórico, a partir do momento em que suas características não lhe delimitam a natureza, mas apenas nos fazem cenas acerca do modo de ser nada em particular. 4. *Não tem fim*, porque uma vez afundados nesse abismo já não existe jeito de voltar atrás. Uma vez que falta a explicação de nosso existir, nada resta senão a angustiante perspectiva de um não ser mais, definitivo e sem apelação. Pode-se falar, a tal propósito, de *não limitação* do nada. 5. Colocado em confronto com a realidade transitória e mutável da existência, portanto, não pode senão aparecer como qualquer coisa de *enorme*, que *foge* da habitual classificação espaço-temporal e mais amesquinha, diminui e relativiza tudo como extensão limitada e relativa. 6. Que seja *ineludível*, depois, quer dizer que, mesmo sem mover um dedo, exerce um superpoder absoluto sobre

---

[30] B. Welte, *Saggi sul problema di Dio*, cit., p. 20.

o existente, que se despoja da impossibilidade, de homem ou coisa que seja, de se esquivar de seu destino. Ninguém pode fugir do nada, nem é possível entabular tratativas com ele, ligar-se com compromissos, jogar partidas, tentar modificar-lhe o curso ou preparar-lhe a vinda. 7. Nesse sentido pode-se defini-lo como *incondicionado*, ou seja, excluído de todo gênero de condicionamento.

Esses são os modos de acontecer do nada, de um não existir que age dentro do existir e que, no entanto, sua frente, aparece irremediavelmente como seu outro. Dentro e fora, mesmo e outro, ele surge em nossa época como a mais presente das ausências. De certo há um fato: na hipótese de que esse nada não esconda exatamente nada, toda a sensatez da existência, a plena validade do mundo ético seriam imediatamente colocados em discussão. Diversamente, deveríamos estar prontos a afrontar o vertiginoso e terrível prazer do infundado, e, portanto, a eventualidade de um niilismo como última e mais autêntica verdade da existência.

9. O niilismo

Nesta luta entre uma incondicionada pretensão de sentido e uma escuridão que ameaça ser vazia e anuladora, pode acontecer que o homem substitua por uma positividade a negatividade do *não querer ver*, isto é, que se encaminhe pela estrada da eventualidade e da má infinitude. Nessas tentativas, porém, mora um perigo, o de permanecer vítimas de um esforço desnorteado, frenético, de um ativismo que esconde em si uma forma de íntimo desespero.[31] À vista dessa ânsia que pede ao homem que realize obras e ações sempre mais elevadas, o homem tem a possibilidade "de não evitar a obscuridade do infinito, mas de nele se manter",[32] decidindo fugir das ilusões, aceitar a provisoriedade, não tirar

---

[31] A respeito desse tema, veja-se o posfácio de G. Penzo, *Nichilismo e secolarizzazione*, in *La luce del nulla*, cit., p. 71.
[32] B. Welte, *Heilsvertändnis*, cit., p. 179.

os olhos do nada e até reconhecer e suportar-lhe o peso. Esta admissão – que tem o efeito de liberar o homem de toda "ânsia de pretensão" – carrega consigo, todavia, o reconhecimento da nulidade do mundo e, com ele, do ser-aqui, que se reconhece ser pouca e pequena coisa (à vista de um nada vazio e dominante). Ele se reconhece como simples fluir, precedido e seguido por um nada que tudo assimila e que permanece o único fator que reúne o dar-se e o desaparecer da realidade. O nada permanece como a única força real em que tudo se precipita e que torna má e corrupta qualquer coisa. Ineludível, incondicionado e sem fim, ele é o que aniquila todo ente, também aquele que esteve em condição de relacionar-se com o tempo como indício da pretensão e da resistência.

> Esta autocompreensão niilista do ser-aqui como consequência da tensão experimentada entre *Heilsdifferenz* e *Heilsverständnis*, tem sua íntima consequência, e, nesta, sua coerência é superior à possibilidade (há pouco descrita) da autocompreensão das atividades desesperadas e finitas.[33]

É como dizer que esse nobre ato, com um só golpe, dá nobreza ao homem que abdica definitivamente em favor do nada; feita a experiência do nada, pode-se chegar a uma autocompreensão niilista de si mesmo. Essa renúncia às ilusões, da qual o comportamento niilista se faz padrinho, pode ser vivida, entretanto, de diversos modos, contrapostos, pelo que, posto o reconhecimento do não fundamento da existência, o homem pode ver nele uma ocasião de libertação ou de simples desespero.

10. Niilismo resignado e niilismo heroico

O primeiro é o caso do niilismo no qual o indivíduo reconhece, com resignação, ser um nada diante do nada, reconhece a própria deficiência estrutural e a aceita com sofrimento, içando bandeira branca: o niilista sofredor suporta o fracasso, é esmagado por um nada invasor que parece o cercar por toda parte e que não dá motivos para esperar.

---

[33] *Ibidem*, p. 180.

Nesse comportamento prevalece o desmoronamento, a fraqueza do vencido que se dobra à dura lei da vida. Também nesse caso, porém, subsiste uma pretensão de sentido, que se impõe não obstante tudo; de fato, só dando como pressuposto uma plenitude, o homem pode viver a vida como qualquer coisa de extremamente ilusório: só quem tem em si uma aspiração metafísica enorme vive com essa laceração a descoberta do nada. Como poderíamos ser niilistas se já não fôssemos insanáveis otimistas? Como poderíamos sentir o peso da solidão se não nos sentíssemos desde o início em plena relação com o resto do mundo?

O niilismo heroico, ao contrário, explica-se como uma forma de resistência obstinada e intransigente, em que se lê o desejo de manter um orgulho e um respeito de si que vá além das formas do todo. É como dizer que, mesmo diante da mais trágica e negativa das eventualidades, é possível responder heroicamente. Ora, o ser-aqui parece plenamente em condição de renunciar àquela pré-compreensão de sentido – renúncia que, em vez, no caso precedente, parecia, mais que outra coisa, ser tolerada dolorosamente. Aparentemente, é como se acontecesse propriamente uma verdadeira emancipação do sujeito, que parece capaz de afrontar a resposta: tudo é nada e, não obstante isso, eu sou tão forte a ponto de permanecer íntegro quanto a ele e de fitá-lo no rosto. O herói cai de pé, porque nele persistem orgulho e obstinação, vontade de honra e dignidade. Se bem que essa forma de niilismo pareça mais honesta e menos propensa à autoilusão, também ela repousa sobre uma teimosia, uma pertinácia descabida, sobre um "não obstante tudo" que trai em si, de modo aparentemente cego, uma profunda pretensão de esperança. "Como poderia tal pensamento, de que tudo seja efetivamente nada, ser um sofrimento e ser experimentado na negatividade do sofrimento, se o ser-aqui não se relacionasse, em sua mais íntima substância vital, com a positividade do ser-aqui são e realizado e não sofredor, e se contivesse, portanto, preventivamente em sua integridade?".[34] Em suma, a desilusão do niilismo resignado, ou a obstinação do heroico, seria a confirmação de uma originária familiaridade com uma plenitude de

---

[34] *Ibidem*, p. 181.

sentido que, faltando, geraria reações ressentidas: o niilismo esconderia um ressentimento para com aquilo que não existiu, mas que devia existir.

E se tal pretensão de plenitude fosse só um desejo irracional? Nesse caso, faltaria qualquer distinção ética entre bem e mal, todo comportamento ético do homem seria colocado em questão, nem seria mais possível lutar por valores morais sensatos. Isso, todavia, o homem não pode fazer: "nós não podemos renunciar ao sentido da distinção entre verdade e não verdade, nem ao sentido de distinções semelhantes: impede-o a voz silenciosa da consciência mais íntima de nossa existência".[35]

11. Morte de Deus, experiência do nada

Observando bem, porém, o nada jamais foi tão iminente e ameaçador, nem o peso de sua equivocidade jamais incidiu sobre nós com a mesma força destrutiva de hoje. A impetuosidade com que o nada se impõe sobre a consciência do homem moderno é uma novidade que se faz toda uma só com o afirmar-se do assim dito niilismo. Verdade é que a experiência religiosa de Deus tende a desaparecer, a fazer-se problemática, e o lugar antes ocupado por ela permanece vazio: a voz da divindade se faz menos clara e certa, antes, com o passar do tempo, nem é colocada em discussão sua legitimidade. Fazer experiência de Deus se torna coisa rara e de gosto duvidoso, quando não inconveniente, e aquele espaço, que primeiro garantia ao homem o fundamento de seu ser-antes e ser-depois, de repente não existe, deixando a existência humana ameaçada em sua origem

---

[35] "Não nos é lícito renunciar ao sentido. Que as distinções éticas tenham sentido é um fenômeno que se não pode esconder, dado que essas distinções são exercitadas no dia a dia da vida, isto é, onde se colocam em ação formas concretas de coexistência entre os homens, como o amor para com os outros ou a justiça e a liberdade de outros, e semelhantes. Poderíamos, em situações como estas, pensar que não há sentido?" (B. Welte, *Dal nulla al mistero assoluto,* cit., p. 56).

e em seu fim. Se a presença de Deus punha em segundo plano e, de qualquer forma canalizava a angústia do próprio *não ser*, com a morte de Deus assistimos à simultânea morte do homem, que, despreparado, sofre a ameaça do nada. Isso não implica o desaparecimento definitivo e total de qualquer experiência religiosa, como também se acreditou, e sim a transformação no modo de relacionar-se com o infinito. A ausência de toda experiência religiosa é, por sua vez, uma experiência religiosa, é a experiência do silêncio, do vazio, do nada, que toca cada um, que transforma e provoca tornando-se uma ausência-presença que se impõe, não só a nosso intelecto, mas também a nosso coração. Se depois esse nada esconder ou revelar outro, isso não é possível dizer, tanto menos experienciá-lo. Certamente, é qualquer coisa de positivo, porque dele nos damos conta como de um buraco, como de uma ausência da qual tomamos consciência exatamente enquanto imprevista. Do nada experimentamos o ser ausência. Resta verificar se tal falta tenha estado sempre presente, se só hoje tenha tido como vir à luz, ou se, ao contrário, seja um modo diferente de falar de uma divindade momentaneamente oculta: se aqui se encontra perante a morte ou o eclipse de Deus.[36]

Uma coisa todavia está fora de dúvida, que o niilismo *segue* a morte de Deus e dela se alimenta:

> onde Deus desapareceu, ali aparece o nada. E é estranho dizer, mas o nada aparece novamente nas dimensões de Deus. O homem louco de Nietzsche foi expresso também aqui de modo exato, quando afirmou que depois da morte de Deus vagamos como que através de um "infinito nada".[37]

---

[36] A respeito da morte de Deus, veja-se M. Buber, *L'eclissi di Dio. Considerazioni sul rapporto tra religione e filosofia*, Mondadori, Milano 1990; B. Welte, *Auf der Spur des Ewigen*, cit., p. 234-235 (*Eclipse de Deus. Consideração sobre a relação entre religião e filosofia*, Verus, 2007).

[37] B. Welte, *La luce del nulla*, cit., p. 39.

12. O super-homem de Nietzsche

Parece evidente que o se afirmar do niilismo na época contemporânea dá seguimento ao desaparecimento de Deus, e que o desaparecimento de Deus, por sua vez, tem sua premissa no afirmar-se europeu da vontade de poder. As vicissitudes da filosofia de Nietzsche são disso uma clara exemplificação.[38] O grande acontecimento do qual o louco, o super-homem, o acrobata se fazem porta-voz diante de uma multidão incrédula, é tão nulo quanto a morte definitiva, antes, assassinato de Deus. Sustentar isso significa admitir que Deus já não fala em primeira pessoa, em carne e osso, não está mais presente nem visível dentro da vida humana como fato tangível, não age neste espaço, neste tempo, como força interior e reconhecida. Ele não nos vem ao encontro como qualquer coisa que pertence ao horizonte de nosso mundo; antes, para que se torne objeto de nossa reflexão, é preciso um esforço do homem, que a partir daquele momento o coloca como problema, não mais compreendido como autoevidente de pensamento. Um Deus de tal espécie já é distante e todavia vivo em nossa existência só em virtude de uma ausência, da qual se continua a falar. Em outros termos, estaremos diante de um relato de crônica negra, na qual o protagonista continua a fazer falar sobre si próprio em virtude de seu desaparecimento. A Humanidade, dado o anúncio, começaria a dele se preocupar seriamente e a fazer novamente seu nome. Nesse episódio de crônica, um cargo não descuidável seria jogado pela Humanidade em primeira pessoa ("e nós o matamos") e por seu recôndito e inconsciente desejo de poder que a tornaria não só cúmplice, senão responsável, executora material e moral de tal homicídio. Esta íntima responsabilidade do homem estaria na base

---

[38] Welte enfrenta expressamente essas vicissitudes em ao menos dois ensaios: um é *Nietzsches Idee vom Übermenschen und seine Zweideutigkeit*, in *Zwischen Zeit und Ewigkeit*, cit., p. 158-175; o outro é *Nietzsches Atheismus und das Christentum*, in *Auf der Spur des Ewigen*, cit., p. 228-261.

do "niilismo europeu".[39] No fundo, é como se Nietzsche intuísse o nada absoluto – passado e futuro – como a ameaça por excelência de nossa época, como ameaça de época. A morte de Deus não é só um faltar, não tem apenas as feições de um ausentar-se que deixa desguarnecidos e indefesos, como poderia parecer: é, antes, qualquer coisa de positivo, isto é, um acontecimento preparado pelo tempo. Ainda que, no entanto, o efeito imediato possa parecer o de um eterno e absurdo precipitar no vazio, sem direção nem sentido, sem antes nem depois, observando bem, o desaparecimento de Deus e o surgimento do niilismo preparam propriamente uma verdadeira *libertação*, um desanuviar de horizonte, que fornece ao homem um espaço inusitado e ilimitado dentro do qual repensar a si mesmo e o mundo. Em suma, a desaparição divina é vivida pelo homem como uma libertação, uma superação de obstáculos milenares, que desde sempre tinham impedido uma real tomada de consciência de si, uma adequada expansão do conceito de homem. Preparam-se agora as condições para uma nova "aurora", na qual, pela primeira vez, o homem possa viver a sensação de uma absoluta e ilimitada liberdade. A morte parece carregar atrás uma grande promessa, a de finalmente tornar o homem emancipado e só, o quanto basta para fazê-lo consciente de sua natureza oculta. Só à vista de si e do nada, ele está em condição de se reconhecer e se apreciar, como quem sabe administrar as oportunidades que nascem do desaparecimento de um Deus pai autoritário, que de longa data tinha impedido a Humanidade de se conceber, a não ser como filha. De fato, é como se se tivesse conseguido, depois de uma história milenar, desmascarar o verdadeiro inimigo interior – que por muito tempo tinha agido como dique –, impedindo a maioridade do indivíduo, e favorecendo, a distância,

---

[39] Em relação ao fenômeno do niilismo europeu, recordamos apenas o texto de K. Löwith, *Der europäische Nihilismus. Betrachtungen zur geistigen Vorgeschichte des europäischen Krieges,* Metzler, Stuttgart 1983; aos cuidados de C. Galli, *Il nichilismo europeo. Considerazioni sugli antefatti spirituali della guerra europea,* Laterza, Roma--Bari 1999.

a inundação do niilismo. Tal sensação de vertigem e onipotência derivada da completa gestão da própria liberdade não tem contudo uma validade exclusivamente negativa, ou seja, não é simplesmente o êxito ocasional e indesejado da morte de Deus; antes, na liberdade do homem fala qualquer coisa de originário. De fato, para que uma coisa possa deveras aparecer como uma libertação, é necessário pelo menos que no interior do homem atue uma força, uma vontade que anele fortemente a uma forma de infinito, que o desaparecimento de Deus pode tornar possível. Só ali onde o homem aninha há tempo o sonho de uma autêntica autonomia incondicionada, a queda dos deuses pode parecer um acontecimento libertador e auspicioso; ao contrário, o sentido de desespero e de angústia progressivamente se impõe e, mais que nos encontrarmos diante de uma "grande fronteira", nos sentiríamos à frente de um deserto sem sentido. Isso quer dizer que esta bem-vinda liberdade não é o efeito, mas o pressuposto principal da morte, antes, do homicídio de Deus:

> A cintilante tentação da liberdade pode transformar-se deveras, para o ser humano, em uma tentação, só se a parte interior do homem supõe uma coisa do gênero, deseja-a e a pretende.[40]

Ou, para usar ainda as palavras de Welte,

> [o homem] encontrou qualquer coisa no tempo que ele simultaneamente *queria* encontrar, e ele a queria encontrar porque desde sempre havia nele qualquer coisa que desejava ser, sem o obstáculo de um Deus vivente.[41]

É como dizer que a morte de Deus teria sua raiz na liberdade. À essência do homem, de fato, pertenceria um *Daseinswillen*, uma íntima vontade de sempre ir além, que seria típica do homem enquanto ser

---

[40] B. Welte, *Auf des Spur des Ewigen*, cit., p. 236.
[41] *Ibidem*.

que não é por si mesmo, que se relaciona com o querer tendo na outra mão o desejado, pelo que, ao explicar a própria vontade, ele é em certo sentido acompanhado e precedido por um objeto a priori da vontade (o desejado). Por isso, toda aspiração do eu, como vontade de poder, deve render contas a uma medida pré-empírica, um desejado não conseguido, mas pressuposto, que simultaneamente incita e condiciona o poder da vontade. Isso que queremos – e como o queremos – não depende absolutamente de nosso arbítrio, antes o encontramos como dado pressuposto que condiciona o querer e age em nós como medida da qual é impossível distanciar-se. Portanto, podemos também sustentar que a vontade de poder esteja na base da morte de Deus, para que não se esqueça de que o querer até o fim implica um desejado a priori; dito de outra maneira, a emancipação do homem, de Deus, e, portanto, o ateísmo contemporâneo não repousam exclusivamente sobre a superação das barreiras, quanto sobre uma reivindicação positiva que fala no homem como desejado. A estas alturas já sabemos quem fala na medida oculta do desejo. Eu quero ser, afirma o super-homem de Nietzsche, isto é, quero ser poderoso, quero a força e a profundidade além de todo limite, quero, não obstante tudo e acima de tudo, ainda quando isso devesse comportar o encontro com a realidade. Eu quero o infinito e o infinito é isso que minha vontade quer. O infinito desejado pela vontade representa a raiz ativa do niilismo.[42]

Na base dessa cisão entre querer e desejado há um problema de identidade, há a necessidade do homem de tornar-se tal, isto é, de tornar-se um consigo mesmo, sem renunciar à aspiração infinita. Ser um, para o homem, é qualquer coisa de mais complexo do que para os outros seres viventes, a partir do momento que sua identidade parece passar por uma superação indefinida de si, por um "ulterior", difícil de sustentar. Esta ambiguidade toma forma também na representação proposta por Nietzsche entre *Mensch* e *Übermensch*. É verdade que o homem

---

[42] "Esta raiz positiva é o desejado, infinito e pertencente a nós desde as origens como ser infinito e infinita força" (*Ibidem*, p. 239).

parece ao super-homem como qualquer coisa de que se envergonhar, embora lhe pertença, como pertence ao homem a super-homínida do super-homem; é como dizer: o homem, enquanto homem, é também super-homem, o super-homem, enquanto homem, é também simples homem. Entretanto, além do fácil jogo de palavras, isso significa que, quando estamos à frente do homem, estamos sempre à frente de uma aspiração infinita e de uma realização finita, que nos transmite tanto a sensação de super-humanidade como a de subumanidade. O super-homem é "o clarão na nuvem escura do homem",[43] ou seja, é a força de acompanhar aquela pretensão que nem se pode desconhecer *tout court* nem infelizmente se está em condição de acompanhar na íntegra. Este puro desejo de ser um consigo mesmo e, portanto, com a própria pretensão de infinito, encontra-se com os limites do Deus pai e com os do imperativo moral, que se recoloca para nós como uma coisa a conseguir, mas jamais conseguida. Diante de tais pedidos, o homem não pode senão ter a sensação do não acabado, do não agora, isto é, de uma identidade destinada a permanecer parcial e culpada, porque, por mais esforços que se possam fazer, ele nunca estará em condição de realizar uma identidade acabada, isto é, de ser um com o não ainda ético e o infinito moral. Nem esta dimensão, todavia, pode simplesmente ser omitida. É esta a tragédia do louco que anda com a lanterna em pleno dia, a de não poder ser super-homem, como, ao mesmo tempo, de não poder não ser. Em outras palavras, se trataria de superar a fratura, a dissociação terreno-ultraterreno, a alienação corpórea, para alcançar a plena identidade do ser, refutando-se, porém, reconhecer no *Über* do super-homem uma dimensão religiosa e transcendente. Zaratustra não pode aceitar a divisão de um eu, entre um aqui e um além, persegue, ao contrário, uma unidade infinita que pressupõe de um lado um eterno retorno, do outro a inocência do vir a ser.

a) Por *inocência do vir a ser (Unschuld des Werdens)*, Nietzsche entende aquele modo de o animal ser sempre um consigo mesmo, de atravessar o

---

[43] Assim Welte, citando Nietzsche, in *Zwischen Zeit und Ewigkeit*, cit., p. 159.

tempo sem nunca ir ao encontro de uma laceração, de um dever-ser sempre insatisfeito: é aquela não culpabilidade de quem se ajusta imediatamente com seus gestos sem se queixar, porque o vir a ser no tempo não é o lugar de uma potencial coincidência com o que se deseja, mas a simples repetição do próprio ser. Nesse sentido, a identidade da inocência animal parece o que de mais humano se pode perseguir, porque livre de uma identidade que no *tempo* parece encontrar seu ponto de fratura. Não é, talvez, isso o mais humano por excelência?[44]

b) A isso se une *o eterno retorno*, ou seja, o símbolo da plena identidade dele consigo mesmo, que é confirmada também pela temporalidade cíclica, isto é, privada daquele caráter ético do vir a ser, que tornava impossível o ser um do homem consigo. Voltar eternamente significa dizer sim a esta vida, reconhecer que no momentâneo agir terrestre não se prepara nada de futuro e autêntico, e sim a repetição da mesma plenitude de vida. Não existe um "neste ínterim", um espaço temporal entre o antes e o depois, em que não haja a humanidade do homem, não há um espaço de prova para o crescimento da própria identidade; ao contrário, todo momento reforça a plena coincidência com o que foi e será, como demonstração de um tempo eterno que não deixa espaço para reconsiderações. Em suma, "o átimo deve ter a plenitude da eternidade. O ser-aqui humano deve encerrar este átimo sempre eterno na alegria e na felicidade do grande Sim".[45] O ápice desse ser-um com a vida é representado seguramente pela figura de Dionísio.

13. Dionísio

Dionísio, entretanto, leva o nome de um Deus, como que a dizer que o verdadeiro homem é tal só na medida em que tem em si uma imagem eterna, uma plenitude divina, só enquanto se torna consciente de que querer ser homem significa antes de tudo querer ser como

---

[44] B. Welte, *Auf der Spur des Ewigen*, cit., p. 241.
[45] *Ibidem*, p. 242.

Deus. É isso que Nietzsche define como "a religião das religiões", a divina tensão que, precisamente em nome de sua incondicionalidade, se põe em nítido conflito com a possibilidade de um Deus autônomo e separado, tornando-se premissa necessária do ateísmo. Admitindo que a humanidade do homem está ancorada em uma imagem super--humana que o homem tem de si, em si, a presença de um Deus outro que o homem parece demais e embaraçosa, a partir do momento em que o verdadeiro homem – super-homem nietzschiano – não poderia tolerar, admitido Deus, não sê-lo. Assim, em *Auf der Spur des Ewigen*, Welte reforça que "esta velha imagem de Deus no homem parece não só coligada com a *ausência de Deus*, mas também como a verdadeira e positiva raiz e motriz dessa *ausência de Deus* (*Gottlossigkeit*). O homem Nietzsche não *quer* Deus exatamente por causa do Deus nele. *Porque o homem quer Deus, ele quer que não lhe haja algum Deus.* Isso que aqui se mostra é digno de reflexão: o Grande Ateísmo não é qualquer capricho, é uma verdadeira possibilidade humana, porque tem raízes que se afundam na íntima essência do homem".[46]

Como se viu, porém, o homem pode desgarrar-se e tomar distância dessa força infinita e divina que jaz dentro dele e que aparece como a não presença dolorosa. O chamamento absoluto choca-se violentamente contra os resultados que a duras penas conseguimos obter, razão pela qual, mais que perseverar na vontade do incondicionado, opta-se pela incondicionalidade do querer, que tem o mérito de querer de alguma forma incondicionalmente, prescindindo daquilo que se quer, seja isso a raça, a nação, o progresso científico. O ser-aqui decide tornar-se Deus, mas em plena solidão, sozinho. Quando a distância de Deus é tão profunda, pode-se também falar de morte de Deus.

---

[46] *Ibidem*, p. 245.

5

DESFIGURAÇÃO DA RELIGIÃO

1. A religião doente

Deus, todavia, pode também não morrer oficialmente, conquanto se encontre prisioneiro em sua própria casa, em um estado de não menor vulnerabilidade. A negação de Deus e da ligação com ele pode advir, nas formas mais disparatadas, também ali onde aparentemente se continua a agir dentro de um horizonte de fé e devoção. São tantas as formas de religiosidade doente, e vão das mais radicais às menos evidentes, até tão pouco evidentes que parecem tudo, menos doentes.

Como vimos, a coisa mais banal e dramática que possa acontecer é que *Deus desapareça*. Eclipse ou morte que seja, devemos ter em conta que é sempre mais difuso o comportamento de quem vive e age *etiam si deus non daretur*, pois que, ali onde a ciência nos envaidece, onde falta a escuta, onde a maravilha se transforma em distração, a coisa mais simples que nos possa acontecer é assistir ao desaparecimento de Deus como ao fato mais natural e coerente.

Onde o eu impera, Deus desaparece. Não só, pode acontecer, e a coisa é talvez ainda mais grave, que o nada, a falta de fundamento do existir, a maravilha defronte do ser e, portanto, o nada de ente, nos apareçam não como o grande mistério absoluto, o enigma capaz de encerrar em si o cheio e o vazio, mas como o puro nada.

Atrás daquele significado despojado da plenitude da vida ético-amorosa, da medida secreta que aponta para a transcendência, da insatisfação diante da inadequação ontológica do mundo, atrás de tudo isso se descobre a abolição de sentido, a filosofia da suposição, a convicção de que nada e nenhum sejam a mesma coisa, isto é, revelem a verdadeira consistência do real: anulem. Em suma, continuar a falar de nada como nada de ente, como abertura de ser sujeito a um destino, fonte e condição do existir, seria nada mais que um exercício dialético: Deus está morto, o nada se transforma em puro nada.

2. Do santo ao herói

Em um cenário como o delineado até aqui não surpreende que também o santo corra o risco de adoecer e, mesmo mantendo a aura sacral, se transforme em mago. Também o santo, neste ponto, corre risco.[1] Em qualquer época ele ocupa uma classe central e delicada, sendo expressão de "uma humana divindade", de uma capacidade de ter juntas – mesmo não sendo Cristo, mas como Cristo – a transcendência de Deus e a imanência do homem. Se esta operação, porém, escandaliza quando é um Deus que a realiza ao se fazer homem, imaginemos se para realizá-la é um homem que se faz Deus. Ter juntas a infinita aspiração e a natural finitude é coisa difícil, que poderia nos induzir a pensar na santidade como uma aspiração muito elevada, que, em sentido estrito, diria respeito exclusivamente a Deus. Assim se chegaria a suprimir a dialética interna que vive de uma tensão, perene também em Cristo. Poderíamos dizer, portanto, que santos podem ser também os homens, mas sempre em virtude da santidade de Deus que lhes é compartilhada, que neles transparece encarnada; e que essa santidade é sempre incompleta, ou seja, é uma tensão que induz a uma perene transcendência. Em palavras pobres, poderíamos deduzir que os santos não são seres super-humanos, super-heróis fora do normal, seres excepcionais e privilegiados nos quais foi infusa uma extraordinária luz divina: os santos não são seres

---

[1] Cf. B. Welte, *Was sind das: heilige Menschen?*, in *Gestalt und Verehrung des heiligen Konrad*, Badenia, Karlsruhe 1975, p. 9-19; *Das Heilige in der Welt und das christliche Heil*, in *Auf der Spur des Ewigen*, cit., p. 113-151; *Bemerkungen zur Heiligenverehrung*, in *Zwischen Zeit und Ewigkeit*, cit., p. 260-271.

a serem venerados por sua quase desumanidade, diante da qual nada resta senão submeter-se com sujeição, quase que reforçando sua natural e infinita distância de nosso ser humano. Antes, sua extraordinária santidade consiste exatamente na extraordinária força e capacidade de dar seguimento e atuação àquele chamamento secreto que está presente em cada um de nós. Neles, portanto, espanta e atrai não a quase desumanidade, que é visível, e sim a humanidade mais completa que neles parece poder se realizar. Disso deriva uma sensação ambígua, de estranheza, que nos faz tê-los como tremendos e fascinantes ao mesmo tempo, atraentes e inconvenientes, ou seja, algo de muito próximo e muito distante, o que de mais alheio e de nosso possa existir. Os santos são *diferentes*,[2] mas não totalmente; a um Deus se venera, um santo nos inquieta, porque não é completamente outro, antes, é o semelhante e o diferente que agem sobre nós como modelo incômodo, que não pode simplesmente ser erguido sobre nossas cabeças. É um homem menos nivelado, menos adaptado e satisfeito com o mundo, mais do que o são os homens unidimensionais; é um homem mais original, capaz de atingir aquele mundo primário simbólico, a ponto de o tornar vivo e eficaz, presente na História.[3] Tanto que Welte os define como "as pegadas multicoloridas de Deus através da história dos homens";[4] eles assumem as formas mais surpreendentes, de místicos, visionários ou praticantes do jejum. Todos, a seu modo, falam de Deus, sobretudo em um momento particular de sua vida: o da morte. É precisamente no morrer do santo, de fato, que se desprende evidente a força que, ao sustentar a passagem, santifica sua vida e a torna divina. No contexto secularizado em que vivemos, o morrer é capaz de reabilitar o passado e torná-lo digno a nossos olhos, contém em si um traço de sacralidade que se infere do modo como o santo sobrevive na memória de quem fica, do modo como sua vida é exaltada, e o não essencial é repentinamente

---

[2] Cf. B. Welte, *Was sind das: heilige Menschen?*, cit., p. 17.
[3] Cf. mais à frente, neste mesmo capítulo, *Mundo primário e mundo secundário*.
[4] B. Welte, *Was sind das: heilige Menschen?*, cit., p. 12.

deixado para trás. Podemos por isso admitir que o santo se torna uma espécie de símbolo, o símbolo da superação de tudo, do mal e da dor, do limite que se impõe ao homem como inimigo a ser combatido. Tomemos como exemplo o caso de São Jorge e o dragão.[5]

Entretanto, também nessa forma de religiosidade, muito popular, aninha-se o perigo da descrença e da degeneração. Pode acontecer, de fato, que diante do poder da santidade nos esqueçamos progressivamente de Deus, o qual, anônimo, silenciosamente deixa o lugar para o homem; esse, sem se dar conta, se transforma em super-homem e herói, naquele que com as próprias forças vence o mal, afirmando-se como verdadeiro *self made man*. O herói[6] é um santo que se faz por si, é a variante laica da transcendência que, esquecendo Deus, se torna instrumento de louca e estulta magia. Uma vez quebrado o laço com a transcendência, é impossível distinguir um santo do charlatão, que pensa poder dispor das forças do céu a seu bel-prazer ou, sem mais, dispor de fórmulas e sacramentos religiosos. O herói não repudia necessariamente a Deus e a seus ritos, e no entanto age como se ele não existisse, alçando-se como parâmetro único dos próprios feitos, como protagonista absoluto da própria história. Isso cria uma divinização do homem na ausência da divindade, revestindo-o de uma luz ainda mais forte que induz à imitação. A tal ponto que o sagrado, mais que ser um traço de Deus, uma mensagem sua na terra, se torna um meio de astúcia humana que permite ao herói superar sozinho o mal. O herói é um santo emancipado que, tornando Deus supérfluo, age a sua imagem e semelhança. O retorno dos santos a nossa sociedade pode acontecer graças à crítica ao racionalismo estéril e ao nivelamento produtivo de nosso tempo. Um santo sempre mais semelhante ao herói pertence a uma igreja triunfal e a uma religião sempre mais inconsistente e formal.

---

[5] *Ibidem*, p. 10-11.

[6] *Ibidem*, p. 16-17.

3. A religião inconsistente

Entendemos como religião inconsistente aquele fenômeno que acontece quando a religião se distancia de sua essência e a perde, mas continua a manter a aparência de religião. Esta peculiaridade de manter a aparência de religião distingue a religião inconsistente do ateísmo, que refuta até a aparência de religião.[7]

Como é possível manter um relacionamento com a santidade mesmo tendo rompido as pontes com Deus e com seu poder, assim é possível que a religião continue a existir e a desenvolver os próprios rituais, não obstante já tenha perdido o contato com a essência interior da religião. É preciso não esquecer que ritos e cultos são simples expressões de uma interioridade à qual dão corpo e da qual o culto se torna *figura*.[8] Para que haja uma religião é necessário que aconteça uma passagem do mistério absoluto e impessoal para Deus, isto é, para uma figura capaz de se revelar no horizonte da experiência humana, tornando-se assim visível e histórica, unidade capaz de materializar-se em uma multiplicidade de ações, palavras, movimentos. Caso contrário, nos encontraríamos diante de uma ausência de figura. Precisamente por esse motivo, o ateísmo não pode coincidir com a religião inconsistente, porque, no primeiro, falta completamente a epifania, que faça sair o nada de si tornando-o figura, mesmo que seja inconsistente. A epifania, isto é, o eventualizar-se no contexto da limitação, ou seja, o *kairós*, o adquirir um lugar e um tempo por parte do eterno, pressupõe uma pessoa e não um conceito abstrato. Tornar-se "este" Deus para "estes" homens, ou seja, uma "unidade em ação", significa ser símbolo de algo outro, sinal capaz de conservar a transcendência além de toda finitude. Sem essa força simbólica de exprimir e não exprimir o infinito, que impede de revelá-lo plenamente, jamais teríamos uma revelação e muito menos uma religião. Nem poderíamos falar propriamente de sagrado.

---

[7] B. Welte, *Dal nulla al mistero assoluto*, cit., p. 219.
[8] *Ibidem*, p. 117-125.

Só no sagrado e no divino se preenche ou se reduz aquela diferença fenomenológica entre um mistério filosófico e um Deus envolvente e salvífico: "O sagrado como figura pessoal é o divino, é Deus".[9]

Isso quer dizer que na religião positiva existe uma estreita ligação entre o culto, o rito, o objeto sagrado, isto é, o símbolo, e o que ele representa e exprime: a divindade pessoal da qual ele é simplesmente caminho. Em certo sentido, é possível fazer voltar à categoria de símbolo também o santo, na medida em que se aceite que ele é santo só em virtude da santidade divina, expressão sempre parcial dessa infinitude. Assim, resulta inevitável que, como é possível que aconteça esse desligamento que leva à transformação do santo em herói, é igualmente possível que essa "emancipação" aconteça para a religiosidade *tout court*. Estaríamos nesse caso diante de uma religião inconsistente, pronta a fazer uso daquele armamento expressivo, *como se* ele estivesse ainda *em vez de*. Ele, contudo, se tornou uma armadura vazia, uma instalação já esvaziada que vive de vida própria, humana e autossuficiente, que já não é símbolo de nada, a não ser da vontade de poder do homem, de seu orgulho e de sua superficialidade.[10] A oração[11] se torna fórmula quase mágica, o gesto se torna repetitivo e afetado, a interioridade mirra, e o que sobra é um invólucro para uso e consumo do homem, que cheira a infinito.

Acontece, porém: 1. *Uma abstração e um isolamento do* medium *religioso*, que, longe do ser meio de qualquer outra coisa, perde o caráter de cifra, de tal modo que as orações, as imagens religiosas, as formas de culto e de comunhão se isolam e se emancipam do sagrado, do qual deveriam ser reflexo. Disso deriva verdadeiramente uma peculiar

---

[9] *Ibidem*, p. 124. No que diz respeito à interpretação weltiana de "diferença fenomenológica", confrontar P. De Vitiis, *Il problema religioso in Heidegger*, Bulzoni, Roma 1995, p. 60-64.

[10] B. Welte, *Wesen und Unwesen der Religion*, in *Auf der Spur des Ewigen*, cit., p. 288-294; tr. de G. Borsella, *Sulla traccia dell'eterno*, Jaca Book, Milano 1976, p. 14-20.

[11] Sobre oração ver P. De Vitiis, *Das Gebet des Schweigens*, in *Mut zum Denken, Mut zum Glauben,* cit., p. 120-147.

indústria de culto que se concentra sobre as "regras de execução", sobre os procedimentos que, reiterados adequadamente, garantem certo poder. A seriedade formal substitui e deixa sem base o espírito, a consciência com que se realiza o rito, e não se deve esquecer que nesse exercício de substituição entra em ação a "tendência a rebaixar o verdadeiro Deus, a reduzi-lo a uma imagem feita à medida do homem e da qual ele possa dispor".[12] Tudo isso para evitar reconhecer a própria pobreza e continuar a fantasiar mais que ser. Um mundo do gênero, feito de rituais e formulários, assume vida própria tornando-se mundo separado do mundo, setor circunscrito, do qual só uma fatia da Humanidade, os especialistas, pode compreender o significado.

2. Ajunte-se uma forma de *excrescência progressiva e multiplicativa dos* media *religiosos*,[13] como se se tentasse suprir a progressiva falta de religiosidade com a proliferação quantitativa, com o crescimento incontrolado e fictício dos ritos, na esperança de ocultar a perda do sagrado. Pensa-se poder atingir o infinito multiplicando ao infinito, adicionando finitudes individuais, com uma operação que, sobre modelo da ciência, projeta o infinito sobre o homem e não sobre Deus. Definitivamente, se tentaria realizar o que Cusano tinha como absolutamente impossível, ou seja, pensar multiplicar ao infinito os lados de um polígono inscrito dentro de um círculo até fazê-lo coincidir com a circunferência e, assim, com uma operação de aproximação quantitativa, chegar a Deus – o qualitativamente outro. Um polígono com tantos lados, entretanto, permanecerá sempre um polígono e seu desejo de circularidade estará destinado a esfacelar-se contra uma diferença estrutural. Do mesmo modo, a religião inconsistente outra coisa não faz senão desconhecer a douta ignorância, que deveria, em vez, salvaguardar o homem de toda tentação multiplicadora. A douta ignorância não pode senão avaliar o símbolo. À perda do poder simbólico responde-se multiplicando os símbolos e excogitando, cegamente e

---

[12] B. Welte, *Wesen und Unwesen der Religion*, cit., p. 15.
[13] *Ibidem*, p. 17-18.

com frenesi, *media* sempre mais refinados, conceitos, representações, tabulações privadas de vida e de fundamento. A excrescência dos ritos pode sem mais fazer *pendant* com a entificação de Deus, *Ens Summum*.

3. *A exasperação zelota da religiosidade*. Se, pois, esta compensação leva, por um ponto de vista, à excrescência multiplicativa dos *media*, na execução, ao contrário, toma a forma da exasperação zelota da religiosidade. De fato, a separação entre reflexo e fundamento está na base seja do incremento numérico dos *media*, seja da "seriedade" com que eles são colocados em ação. Se, porém, essa seriedade não é mais originada por aquele tremendo e fascinante saber-se à frente de uma "coisa infinita", de uma cifra, não resta senão manter a forma, de tal modo que o crente deturpado se concentra de maneira obtusa e obsessiva sobre a séria exasperação da execução. Para que, no entanto, isso continue a ter sentido, tudo deve parecer como se fosse verdadeiro, para evitar que o autoengano se torne evidente e insustentável. Nessa operação manifesta-se uma sutil violência, que provém da pretensão de conservar uma verdade acima de tudo, mesmo tendo minado a força silenciosa da fé, que nos permitia o contato. Assim, os ritos se tornam violentos, isto é, lugares onde a execução correta é garantia exclusiva de fé, e a celebração se transforma em um campo de batalha, no qual é necessário que todos desempenhem sua parte com rigor e no respeito absoluto das regras. Essa sutil coerção esconde uma pretensão estéril, uma raiva cega na qual fala uma

> necessidade impotente de autorredenção: tudo o que é zelota e fanático evidencia, portanto, quanto mais se irrompa com radicalidade, precisamente aquilo que deveria esconder: a separação da realidade e, por consequência, da verdadeira seriedade da fé, sob cuja vestimenta se apresenta; mostra a sombria luta contra a realidade.[14]

O *fanatismo*, portanto, não seria senão uma imagem invertida da fé. Quem já não crê que o mundo possa remeter silenciosamente para

---

[14] *Ibidem*, p. 21.

Deus, multiplica os reflexos e os símbolos e exaspera sua aplicação, demonstrando de fato a acontecida substituição de Deus pelo ego, percorrendo o caminho da autorredenção. Diante do salto da fé, que assume sempre a semelhança de um pulo no escuro, que atrai e repele, o homem sente a angústia do nada. Diante dela, mesmo sabendo de sua íntima limitação, o homem pode desesperadamente querer o incondicionado até produzi-lo e confeccioná-lo com as próprias mãos. Mãos religiosas que manejam formulários, que permitem, em boa consciência, agir e operar em nome de Deus. Um Deus desaparecido continua a agir como testa de ferro e garantia de uma operação na qual, agora, é o homem, com seus parâmetros, a fazer as vezes de Deus: "também o fanático vive na lembrança da possibilidade autêntica da religião: e essa possibilidade autêntica ainda vive nele. Mas ele a deformou violentamente, transformando-a em elemento de terror para muitos".[15]

4. O fanatismo religioso

O fanatismo religioso acima descrito não é senão a forma mais forte de ideologização da religião, entendendo por isso aquele processo através do qual se faz uma instrumentalização da religião, a qual se torna meio e disfarce mais ou menos inconsciente de fins imanentes, que se sujeitam todos à mesma ânsia de poder. Descontextualizando os atos religiosos, eles assumem a tal ponto uma vida autônoma, que as dimensões sociais ou estéticas ou políticas da religião parecem sobrar como as únicas válidas. Pelo que, por exemplo, a crítica marxista da religião, como instrumento de controle social por parte da classe dominante sobre a dominada, acerta no alvo, mas só pela metade. Porque, mesmo reconhecendo-lhe essa categoria, ela resulta de qualquer forma acessória e não prioritária. É o mesmo que dizer que a crítica de Marx é eficaz só quando é endereçada não à religião enquanto tal, mas a sua deformação

---

[15] Cf. B. Welte, *Dal nulla al mistero assoluto*, cit., p. 226.

inconsistente. Uma vez reduzida a religião a ideologia, é fácil negar dela aquele alcance revolucionário. Como todas as ideologias, esta se transforma em instrumento de poder que, antes de se fazer porta-voz de um mundo paralelo e, portanto, de um descarte criativo em relação ao mundo assim como ele é, promove uma quase identificação da Igreja com a História e com a sociedade na qual está inserida. Como para Marcuse é preciso que a arte conserve sua dimensão crítica e utopista nos confrontos de uma sociedade massificada, assim, para Welte, é necessário que a Igreja aja sempre como garantia de uma utopia que nos preserve, não da absolutização de certo modelo de sociedade, mas da ideia de que a sociedade, qualquer que seja, deva elevar-se como único horizonte de nossa realização.

A religião inconsistente, ou não essencial, conserva, de todo modo, uma validade positiva, uma instância que a tem, não obstante tudo, ancorada em Deus, ou seja, o fato de que a religião deve ser conservada. A compensação deve advir a qualquer custo.[16]

Se, então, a excrescência progressiva e multiplicativa dos *media* e a exasperação zelota são duas tentativas de compensação, material e executiva, do desfigurar-se da religião, o isolamento do intermediário religioso é, disso, em certo modo, a premissa necessária. Todavia, também a abstração e o isolamento do intermediário religioso pousam sobre um tríplice fundamento, que além de tudo é a base da religião não essencial: 1. A diferença entre interioridade e exterioridade. 2. A inclinação natural do homem em direção da religião não consistente. Como vimos a propósito da *conversio ad phantasmatha*, acontece que no homem existe quase que uma necessidade constitutiva, ligada a seu modo de ser, que o leva a preferir o lado manifesto das coisas, a dar crédito à dimensão representável, à presença ôntica.[17] 3. O homem,

---

[16] B. Welte, *Wesen und Unwesen der Religion*, cit., p. 290.
[17] "Essa tendência pode levar o homem a fixar-se preferencialmente, ou até exclusivamente, sobre elementos representáveis e aferíveis da religião, dela separando assim a figura da essência e da missão de serviço. Esta tendência de firmar-se na superfície é, por sua vez, o aspecto superficial, de fachada, da possibilidade positiva que

no fundo, quer ser como Deus, isto é, jamais renuncia definitivamente a uma felicidade, a um saber, a um poder e a uma vontade infinitos. Enquanto esse anseio possa permanecer adormecido, é destinado, agora ou mais tarde, e nas formas mais disparatadas, a ressurgir.

5. Algumas formas de ateísmo em época tecnológica

A religião inconsistente, embora desfigurada, mantém todavia uma aparência de religiosidade que a coloca ainda no leito da ortodoxia, embora traída. No ateísmo, em vez, o fosso da fé foi superado definitivamente; cada figura cairológica, cada epifania é negada: a emancipação do homem, de Deus, foi alcançada. Pensando bem, esse salto é uma das mais radicais e autênticas possibilidades que competem ao relacionamento homem-Deus: isto é, o ateísmo é aquele relacionamento no qual se nega a possibilidade de qualquer relacionamento. Isso porque o Outro não é reconhecido nem como existente nem como plausível, mas muito mais como projeção, alienação da parte melhor do ego humano. Toda forma de realização, toda forma de *re-ligião* não contaria, portanto. Se a filosofia da religião surge como disciplina e busca autônoma em 1670, com o *Tractatus theologico-politicus* de Spinoza, exatamente quando é colocada em dúvida a milenar concepção religiosa da vida, podemos sustentar que ela continua a viver e retoma força quando, dentro de um contexto já fundamentalmente secularizado, a indagação sobre Deus se apresenta em seu rompimento. O problema de Deus se rompe com toda a sua força e evidência quando aflora e se erige como figura autônoma no horizonte óbvio do teísmo e do ateísmo.

Nesse sentido, hoje pode maravilhar-nos mormente a capacidade de acreditar em um invisível, a fé, antes que a sensata, difusa e laica suspensão do juízo. No fundo, na base de toda forma de religião e de credo existe uma *metábasis eis allo ghénos*, um salto qualitativo que nos

---

os homens têm de tornar a religião inconsistente" (B. Welte, *Dal nulla al mistero assoluto*, cit., p. 219).

leva da multiplicidade da finitude à unidade do infinito, que introduz uma visão descontínua e discreta da realidade. Se, contudo, é verdade que de mil indícios não é possível tirar uma única prova autêntica, então é verdade que nada nos poderá levar à fé em Deus, senão um verdadeiro e peculiar salto-mortal. E o salto-mortal é de longe menos natural e mais arriscado que seu contrário.

Certamente, esta reviravolta, ao menos no parecer de Bernhard Welte, é mais o êxito de uma volta de época que o resultado de propriamente uma verdadeira escolha racional e consciente. Realizando uma análise histórica, poderíamos remontar o início dessa transformação à reforma protestante e à relativa privatização da esfera religiosa, ou ao período da revolução científica, com que se inaugura uma aproximação do mundo e do ente, que abre o caminho a um materialismo invasor. Ou, seguindo H. Jonas,[18] poderíamos afirmar que o acontecimento crucial consiste na gradual passagem daquilo que poderíamos definir como a ontologia da vida pela ontologia da morte: nela, com a descoberta de uma vastidão cósmica indefinida, desmesurada e sobretudo não vivente (pense-se no espaço cósmico, estelar), emerge a absoluta excepcionalidade e casualidade da vida. Entretanto, os fatos históricos – mais ou menos relevantes – esconderiam uma mudança mais radical, que lança as raízes na compreensão do ser.

Não é só o mundo que muda, nem só o homem que nele habita, mas também seu recíproco relacionamento: a verdade.[19] A "forma mundial da verdade", ou seja, a luz no interior da qual o ente aparece e se dá, e os modos pelos quais nela o ente é interrogado, pensado, compreendido, mal interpretado ou equivocado, mais que ser um fato histórico, são um destino que dita modos e tempos do ser-aqui. Obviamente, a maneira de tal abertura é mutável, e isso é tanto mais significativo quanto o

---

[18] H. Jonas, *Das Prinzip Leben. Ansätze zu einer philosophischen Biologie*, Insel Verlag, Frankfurt a. M. 1994; aos cuidados de P. Becchi, *Organismo e libertà. Verso una biologia filosofica,* Einaudi, Torino 1999, p. 16-35 (*O Princípio Vida: Fundamentos para uma biologia filosófica*, Vozes, 2006).

[19] B. Welte, *Wahrheit und Geschichtlichkeit*, Knetch, Frankfurt a. M. 1996.

outro que levamos em consideração é o Tu divino. Também a relação dialógica Eu-Tu, portanto, se abre nos limites de uma compreensão do ser, que inevitavelmente condiciona a relação que naquela época o homem está em condição de estabelecer com o Outro. Enfim, o modo de ler a revelação,[20] de entendê-la e de nela acreditar, será de qualquer maneira influenciado, assim como a capacidade de auscultar na História o dar-se daquilo que não parece histórico, e de remontar aos traços de um eterno que já não terá as forças de se impor sobre a liberdade pessoal.

Se, pois, é verdade que parece determinante, no relacionamento eu-Deus, o horizonte em que este último se realiza, também é verdade que o ateísmo é um fenômeno de época. Coisa que nos poderia induzir a negar a responsabilidade do sujeito e, assim, ao desempenho mais total. O fato de que, *globalmente*, o ateísmo possa ser tido como um destino inevitável nosso, não exclui que, *pessoalmente*, em vez, ele represente uma questão aberta, precisamente em razão da liberdade que o homem goza dentro desse condicionamento. De fato, na base de todo gênero de encontro e de escuta, está reconhecida uma íntima liberdade de ouvir e de encontrar aquele para quem ninguém pode ser constrangido. Ninguém pode ser obrigado a amar, assim como a escutar, a partir do momento em que essas atividades da alma não podem ser extorquidas, estando fundadas em extremo ato de liberdade, que não tolera restrições e imposições. O homem não é reconduzível ao *homme machine* hipotetizado no curso do século XIX. Onde se dá uma pessoa, ali ressoa (*personat*) qualquer coisa de novo, ali vem à luz a intrínseca capacidade de dar origem a algo novo e imprevisível, que não resulta da simples soma das premissas. Onde o indivíduo biológico se faz pessoa humana, a capacidade previsiva se reduz vertiginosamente, os termos de comparação conservam um valor relativo, e relativo de tal modo que toda forma de esquematização resulta improvável. Do momento em que o homem é capaz de dizer "eu creio que..., eu penso

---

[20] Cf. B. Welte, *Storicità e rivelazione*, cit.

que...", é reconhecida a existência de um ponto focal, crucial, que foge de qualquer cálculo e apreensão científica: a liberdade. "Realizando-se no mundo, a pessoa personaliza o próprio mundo".[21] Entrar em contato é um ato contínuo com o qual se dá conta de outro, com o qual se reconhece semelhante a outra identidade, reduz-se a distância dela sem eliminá-la de todo. O tu não é assimilável, permanece diferente e estranho, por mais esforços que se façam. Diante de qualquer "tu" abre-se um diálogo fundamental, não constritivo, que tem como modelo explicativo o diálogo mãe-filho. A esse respeito é possível falar de uma verdadeira e peculiar *hermenêutica da escuta*.[22]

Mas, antes de entrarmos na análise e na descrição das substanciais formas de ateísmo, consideremos ainda por um momento o forte laço que une esse fenômeno com o nascimento de uma sociedade tecnológica e científica. Um elemento que é preciso sem mais levar em consideração é a cisão radical entre sujeito e objeto, que em época moderna se torna de tal forma dominante a ponto de dissolver aquele íntimo liame com o mundo, já dado como presumido. As culturas pré-tecnológicas,[23] como veremos, são, no parecer de Welte, porta-vozes de uma integração vital e imediata com o mundo da vida, do que, por exemplo, é expressão o mito, história na qual o homem, natureza, vida, morte, céu, terra e divindade encontram sua unitária e harmônica disposição que garante ao homem uma visão de conjunto segura, sem obrigá-lo a assumir uma posição subjetiva própria. O mito é uma história crível, mas não verdadeira nem certa, que conserva em si a palavra da origem, a riqueza do Deus transcendência que transparece no rito, na festa olímpica e cíclica, no jogo dos símbolos. É história da unidade dada, jamais conseguida porque jamais perdida, que se exprime na plena integração de esfera

---

[21] B. Welte, *Zeit und Geheimnis*, cit., p. 47.
[22] B. Welte, *Vom rechten Hören*, in *Gespräch ohne Partner*, Herder, Freiburg-Basel-Wien 1960, p. 9-26.
[23] B. Welte, *Zeit und Geheimnis*, cit., p. 65-78.

social e natural. De certo modo, também o mundo cristão medieval, não obstante tenha desconjuntado a impostação da temporalidade circular, permanece ancorado em uma visão mítica da existência. Conserva-se um "potencial integrativo" que torna todo momento, passado ou futuro, momento de um tempo infinito que tudo abraça e tudo convalida, um tempo precedente ao escandir espacial e numérico do tempo científico de relógio. Efetivamente, a introdução de um limite *ad quem* futuro e escatológico interrompe a total repetitividade do idêntico, típico do helenismo, na qual o que acontece e acontecerá é o infinito repetir-se de um passado não histórico. É verdade que a abertura do cristianismo à escatologia assinala uma passagem crucial, pois o presente recupera sua dignidade tornando-se lugar da liberdade individual e da realização da plenitude futura. E, todavia, a passagem alcançada não é, como se costuma entender, uma simples passagem da circularidade para a linearidade. Na linearidade do tempo cristão permanece, de fato, uma circularidade *sui generis*, que se deve ao fato de que todo acontecimento tem seu princípio e seu fim no eterno.

Somente com a *tèchne* se adere totalmente, e sem rede de segurança, a uma temporalidade sequencial que não conhece pontos privilegiados e que, por isso, individua a própria divindade, a própria missão, no progresso.

Esse novo modelo de racionalidade se apoia sobre a cisão sujeito/objeto e sobre a tomada de consciência, entendida como forma por excelência de se relacionar com o Outro. Cada coisa se torna *ob-jectum*, isto é, presença mesma, sujeita a representação, a cálculo matemático e, portanto, à apreensão científica que tira do ente toda forma de mistério e de ambiguidade. Aos olhos do moderno, cada coisa se apresenta com a mesma definida evidência com que um segundo cronométrico supera e exclui o precedente, emergido como um e único, como o contorno puro e mensurável se ergue de um indefinido, perdendo a integração mística com o todo, pagando o tributo pela injustiça cometida, mas em compensação ganhando a pureza e a certeza numérica que só a matemática é capaz de dar. Assim, o homem tecnológico troca a plenitude de sentido pela certeza de sentidos, o carismático pelo desencanto do mundo, o *mýthos* pelo *lógos*, obtendo o efeito de repelir na esfera do subjetivo e, portanto, do sentimento, do irracional, do qualitativo, tudo o que não satisfaça aos critérios de exatidão. O termo que Heidegger estabelece para a essência que atua na técnica, como destino, é *Gestell:* o quadrado.[24] Ele atua em toda parte na maneira do produzir, assegurar, ordenar, comandar, obstacularizando a possibilidade de um acesso diferente para a realidade. É bem conhecida a temática heideggeriana relativa à superação da metafísica e de uma racionalidade restrita ao simples campo da funcionalidade, assim como as profundas reflexões do pensamento crítico que põem sob acusação, por exemplo com Marcuse e Horkheimer, a insignificância da razão instrumental, voltada a individuar os meios adequados para se conseguir fins sobre os quais não é dado discutir. Esse achatamento sobre "dado", sobre fato empiricamente verificável e experienciável, tira do homem seu *proprium,* fazendo dele um ser unidimensional e inumano, sujeito a uma autocensura que distancia da consonância com o ser, com Deus. O nivelamento totalizante, a submissão às exigências de produção, a estandartização dos modelos, a comercialização do eros e da liberdade, tornados, graças à contribuição dos *mass media,* fonte de espetáculo, conduzem a um nivelamento progressivo, no sentido de que se vai ao encontro de uma circulação sempre mais vasta, instantânea, impositora (pense-se apenas no poder comunicativo da rede televisiva) de um número sempre menor de ideias iguais a si mesmas, pelo qual, atrás de uma aparente proliferação de inventos originais, atrás do aparente amor e tolerância pelo diverso, se insiste na obsessiva repetição do idêntico, reproposto em tempos e dimensões de exasperação. Além disso, a aceitação daquilo que só entra dentro de certos esquemas de compreensão falsifica e depaupera a realidade,

---

[24] Pensa-se simplesmente no ensaio de M. Heidegger, *La questione della tecnica,* in *Saggi e discorsi,* aos cuidados de G. Vattimo, Mursia, Milano 1976. Com isso não se quer esquecer a validade também positiva, que por outras expressões se reconhece para a técnica, seja a de Heidegger, seja a de Welte.

tornando-a muito mais previsível de quanto de fato seja; quem não busca o impossível não o encontra, quem interroga as coisas apelando para sua dimensão mais evidente e funcional nada mais achará que a ela. E, assim, o mundo se reduz à mera sucessão de relações causa-efeito, perfeitamente explicáveis. O êxito último dessa aproximação é, como veremos, a exaltação da especialização (hoje desejável e pretendida até no campo da filosofia) e da setorialização, as quais, perdendo de vista o horizonte de sentido total que Welte chama *Universum*, cercam o pesquisador em um beco sem saída que o distancia do todo, levando-o em direção de um irreversível *Fachidiotismus*,[25] uma idiotia especializada e profissional. Em uma sociedade do gênero, nivelada e unidimensional, dotada de satélites e computadores, mas desenraizada da própria origem, tanto a religiosidade quanto a humanidade do homem têm vida difícil.

O que agora nos obriga a colocar em evidência, entretanto, não é tanto a acidentada estrada proposta por nosso autor para uma recuperação da fé em época de secularização; interessa-nos, antes, descrever e esquematizar as formas recorrentes de ateísmo que se apresentam em nossa época, revelando a profunda, religiosa tensão inerente a estes fenômenos.

Antes de tudo, está absolutamente afiançado que todo repúdio da divindade, todo *a-theismus*,[26] entendido como a posição de quem nega a existência de Deus, é uma pura eventualidade. Reconhecer seu alcance já invasor na sociedade ocidental não significa admitir a fatalidade; o fato de que se tenha tornado uma *Welmacht*, uma força mundial, não nos deve fazer esquecer que ele, o ateísmo, é e permanece uma *possibilidade* voltada para a liberdade do homem. Como não é possível obrigar ninguém à fé, da mesma maneira é impossível que a renúncia a Deus se nos imponha do exterior, como algo de constritivo, mesmo que fosse de época. Todo homem é livre para crer ou não

---

[25] B. Welte, *Zwischen Zeit und Ewigkeit*, cit., p. 181-207.
[26] B. Welte, *Der Atheismus: Rätsel, Schmerz, Ärgenis*, IBK, Freiburg 1978, p. 1-16.

em Deus, pois dele não se tem conhecimento e compreensão certa e irreversível, pelo que, no espaço da ambiguidade, deixado aberto pela indagação científica, a liberdade de escolha vence. Obviamente, a fé em Deus não se reduz a mero fideísmo, porque, mesmo não sendo premente, permanece relativamente plausível e com fundamento. É fora de dúvida que há situações-limite, situações e questionamentos diante dos quais não se pode mais dar ares de que não existem, mesmo porque nos obrigam a interromper por um momento o habitual fluir de nossa existência – que, de repente, parece infundada e suspensa. Os questionamentos fundamentais, agostinianos, dificilmente poderão ser liquidados sem empenhar as energias mais íntimas de nossa pessoa. Saber quem sou, de onde venho, porque existe alguma coisa e não o nada etc., se bem que possa parecer supérfluo e inútil para a condução da vida prática, resulta, em alguns apuros da vida de todos, indispensável. No entanto é verídico que ninguém está obrigado a colocar-se esses questionamentos e, mesmo no caso de que isso aconteça, as respostas poderiam ser de vários gêneros. Pode-se, por exemplo, chegar a soluções de pessimismo metafísico ou – diante da aparente insolubilidade das questões levantadas – pode-se cair no desespero kierkegaardiano, que condena o homem à pior das doenças, a mortal. No mais, não está dito que, uma vez que esses questionamentos sejam impostos em toda a sua força e dilaceramento, não podem depois ser colocados de lado e removidos num impulso, exatamente para evitar ter de viver as contraindicações existenciais. Donde a possibilidade, tudo menos que remota, de *dizer não*, de negar Deus e a religião, a eventual relação com o Outro.

Nesse ponto, contudo, não resta senão analisar as formas recorrentes de ateísmo, que Welte individua e esquematiza a partir da observação da realidade. Segundo os artigos em que ele trata disso, o número de formas varia de três a quatro. De qualquer modo, pensamos poder falar, a bem da verdade, de: 1. um ateísmo negativo ou da indiferença; 2. um ateísmo crítico; 3. um ateísmo positivo ou combativo; 4. um ateísmo sofredor.[27]

6. O ateísmo negativo

No caso do *ateísmo negativo*,[28] ele se comporta *etiam si deus non daretur*, como se Deus não existisse. Negativo, portanto, porque não se professa positiva e ativamente sua não existência, não se assume uma posição firme e ponderada como saída de um percurso trabalhado que tenha dado uma resposta, mesmo que provisória. Deus não é negado expressamente, porque não se faz nem mesmo argumento de discussão, objeto da própria busca existencial: Deus não é negado porque nem sequer jamais foi afirmado. Simplesmente não é contemplado entre as questões principais a tratar, mas permanece no fundo, como qualquer coisa inexpressa e nunca tematizada, em relação à qual todo tipo de asserção parece supérflua e sem motivo. Pode-se falar, a esse propósito, mais que de um Deus negado, de um Deus ausente, que não faz ouvir sua voz nem provoca o debate, porque jamais convidado. Explica-se assim em que sentido isso possa ser definido como *ateísmo da indiferença*. De certo modo, andamos bem além da afirmação de Wittgenstein, segundo a qual "daquilo de que não é possível falar é melhor calar"; afirmação que, de fato, queria indicar a vergonha da racionalidade, consciente da própria inadequação em relação ao dever de indagar e racionalizar o místico (embora o efeito pudesse parecer o mesmo). Aqui, antes, se vê livre do menosprezo em relação a um mundo que é, a priori, removido e deixado de lado, porque tido como privado de significado. Deus não aparece como uma pessoa da qual se fala mal, mas como uma pessoa da qual absolutamente não se fala. Os exemplos mais claros e elucidantes desse comportamento são dados, no campo filosófico, pelas correntes

---

[27] Os termos que são utilizados em alemão para definir os quatro tipos de ateísmo são: *der negative, der kritische, der kämpferische, der leidende Atheismus*.

[28] B. Welte, *Zeit und Geheimnis*, cit., p. 109-123.

positivista e neopositivista, com referência a H. Albert e B. Russell. Amplamente conhecidos, são temas centrais, métodos e assertos-base de referência. Todavia, esta "predileção" nos confrontos de um ateísmo negativo, ou da indiferença, tem razões bem-precisas, das quais já se falou. Antes de tudo, a orientação para isso, que simplesmente está presente e é manipulável, determina uma atenção exclusiva àquilo que materialmente nós temos à frente, àquilo que ocupa um espaço idêntico. O mundo das coisas, em certo sentido, toma a dianteira, prolifera de maneira hipertrófica, tornando-se de fato o único mundo à disposição e, portanto, real. O difuso costume de ter o que fazer com, de dispor de quanto está ao alcance da mão, de ter um relacionamento funcional com tudo o que nos circunda, induz a um hábito mental, típico da sociedade tecnológica, no qual se volta tão intensa e exclusivamente para o ente, a ponto de esquecer a possibilidade de que exista e se dê qualquer coisa de igualmente importante, mesmo não existente. A primazia do mundo das coisas, espoliadas de seu lado negro e misterioso, anda, pois, *pari passu* com a totalização e absolutização dos métodos e dos princípios que regem as ciências, os quais são tidos como os únicos válidos. Só em virtude desse passo posterior, todo um mundo pode ser reconhecido como ilusório, porque indemonstrável e não verificável. Sobre o fundo desse comportamento repousa a pretensão metafísica de que a ciência possa conhecer tudo, e que tudo o que a ciência não pode conhecer não seja de fato digno de ser conhecido. *In primis*, Deus. Essas são as características do ateísmo negativo ou ateísmo da indiferença.

7. O ateísmo crítico

No *ateísmo crítico*, ao contrário, Deus está presente, é dado, e, portanto, a seu respeito se discute até animadamente, na tentativa de compreendê-lo e de torná-lo o menos misterioso e mais fugaz possível. Essa aparente recuperação do religioso, porém, esconde uma armadilha. A recuperação de Deus, de fato, anda *pari passu* com a perda de seu mistério e de sua profundidade. A pretensão de um conhecimento absoluto, que no ateísmo negativo induzia a renunciar e a negar o aprofundamento da questão religiosa, agora tem como objeto próprio a divindade, que pois aparece, certamente, mas como Deus-coisa. A vontade de nada excluir de sua esfera de compreensão não tolera que o mundo todo da transcendência venha a faltar ou seja de todo tido como inexistente, não tolera que se possa dar qualquer coisa que fuja à apreensão do pensamento categorizante; pelo que, também para conservar poder sobre o que por definição é *absconditus*, a isso se reconhece como dado de fato, como um dado, consignado à compreensão do homem e, portanto, como "coisa" (*Ding*), na medida das outras, às quais é possível aderir, e cujo mistério é possível violar. Desse modo, Deus é salvo. Mas o Deus salvado é o Deus violado, preventivamente coisificado e, por isso, reduzido a conceito metafísico, a ente, a justiça. Quando, diante do mal do mundo, ou seja, da questão da teodiceia, presume-se poder compreender o sentido da justiça divina e prestar contas do que acontece, e quando, depois, essas previsões desmoronam sob os golpes de uma experiência que frequentemente supera toda imaginação, revelando-se intimamente absurda, má e cega; isto é, quando a secreta presunção de ter intuído o Deus-conceito se encontra com a mais dura realidade, não resta senão negar criticamente Deus e sua imagem. Salvar um Deus do qual se pode dispor não é grande conquista, e sim uma ilusória exaltação do eu, que se legitima a si mesmo aparentando-se com um Deus fictício por ele criado e excluído. "O Deus que pode ser pensado pode também ser colocado em dúvida pelo pensamento, e, por fim, abatido e morto".[29] Também nesse caso, a exaltação do sujeito leva a melhor sobre a escuta, sobre o reconhecimento de um Outro ao qual poder referir-se e abandonar-se. Em certo modo, a moderna absolutização do sujeito encontra no ateísmo uma de suas mais peculiares afirmações.

---

[29] B. Welte, *Dal nulla al mistero assoluto*, cit., p. 142.

8. O ateísmo combativo

Se o primeiro, portanto, era uma ateísmo negativo, o terceiro aparece como um *ateísmo positivo* ou *combativo*. Nele não se mantém nenhuma dilação nos confrontos com a divindade (a qual é expressamente negada); ao contrário, intolerante a sua radical e substancial finitude, o homem quer se tornar como Deus, quer ser Deus. Aquela tensão infinita, que de qualquer forma campeava tanto na absolutização do saber científico quanto na tentativa de dominar o Deus-coisa – expropriando-o de seu lado imponderável – propriamente assume então a forma de uma verdadeira rebelião, cujo objetivo é de fazer, sim, que nenhum tipo de absoluto continue a pesar sobre a cabeça do homem. Não mais filho de Deus, mas liberto fautor de si mesmo, quer se sentir o homem, privado de condicionamentos e limites dos quais prestar contas, totalmente desancorado de todo fundamento que não seja ele mesmo. De um ponto de vista filosófico, tal comportamento leva à exaltação da vontade e da liberdade como lugares de realização da dignidade humana. O exercício da liberdade é garantia de plenitude, pois confirma a maturidade de um ser finalmente emancipado de um estado de sujeição psicológica, metafísica, alimentada pela Igreja e pelas instituições *tout court*. Este "*pathos* da liberdade" expressa uma íntima e legítima exigência de absoluto ao qual o homem, para Welte, mesmo querendo, não poderia renunciar, sendo ele de natureza estruturalmente composta. Conquanto revele limites físicos conaturais, na medida de todos os outros animais e seres viventes, nele parece inegável a presença de um impulso irredutível, de uma infinita pretensão, que toma as formas mais estranhas e insólitas. O homem, não obstantes os esforços, é chamado continuamente a erguer-se acima de si mesmo, a querer mais: quer conhecer tudo, amar para sempre, criar nações imperecíveis, democracias perfeitas, raças puras, traduzir poesias.[30] Tudo o que ele quer, o quer em grau máximo, sem poder consegui-lo. Em virtude da

---

[30] B. Welte, *Storicità e rivelazione*, cit., p. 53-58.

infinita pretensão que nele reside, em virtude do infinito, pretende, pela finitude à qual é enleado, a plenitude: "eu creio que serei infinito!". Atrás do *infinito ardor da finitude* esconde-se, porém, uma violação metafísica destinada a fazer-se viva logo que o orgulho do homem se encontrar com os limites da própria liberdade (por exemplo, a culpa e a morte). A ilusão se esvai quando as energias vertidas sobre o mundo resultam inadequadas em relação à tarefa de querer ser como Deus. Exemplos desse otimismo combativo são as filosofias nietzscheana e marxista. Nelas, sob invólucros diversos, fala a mesma absoluta vontade de menosprezar a Deus, de negar polemicamente a dependência da criatura, a legitimidade da religião, e de projetar e prospectar uma miragem, seja ela a realização do comunismo real ou do super-homem. Nesse caso, a supressão do Deus pessoal leva a sua substituição por um simulacro divino, que não é o Deus-coisa desta vez, mas o Deus *invertido*, com feições humanas, o "absoluto de papel" (a arte, a nação, a raça) a constituir-se diante de nós e divinizar. Em tudo isso emerge uma espécie de *Gottescomplex*,[31] de complexo de Deus, em que a infinita vontade de infinito (que permanece para Welte como o assunto crucial e discriminante para entender o valor positivo de fenômenos irreligiosos) assume as facetas mais insólitas – sejam elas a autonomia, o rigorismo ético ou diretamente o totalitarismo – como meios para encarar uma palingênese da sociedade. O complexo nasce diante da eventual impossibilidade de desprezar uma unidade superior, capaz de prestar contas, fundamentar e conciliar a dupla alma do homem, de outra maneira indecisa e lacerada. A íntima consciência dessa necessidade metafísica de relacionar-se com a origem da própria natureza composta pode conduzir à fé, ao desespero ou à afirmação de si mesmo, até o fim, que recusa categoricamente a dependência de outro. Esta, de fato, exigiria a aceitação de uma classe subordinada e a disponibilidade de fazer-se infinito indiretamente, ou seja, passando pelo infinito de Deus. O super-homem seria disso um caso gritante. Na base da vontade de

---

[31] B. Welte, *Zwischen Zeit und Ewigkeit*, cit., p. 170-171.

poder residiria o problema da cisão e da plena atualização da identidade. A pretensão de sentido é um fato indubitável, que é a mesma figura do *Übermensch* a ser apoiada; o que se deve decidir é o modo da realização, se reportando a si ou àquele que colocou o relacionamento do ego com o ego. Recuperando uma passagem do Evangelho[32] Segundo João, Welte reforça que o nome do infinito está escrito sobre nossa fronte. Isso pode induzir o homem a ter como infinita a própria natureza, descobrindo, uma vez por todas, o íntimo mistério de sua soberania e autonomia, do que a fronte seria testemunha. Ou pode induzi-lo, com sua grande maravilha, a reconhecer a diferente paternidade daquela inscrição, que só uma mão externa estaria em condição de lhe gravar na fronte. Também nesse caso, é na liberdade do homem que reside a possibilidade de ler e interpretar, em duas maneiras opostas, um documento inscrito diretamente em nossas vidas, em nossas ações. É na liberdade que o homem decide como entender estas palavras. Não é um caso em que a leitura seja a primeira verdadeira forma de escuta de olhos abertos.

9. O ateísmo sofredor

O *ateísmo sofredor*, muito humano, é aquele que podemos encontrar nas filosofias de autores como Sartre e Camus. Também neste caso, o homem está fortemente centrado sobre si mesmo e pouco espaço concede ao Outro; o que mais o atormenta não é tanto o desejo de se fazer absoluto, quanto a incapacidade, a dificuldade de reger o combate da vida, do sofrimento, de aceitar o que acontece sem ser continuamente tentado a colocar em dúvida a existência de um plano, de uma divina e recôndita justiça que age em toda parte e sempre. Poderíamos defini-lo também como um ateísmo da fraqueza, pois nasce não tanto do orgulho, mas da extrema humanidade do homem, incapaz de aceitar o existente e sobretudo de encontrar nele as semelhanças e os traços

---

[32] *Ibidem*, p. 174.

do eterno. Onde ele ficou cego pelo próprio sofrimento e a única pergunta enfim sensata é aquela sobre o "por que" (por que o mal, por que tanta dor, por que eu etc.), ali já não há espaço nem margem para que o Outro possa se revelar e manter seu valor positivo. Por isso, parece o mais cruel e desumano, ao qual todos, de um modo ou de outro, são vizinhos, exatamente porque o mais perdoável e admissível, o mais racional, aquilo para o que o bom-senso facilmente nos pode induzir. Nele emerge, em toda a sua força, a paradoxal radicalidade da fé em um mundo diferente. O peso de Deus, que se torna incumbente e insuportável para qualquer homem, mais que outro, porque se trata do peso de uma ausência não solicitada, de uma transcendência da qual não há sinais, ou melhor, da qual não conseguimos de alguma maneira suportar o prolongado silêncio, que por fim nos faz duvidar de sua própria existência. O homem procura indícios que falem sua linguagem e, ao contrário, debate-se em um mundo de palavras incompreensíveis ou, pior, inacreditáveis, que reforçam sua solidão. O Deus-sério, molesto, é o mais injusto, aquele que mais que todos nos recorda as vinganças, a crueldade inexorável, a maldade do Javé do Velho Testamento, insondável e não misericordioso, que nos deixa a suspeita de uma violência e de uma dor inauditas e gratuitas. Diante da desproporção das linguagens e do silêncio insuportável, o homem se convence de seu ser abandonado a si mesmo, sozinho desde sempre e para sempre; atrás do calar-se e do ocultar-se de Deus não se esconde mais nada. A impaciência metafísica, da qual falava Kierkegaard, nos permite acreditar só naquilo que tocamos com a mão. A disponibilidade para o invisível tem vida breve, porque continuamente dominada pela suspeita de que no fundo, lá embaixo, não fala exatamente nada, e de que tudo se reduza a ser como parece.

De acordo com Welte, a figura de Cristo deveria suprir esta falta, fazendo do absoluto pessoa, palavra, matéria visível, nas quais mais facilmente acreditar. Entretanto, quem fala uma língua diferente estará sempre sujeito ao desentendimento, que nos pode induzir ao embate pessoal com o Tu, ou ao encontro com o politeísmo, com os deuses polimorfos modelados à semelhança do homem: o Deus-ciência (ausente), o Deus-coisa (presente), o Deus-invertido (absoluto de papel) e o Deus-sério.

10. Ciência, técnica e razão instrumental

Pela análise feita até agora e pelas considerações de Welte, religião inconsistente, vontade de poder, desaparecimento de Deus, ateísmo sofredor, combativo, crítico, negativo e afirmação do niilismo parecem estar estreitamente ligados. Resta esclarecer se e em que termos a falta de uma experiência religiosa tradicional possa estar conexa ao afirmar-se de uma mentalidade "positivista", que assume as formas de ciência e de técnica. Existe, certamente, uma estreita relação causal.[33] Acontece de fato que, com a idade moderna, ciência e técnica, e com elas uma racionalidade calculadora e representativa, transformaram-se propriamente em uma verdadeira ideologia, ou seja, tornaram-se um destino comum, capaz de modificar o sentido do relacionar-se do homem com o mundo e com a verdade.[34] A título diverso, Jürgen Habermas, Max Weber e Max Horkheimer destacam o fato que, com a revolução científica e o difundir-se de um comportamento objetivo, isto é, fundado sobre o modelo do experimento e da previsão, se dê o caminho para uma racionalidade capaz de dominar, governar e, querendo, manipular o curso dos acontecimentos sociais e naturais. Como se – graças ao exercício dessa racionalidade renovada – se difundisse a convicção de uma onipotência de princípio, a convicção de que tudo possa ser regulamentado. Desse modo, a ciência não só parece conquistar uma competência e uma certeza antes ignoradas pela filosofia, mas certamente parece apropriar-se do questionamento sobre o sentido total do viver, que até agora lhe era tirado. Nada existe fora desse saber rigoroso e, mesmo que existisse, não seria digno de ser

---

[33] Pensa-se simplesmente na questão do *Gestell*, em M. Heidegger, *La questione della tecnica*, in *Saggi e discorsi*, cit., p. 5-27.

[34] Cf. B. Welte, *La luce del nulla*, cit., p. 22.

levado em consideração. Sobre esta base, colocada exatamente como exemplo do neopositivismo lógico, já não há espaço para as assim ditas experiências religiosas, agora definitivamente à margem da sociedade. Uma crítica radical a essa atitude é conduzida por Horkheimer, para quem essa absurda pretensão de onipotência está destinada a chocar-se com um limite intrínseco ao saber científico. Enquanto a razão, de fato, tenha força e capacidade de produzir meios para a conquista de alguns objetivos (pode descobrir a função de uma nova enzima etc.), já não entrará no mérito de como esses instrumentos devam ser utilizados; dito de outra maneira, a ciência, onipotente no que se refere aos meios, é completamente impotente no que se refere aos fins. Dado um instrumento e seu uso, não foi feito um só passo avante em relação ao sentido global e à direção a lhe ser dada. O equívoco provém de uma elegante aplicação da lei de Hume, segundo a qual o que é tecnicamente factível é feito, prescindindo do mérito, da oportunidade ou da bondade da ação, coisa que pressuporia a possessão de um fim que nem a ciência nem a técnica têm. Com o tempo e o impor-se de tal mentalidade, contam menos a ideia e a necessidade de um fim total, e permanece a prescritividade, a estreiteza do tecnicamente factível. Sacrílego se torna não fazer mesmo podendo.

Mesmo não tendo faculdade, a ciência assume o caráter de guia espiritual capaz de resolver os vários problemas do cotidiano. A solução desses problemas, entretanto, não ajuda a resolver um problema que está acima e que diz respeito ao sentido da existência em sua totalidade. O fato de que exista qualquer coisa e não o nada, de que nosso luminoso presente esteja circundado por um futuro e um passado negros – como um quarto iluminado suspenso no vazio, ou como as luzes de um trem em movimento no meio da noite – o fato de que, no interior daquele trem, tudo esteja muito claro e evidente, não nos deve fazer esquecer que, fora daquela restrita e momentânea coerência, há todo um mundo que pede explicação. Tem sentido falar daquele trem e de sua científica composição só se recordamos que seu movimento provém de e vai em direção de qualquer coisa que pede para ser compreendida. Somente dentro de um quadro com sentido total, o homem pode viver as ciências e os avanços tecnológicos não como um exercício de estilo, mas como um contributo à vida integral. Se assim não fosse, seria evidente a função consolatória da ciência. Em uma sociedade tecnicamente avançada, não está dito que ali haja menos desespero e mais confiança na vida, bem ao contrário; na civilização tecno-científica, em que tudo funciona tão bem, permanece em suspenso o problema de nossa suspensão existencial. Mas, ali onde os progressos são maiores, maiores parecem também o sofrimento humano, a necessidade de evasão, de descobrir religiões *naïves*, o medo de colocar filhos no mundo e de continuar a viver. Onde a ciência regula o mundo sem prestar-lhe atenção, o homem sofredor reivindica a necessidade de um olhar mais amplo e filosófico sobre o fato de que qualquer coisa exista. Uma sociedade mais moderna e científica não necessariamente é uma sociedade mais sensata.

11. *Fachidiotismus* e pluriuniversidade

Estreitamente ligado ao impor-se do saber científico é o risco do *Fachidiotismus*.[35] A absolutização da assim dita razão instrumental induz a crer que, no fundo, a coisa principal para o homem seja que ele se desenvolva e se consolide como soma de informações e saberes, como soma de competências que o tornam hábil, isto é, capaz de se mover no mundo, sabendo e prevendo o movimento dos corpos. A ideia que campeia é aquela segundo a qual é homem por excelência aquele que sabe, que ajunta dados e conhecimentos, o tecnocrata que, com uma série de estudos sempre mais aprofundados e setoriais, se torna um verdadeiro perito, um profissional que não teme confrontos e que tem uma resposta para qualquer questão. Este elogio da competência está de tal forma condividido que já é opinião comum e difusa que ninguém pode falar de política, de arte, de manipulação genética, de guerras ou de direitos, senão os diretamente interessados, ou seja, os profissionais da política, da arte etc., firmando assim uma procuração em branco de

---

[35] B. Welte, *Zwischen Zeit und Ewigkeit,* cit., p. 64-69.

coisas fundamentais para aqueles que mais que nós sabem a respeito. Atrás de um discurso de aparente modéstia e bom-senso se esconde, ao contrário, o sequestro dos problemas de sentido por parte daqueles cujo mérito é ser técnicos, isto é, ter recolhido informações e saberes específicos. Mas isso não pode ser suficiente. Tanto mais que esses podem resvalar para uma erudição estéril, desancorada do crescimento global da pessoa. Nada, pois, de mais fácil que ter de constatar a distância abissal que geralmente existe entre a alta preparação do cientista e sua cegueira enquanto homem; é como dizer que, parafraseando o grande físico Lichtenberg, quem é só um bom físico não é um físico bom![36] Em um mundo em que é prioritário e indispensável possuir a supremacia técnica, é necessário buscar a perfeição tecnológica, o aprofundamento que torne o indivíduo competitivo e *primus inter pares*. De tal forma que se torna especialista quem se ocupa de uma só disciplina, e, dessa disciplina, estuda apenas um setor, deste, um ramo, e, deste, um particular problema, do problema sobretudo as exceções... das quais será seguramente o máximo conhecedor. Este regresso *ad particulare*, embora possa ter uma utilidade, é de certo pernicioso, pois pode levar a uma especialização selvagem que, perdendo de vista o todo, assume as aparências de *Fachidiotismus*, de obtusa limitação, de estreiteza disciplinar. Dessa maneira, de fato, a pessoa decai e a especialização, extrema, torna-se incompetência. A coisa é particularmente evidente no campo médico, no qual ser sempre mais perito em doenças do olho leva a perder de vista o quadro global da saúde do paciente, e parece sempre mais difícil inserir os distúrbios específicos dentro de uma disfunção de conjunto, da qual o olho é manifestação, razão pela qual aos médicos especialistas e específicos não resta senão reencaminhar o doente de um para o outro, para que não se encontre com aquele que consegue ter, por assim dizer, uma visão universal do fenômeno. Uma moderna universidade deveria representar, portanto, o lugar de um encontro e de um confronto das ciências, mais que o lugar da divisão

---

[36] *Ibidem*, p. 196.

institucionalizada: deveria, em outras palavras, ser uma verdadeira *pluriuniversidade*. Esta não consiste de fato no acúmulo indefinido e somatório de matérias, disciplinas, antes representa a necessidade de encontrar o uno, de poder individuar o que liga e reúne as sempre mais numerosas especializações, que de outra forma correm o risco de se perder no interior de mundos autorreferenciais. A pluriuniversidade não refuta as especializações, mas coloca-as em comunicação a fim de que elas se fecundem reciprocamente e saiam de seu dourado e seguro isolamento.[37] Como um homem entregue exclusivamente a sua especialidade, do mesmo modo uma ciência que refuga se abrir e dialogar com outros saberes perde o que de mais original e profundo possui.

Se, portanto, é indispensável buscar a perfeição tecnológica, a administração profissional, é igualmente necessário conservar um *amor amadorístico* nos confrontos do saber, que abre os horizontes e infunde originalidade, porque o enamorado, o amante, é aquele que se interessa por tudo aquilo que ama e, em nome do amor, por cada coisa da vida, está em condição de conceber um pensamento, uma ideia, uma amorosa possibilidade não pensada, que nasce do desejo de compreender, salvaguardar e exaltar o que se ama. O amante *tout court*, e não o profissional do amor, é quem consegue dar ouvidos àquele mundo de sinais, de chamamentos, que nos indicam novos modos de compreender e ligar realidades, de arriscar uma nova metáfora.[38]

Para que isso aconteça é preciso tomar distância de três comportamentos particularmente perigosos: 1. *A hegemonia do ter*. Em linha com E. Fromm,[39] é reforçado que a ideologia da possessão ilude o homem que o saber, o poder e as relações humanas são uma mera questão

---

[37] "Infelizmente, não falta, como disse Goethe, sempre mais um laço de união?" (*ibidem*).

[38] Cf. H. Blumenberg, *Naufragio con spettatore. Paradigma di una metafora dell' esistenza*, Il Mulino, Bologna 1985.

[39] Cf. E. Fromm, *Avere o essere?*, Mondadori, Milano 1996 (*Ter ou Ser?*, Ed. Guanabara), e B. Welte, *Zwischen Zeit und Ewigkeit*, cit., p. 65.

de propriedade, pelo que é homem consumado e realizado aquele que *tem* conhecimento, habilidades, amores, amigos, riquezas, certezas, mas que precisamente em nome dessas posses perde a capacidade de ser, de ser amante cuidadoso, que escuta. O "ter", elevado a norma e filosofia de vida, é um dos principais obstáculos ao desenvolvimento de uma aproximação amorosa e pessoal nos confrontos das coisas. 2. *O comportamento de consumo* (*Konsumhaltung*),[40] que torna os homens simples fruidores de produtos, consumidores obstinados de bens, receptores passivos de informações, transmissões, fórmulas. A coisa é particularmente evidente em relação à "má mestra televisão" (Popper), em relação à qual se vem a assumir conduta acrítica que nos torna sempre mais espectadores, não só de espetáculos, representações, filmes, ou seja, programas de entretenimento, mas também de nós e de nossa vida. Até a vida política, civil, social, a narração do que aconteceu dentro de casa se torna qualquer coisa a consumir e viver como se fosse efetivamente outro eu. O desenvolvimento de um consumismo planificado e universal reduz o homem a mero recipiente de informações que outros confeccionam, de tal forma que a pessoa original – o cidadão – é substituída pelo consumidor que expressa seu voto político, sua concepção de vida indo ao supermercado. 3. Estreitamente ligada ao segundo comportamento é a assim dita *planificação imposta do alto*. Esta última, oferecendo esquemas e modelos já prontos, exime o homem do esforço de elaborar ele próprio uma doutrina sua, uma concepção pessoal sua, eventualmente em contraste com aquela que impera. A liberação de Deus passa pela liberação de si mesmo, por uma espontânea interpretação da vida. Pensar e projetar em nome próprio se torna tanto menos inútil e supérfluo, a partir do momento que é suficiente (antes, obrigatório) dar como bom um esquema, uma planificação que uma série de instituições, a começar pelos *mass media*, propagam e propõem. Trilhos já prontos canalizam, direcionam e frequentemente reprimem

---

[40] *Ibidem*, p. 67. A esse propósito, Bernhard Casper fala também de "fast food informations". Ver B. Casper, *Verhaltenheit – Zum Stil des Denkens Bernhard Weltes*, in *Mut zum Denken, Mut zum Glauben,* cit., p. 148-162.

a original humanidade do homem, diminuída e constrangida dentro de um sistema que raramente tolera diferenças e dissensões, a não ser quando funcionais para sua sobrevivência. A pessoa que age diferente, autônoma e divergente, tem dificuldade de se afirmar, pois corre o risco de logo parecer subversiva e, portanto, perigosa.

Essa série de comportamentos acima descrita tem o efeito de minar e reprimir a espontaneidade, induzindo a formas de protesto e resposta pouco ortodoxas, que escondem a necessidade de fugir do nivelamento da diferença. Assim, a irrupção da espontaneidade e da criatividade paralisada pode se dar nas formas mais inusitadas e socialmente depreciáveis, como comportamentos totalitários, destrutivos. Esses, de fato, rompem em relação à homologação, fazendo gestos espetaculares e sedutores que, todavia, alimentam o conflito e a tensão humana, e, mais que favorecer, freiam o desabrochar da pessoa. Em outras palavras, também em atos extremos e violentos poderia esconder-se uma íntima necessidade de criatividade e comunicação, falsamente canalizada.

12. A perda do numinoso

O afirmar-se de um modelo de sociedade governado por uma racionalidade pela qual, como princípio, tudo pode ser sujeito a cálculo, mensuração e previsão, estrelas, plantas, morte ou vida que seja, faz, sim, que a realidade seja tomada como um imenso laboratório, como um imenso material a analisar e manipular, disponível e que se deixa capturar por nossas mãos. Mãos que, perdendo a própria dimensão de receptividade e escuta, afirmam-se como prementes, impositivas, isto é, como instrumentos para, mais que compreender, atrair para si o que nos rodeia.

"Já não se precisa pedir pelo café, mas é preciso comprá-lo".[41] Esta frase emblemática valida definitivamente a passagem de uma época. Sobre as mesas de nossos avós a presença de pão, fruta, vinho ou carne

---

[41] *ibidem*, p. 176.

era a expressão tangível de uma íntima colaboração entre homem e Deus, cujos efeitos eram a vida digna e a sobrevivência, a possibilidade de suportar os invernos mais rigorosos. Naqueles alimentos falavam a fadiga das mãos do homem, a sua responsabilidade, a capacidade de cultivar o necessário; todavia, não se podia deixar de levar em conta aqueles alimentos como um dom de Deus. Por eles se pedia e se agradecia o Senhor. Nas refeições se dava o profundo reconhecimento da cooperação e da graça. O café, no entanto, fugia a esse ritual, pois, como sabiam as cautelosas administradoras daqueles tempos difíceis, era uma mercadoria a ser adquirida, a ser procurada no mercado, era um "dom" mais do negociante que de Deus, pelo qual era preciso pagar, pelo qual outros tinham de agradecer; antes, para dizer tudo, cessava de parecer uma dádiva e se transformava em mercadoria de escambo, em produto. Isso não é, de *per si*, o sinal tangível da decadência de uma sociedade; porém, o que acontece de fato é que naqueles tempos ocorre a separação da mão e do trabalho humano da maravilha da vida, da qual o homem, até aquele momento, se reconhecia como simples ator, não protagonista. Produção, indústria e mundo moderno são a forma mais evidente e completa de tal cisão, que, com o tempo, levou todo objeto à qualidade do café. Isso denota a existência de uma relação conflitante entre homem e mundo, entre homem e céu, natureza, terra e deuses, como a dizer que a presença, sobre a mesa da primeira refeição da manhã, de um produto como o café, é a expressão de uma mudança global de sensibilidade, de expectativas, de valores fundamentais da sociedade. Homem e mundo são dois polos de uma interação ativa em que o mundo inspira o homem e provoca sua resposta criativa, obriga-o a tentar um acordo, uma coordenação que por sua vez tem como efeito a alteração do mundo, que assim se torna humano, isto é, integral fusão, da qual a cultura é expressão. Como o agricultor tem um mundo e uma paisagem diferentes do empregado que trabalha numa profissão urbana, igualmente diferentes serão os homens que estarão cercados por campos e superfícies enormes e silenciosas, mais que por fábricas, indústrias ou barulhentos corredores de autoestradas.[42] Isso quer dizer que, interagindo com o mundo da natureza, o homem é levado a construir poeticamente uma casa, isto é, um espaço e um lugar culturais, nos quais estar plenamente integrado e em que todos os elementos da vida possam encontrar uma harmônica sistematização. Toda cultura, toda época é no fundo a tentativa de dar uma resposta adequada às necessidades do homem, tendo em conta suas pretensões e tendo em conta a complexa autonomia daquilo que tem à frente. No confronto com o que lhe é exterior e com o que lhe é interior, o homem tende a buscar um acordo que saiba conter, ao mesmo tempo, as exigências e as solicitações humanas e a diferente sacralidade de que o mundo se faz portador. A religião seria a própria expressão desta plena integração, isto é, nasceria do tipo de relacionamento instaurado pelo homem com o mundo e, portanto, pela sociedade. Mas que tipo de relação subsiste hoje entre religiosidade e vida social?[43]

Até o surgir do século XX, é bastante claro que nos encontrávamos diante de uma substancial identidade entre vida social e religiosa, razão pela qual ritos e mitos representavam por milhares de anos um jeito de vida que, com múltiplas e diferentes variantes, assinalava diretamente as culturas e as sociedades humanas. A religiosidade parecia um fato natural, no sentido de que não era necessário impô-la ou demonstrá-la, isto é, torná-la legítima. Carl Gustav Jung, a propósito de tal fenômeno, sustém que, antes que os homens aprendessem a produzir pensamentos ou conceitos, eram os pensamentos que lhes vinham diretamente à mente.[44] Assim para a religião. Isso é o que acontece nas originárias sociedades da "mentalidade primitiva", ou seja, uma natural correspondência entre sociedade e divindade, que garante uma harmônica convivência entre homem e natureza, céu, terra, plantas e animais. O homem, como todo o resto das coisas existentes, confia

---

[42] *Ibidem*, p. 183.

[43] B. Welte, *Die Würde des Menschen und die Religion. Anfrage an die Kirche in unserer Gesellschaft*, Knecht, Frankfurt a. Main 1977, p. 22-23.

[44] *Ibidem*, p. 26.

em forças e espíritos que pervadem toda a realidade, e que lhe garantem ser parte integrante de um todo, de uma dinâmica de transformação que igualmente dita as condições de uma instintiva convivência entre macho e fêmea, jovem e idoso, vivo e morto. Em sociedade do gênero, em que a religião fala como uma ideia que nos ocorre, que se declara a nós antes de qualquer reflexão, a vida expressa um jeito ao qual os homens de bom grado e livremente pertencem. A pertença e a familiaridade são um dado de fato que garante segurança aos membros e que denota o originário estar imersos em um projeto de sentido que espontaneamente mantém juntos *homem-mundo-Deus* (Rosenzweig). Dentro dessa sociedade, o homem não só encontra segurança, como também recebe uma resposta de sentido global, capaz de prestar contas de qualquer elemento da existência. Tal predisposição natural do homem primitivo nos leva a presumir que desde as origens possa existir no homem uma espécie de "potencial integrativo", que o torne capaz de executar representações e pensamentos religiosos conversíveis em formas rituais e místicas; pensa-se que "a esse potencial integrativo pertença a capacidade de fazer, dos muitos elementos da vida, um todo significativo, no qual o homem possa sentir-se em casa".[45]

13. Mundo primário e mundo secundário

A ideia de potencial integrativo – que Welte *postula* a partir da constância das figuras de sociedade e de religião – é uma ideia positiva que parece brotar diretamente de história e natureza ao mesmo tempo, e que, observando bem, é garantia para a criação de uma sociedade digna de ser *humana*.[46] Porque é claro, agora, que para Welte nem o conceito clássico de racionalidade nem o conceito moderno de liberdade são por si suficientes para definir a humanidade do homem, se não se indaga ao mesmo tempo a relação que na história intermedia sociedade e religião.[47] Essa relação foi bruscamente interrompida

---

[45] *Ibidem*, p. 37.
[46] *Ibidem*, p. 38.
[47] *Ibidem*, p. 21.

na idade moderna, quando, de Galileu para cá, o homem tomou um caminho que o conduziu à autonomia e à recusa progressiva de toda forma de ordem que não fosse autodirecionada e determinada. Para voltar ainda a Jung, dessa vez o homem "não deixou que os pensamentos se lhe dessem simplesmente, ele começou a criá-los sempre mais".[48] O homem autônomo e emancipado é aquele que começa a planejar racionalmente o mundo e se "civiliza", torna-se indivíduo pessoal solto de suas velhas amarras que o mantinham unido ao mundo do céu e da terra, terrivelmente mais só, portanto. A esse desvincular-se do potencial integrativo seguem a autonominação e a racionalização do "novo mundo", no sentido de que, a partir desse momento, ele se torna equiparável a qualquer coisa não vivente e, portanto, sujeito a numeração, a análise física, química, tudo pode e deve ser pesado, medido, previsto e verificado. Vivente e não vivente são a mesma coisa, e o que pretende não pertencer ou fugir a esse horizonte é simplesmente absorvido ou eliminado, como escória de um mundo residual. Aos grandiosos avanços da técnica ladeiam perigos ocultos que não produzem efeitos imediatos e tangíveis, mas que precisamente por isso alteram nos fundamentos aquele sistema de "valores" sobre os quais se apoiavam consolidadas relações de transcendência e imanência, vida e morte. O amor, a maternidade etc. deixam de ser sinais, pedidos de qualquer coisa de diferente e mais secreto, deixam de ser elementos de um todo integrado, para aparecer em sua fenomenicidade. É óbvio que, em um mundo desse gênero, o único sentimento possível, o único destino capaz de abraçar o mundo inteiro é o da desambientação.

Isso não significa que não persista alguma correspondência entre novo e velho mundo, ou seja, que tenha advindo uma radical e definitiva cisão com a modernidade, antes, para usar as mesmas palavras de Welte:

> A moderna cultura e sociedade vivem contemporaneamente em dois níveis, um superior, consciente, evidente em todo o mundo, autônomo e racional, e um de sólida inconsciência, pois que removido, mas que desprende energias de sua remoção. É como se dois fluxos de tempos históricos de diferente sentido

---

[48] *Ibidem*, p. 45.

de marcha fossem sobrepostos um ao outro. Se bem que pertençam à mesma sociedade e à mesma Humanidade, os dois fluxos ou planos se estranharam. Desse estranhamento emergem tensões na sociedade moderna. A camada da cultura e da sociedade consciente e evidente é extremamente eficaz, e, entretanto, atormentada ao mesmo tempo por essas tensões; nela, a religião comparece como exceção rara. A camada da cultura e da sociedade inconsciente e removida, ao contrário, é essencialmente religiosa, e isso é de tal forma que a religião é, nela, toda unida com uma ampla estrutura de ordem e uma compreensão do mundo de tipo originário, mais ou menos como descrevemos no extraordinário caso de um povo primitivo. Das energias desse mundo originário [*Urwelt*] que jaz em profundidade, surgem às vezes sinais na superfície e ali agem, então, estranha e, todavia, significativamente.[49]

Assistiremos, portanto, a uma supervalorização que, mesmo não significando automaticamente a morte ou o desaparecimento da religiosidade, predispõe à perda do numinoso, o qual, para que possa viver, tem necessidade ao menos de que persista uma dimensão de mistério e maravilha. Em idade tecnológica, no entanto, parece sempre mais difícil salvaguardar, e nela crer, uma dimensão do gênero, sobretudo porque em contraste com a vigente filosofia do rigor e da exatidão. Manter ângulos escuros na civilização iluminada pela luz parece criminoso, além de vagamente folclorístico, como quem quisesse, de modo nostálgico e anacrônico, conservar a todo custo um mundo de dúvidas e incertezas, de espíritos e sinais, que agora já não teriam razão de ser, porque não mais indispensáveis à explicação da realidade. Antes, o fato de dar ainda atenção a esse eventual fluxo paralelo se torna com o tempo sinal de superstição. Venceu Pomponazzi, para quem milagre outra coisa não é senão acontecimento do qual, para o momento, são ainda ignoradas as causas: acontecimento do qual, cedo ou tarde, estaremos em condição de dar uma explicação científica e natural. O mistério não seria mais que a sombra projetada pela transitória incapacidade da razão.

Segundo Welte, ao contrário, existiriam dois níveis, e o mais profundo continuaria, secretamente, a fazer ouvir a própria voz, geralmente em dissenso com a oficial. Nessa perspectiva, os próprios fenômenos do ateísmo e do

---

[49] *Ibidem*, p. 55-56.

niilismo contemporâneo poderiam ser interpretados como sinais de íntima religiosidade removida; em suma, a religião falaria ainda sob vestimentas menos ortodoxas,[50] as da religiosidade popular ou as secularizadas e irreligiosas. De todo modo, novos e velhos movimentos sobrevivem e contradizem as predições de um definitivo desaparecimento de Deus. Nas procissões, a resposta religiosa surge das lacunas de uma racionalidade moderna e tecnológica incapaz de dar respostas a eventos gritantes. Se há, no entanto, um campo no qual esse *Urwelt*, esse mundo primitivo vem à tona, emitindo sinais originais e contrários à lógica corrente, se há situações privilegiadas, estas são os modelos linguísticos. A palavra, mais que qualquer outra coisa, sedimenta um universo de significados, épocas e valores que continuam a falar do passado e a reclamar um modelo de vida alternativo, que testemunhe uma alma antiga, naturalmente religiosa. Assim, por exemplo, nas congratulações, nas flores presenteadas ou nos cumprimentos, desvenda-se e celebra-se um rito que conserva arcaicas esperanças, o desejo de que as coisas possam caminhar para o lado justo. Ritos, celebrações de aniversário, de morte, de batismo e de matrimônio inserem-se dentro de um regular ritmo cósmico, de uma circularidade que abraça luz e sombra, vida e morte, e que faz, de fato, que tudo esteja em seu lugar. Continuar a dizer "bom dia", "bom ano", "felicidades", "congratulações" ou "condolências" é um resíduo que assinala a presença de um mundo profundo, reemergente. Mesmo contra nossa vontade, na linguagem resistem modos antigos e diversos de entender a vida, modos nos quais é ainda possível uma sociedade integrada ao divino.

Atingir este mundo primário, que vive em profundidade, não é coisa simples nem necessária, pelo que nem simples nem necessário será encontrar a difusão de uma escolha de fé consciente e difundida. É como dizer que, até que essa dimensão permaneça latente, também a religiosidade popular será vivida de uma forma laica e filosófica: o fato de viver em um mundo altamente técnico não facilita, é antes, de algum modo, concausa ativa desse esquecimento. Disso é um exemplo gritante o modo hodierno de entender o espaço e o tempo.

---

[50] *Ibidem*, p. 56.

6

POR QUE NÃO CREIO?

1. Espaço e tempo ordinários e extraordinários

"A relação com a religiosidade aparece claramente só dentro de um tipo especial de temporalidade que, hoje em dia, em geral, não é concebida por ninguém."[1] Isso quer dizer que os espaços e os tempos que vivemos são tudo, menos favoráveis e propedêuticos ao encontro do homem com o divino. O tempo ordinário é agora um tempo privado de lacunas e de surpresas, porque espacejado, ancorado na sucessão de instantes idênticos um com o outro e, exatamente por isso, numeráveis e intercambiáveis. O ponteiro que corre é apenas o símbolo de uma nova relação da qual o homem não é mais patrão, e na qual a novidade já não tem como se manifestar. O calendário e o relógio nos dão segurança, porque nos garantem que o que foi será e que no fim das contas nada de tão radicalmente diferente poderá contradizer a continuidade. Por isso, é como se a ciência tivesse feito sua – absolutizando-a – a Estética transcendente kantiana, reconhecendo a espaço e tempo a força de serem sempre idênticos a si mesmos e, assim, em condição de assegurar a uniformidade e a quantificação das quais têm necessidade as previsões científicas.[2] Uma vez reconhecida a força

---

[1] B. Welte, *Zwischen Zeit und Ewigkeit*, cit., p. 251.

[2] "O tempo medido, e o sistema de sua medida, se nos apresenta como a multiplicidade

de tal concessão, ao homem nada resta senão se sujeitar, mesmo ao custo de pagar substanciosos preços humanos. De um tempo feito assim, desumano e inexorável, capaz de absorver qualquer evento com a mesma indiferença, o homem não pode senão ser escravo, de maneira que se achará perenemente na condição de "não ter tempo", de "ganhar tempo, de gastar tempo", de "viver nas frações de tempo" e, enfim, de matá-lo e reduzi-lo a silêncio, antes que o tempo possa fazer isso com ele. Em qualquer caso, é este o tempo do tédio (*Langweile*),[3] ou do momento prolongado que, perdendo o átimo, isto é, sua dimensão de imprevisível originalidade, acaba por ser assimilado a todo o resto, a um momento frio e indistinto que dissolve na continuidade qualquer diferença.

Esse gênero de temporalidade, hoje dominante, não faz senão tornar mais árduo e delimitado o surgimento daqueles casos extremos que de qualquer maneira se escondem dentro do tempo ordinário. De fato, por quanto regular e regulado possa ser o correr do tempo, existem momentos em que ele se dilata e se restringe, acelera e se contrai, como se qualquer coisa de grande tivesse ocorrido para alterar a normalidade e para comunicar-nos: agora é a hora![4] Mas, qual? Entretanto, é a hora irrepetível, concedida uma única vez, que jamais pode voltar, porque momento ilimitado que foge a toda geometria. O que acontece, acontece uma só vez e não por nosso mérito: de fato, a sensação é de viver, naqueles momentos particularmente dolorosos, a interrupção de um fluxo, o sobreviver de qualquer coisa que se faz presente e que nos vem ao encontro até transtornar o natural curso das coisas. Nesses momentos, o homem vive e é vivido, segura e é segurado, como demonstração de que

---

indiferente de uma extensão uniforme, sobre a qual podem ser indicados pontos (instantes) e medidas distâncias (entre os pontos)" (B. Welte, *Meditazioni sul tempo*, in *Il dono del tempo*, aos cuidados de J. Blank e B. Welte, Queriniana, Brescia 1976, p. 12).

[3] Cf. M. Heidegger, *Die Grundbegriffe der Metaphysik*, in *Gesamtausgabe*, vol. 29/30, Klostermann, Frankfurt a. M. 1992, p. 160-249.

[4] *Ibidem*, p. 22-30.

aquele novo e breve modo de viver o tempo nasce de um encontro do qual ele só em parte é responsável. Pelo que, se, por um lado, grande é a alegria pelo dom recebido, tanto maior é o desalento que provém da convicção de que aquele dom será único. É chegada a hora. É verdade que nesse momento o tempo desvela pelo menos em parte seu mistério, a ponto de reter a respiração a quem o vive; nem por isso, porém, é preciso pensar que isso se verifique exclusivamente em casos extremos, para entender como a revelação extraordinária que só alguns terão a ventura de experimentar. A morte, o aplauso, as demissões e a despedida são disso um exemplo.

2. Um tempo extraordinário: o aplauso

Em todos os casos acima mencionados acontece alguma coisa de estranho, que desarticula o correr natural do tempo pondo-nos à frente de algo decisivo, do que somos imediatamente conscientizados. No instante em que acontece a execução musical, vive-se um momento de suspensão, com o qual o músico se ajusta e se identifica plenamente. Ali se encerra o que foi e se prenuncia o que será, pois aquele ponto é o existo último e conclusivo de um percurso humano, de um passado feito de exercício e sofrimento, ali está presente a história do artista que se concentra por inteiro na expectativa. Todavia, naquele instante dilatado e profundo, vem ao nosso encontro simultaneamente um futuro iminente, uma perfeição nova na qual os três êxtases temporais, mesclando-se inteiramente, parecem oferecer ao homem uma nova perspectiva, uma *chance* que rompa o inoxidável passar do tempo. No aplauso que explode, antes que esteja para explodir, se encerra o tempo, e nele o homem é capaz de observar o correr da vida com olhos capazes de pressentir o anúncio de um novo tempo.[5] A coisa é ainda mais evidente no caso de um paciente que está para ter alta depois de longa permanência

---

[5] *Ibidem*, p. 24.

doente no hospital, e que sente, nessa passagem, o anúncio de outra idade, a concessão de uma fase ulterior de que poderá dispor. Mas é na morte, antes, no aproximar-se dela, em nós ou em outrem, que compreendemos plenamente que é este o acontecimento decisivo, a hora do todo original que recolhe, em um só instante, a existência inteira do indivíduo, sintetiza o passado e prenuncia o futuro, como no aplauso; evento do qual, entretanto, não chegaremos a entender o sinal e ao qual, porém, não conseguiremos renunciar. Seguramente, acontece algo de inesquecível, a interrupção do curso ordinário do tempo, que abre o caminho para a irrupção de qualquer coisa diferente. Nisso, no entanto, não há nada de necessário, tanto menos numa sociedade que detesta o escândalo da morte e da doença e que por todos os modos tenta dissimular a descontinuidade do dia e da noite, iluminando as ruas e as casas e alterando os ritmos, reduzindo ao mínimo o risco de encontrar-se com tempos e espaços estranhos, que desorientem e façam pensar em outra coisa. Disso é um símbolo a festa,[6] outrora dia privilegiado e especial, capaz de inserir o divino e o extraordinário no cotidiano, de instaurar uma ordem nova (mesmo que limitada àquele dia), na qual a distância entre o tempo e o eterno parecia zerar-se. Na festa, a passagem normal da jornada já não tem sentido; uma *deregulation* legítima parece comunicar-nos que estamos à frente de um tempo diverso e não simplesmente de uma ruptura da regra, de uma liberalização. Na festa, não vale o mote: *semel in anno licet sanire*. Não se satisfaz um desejo de violar a repetitividade social, satisfaz-se, antes, a necessidade de tempos simbólicos que deixem espaços e tempos especiais. Não por acaso, são esses os tempos que correm o risco de ser absorvidos por um conceito de festividade laico e civil, entendido quase exclusivamente como pausa das jornadas de trabalho, como luxo econômico do qual já não há motivo de sustentar o custo.

---

[6] B. Welte, *Dal nulla al mistero assoluto*, cit., p. 208-210.

3. Um espaço extraordinário: o templo

Igual seja o discurso para os espaços. Esses já não se irradiam a partir de um centro, de um lugar privilegiado e sagrado cuja presença era critério e parâmetro para a construção de ruas e cidades. Não é mais o templo, como recorda Heidegger em *Holzwege*,[7] a abrir espaços novos, a se tornar centro de irradiação de um plano regulador ideal, mas o contrário. Como no tempo havia momentos, pontos festivos, excepcionais, também no espaço havia lugares sagrados, a partir dos quais orientar os edifícios circunstantes, como se tudo estivesse em função desses espaços. Não por acaso, era o mundo profano que se irradiava do *témenos*, do *templum*, e o pro-fano nascia em relação ao *fanum*, como espaço externo que o circundava e a ele fazia referência. O templo estava para a cidade, como a festa para o ano. Esta prerrogativa, porém, foi menosprezada, e a descontinuidade, garantida pela Igreja, pelo sagrado, foi substituída pela ordinária e indistinta programação dos espaços, testemunhada pelo proliferar de planos em fila, periferias anônimas e urbanização selvagem. A absoluta intercambialidade dos espaços urbanos e sua anomia são o sinal tangível de uma deterioração que (como para o anônimo correr do tempo) valida o desaparecimento de clareiras, de lugares em condição de abrir perspectivas arquitetônicas e religiosas diferentes. Ao contrário, espaços e tempos sagrados irradiam-se de espaços e tempos profanos e aparecem, mais que como pontos de força, como o tempo não desfrutado e perdido, o espaço inutilizado, a interrupção antieconômica e nostálgica de uma cadeia espaço-temporal que parece não admitir mais lacunas. É inevitável que o malogro ontológico entre sagrado e profano acabe por destruir o valor dos dois próprios termos, de tal forma que o sagrado aparece progressivamente como um vazio a preencher, que já não fala, uma ineficiência – de fato, o silêncio do tempo e o vazio do espaço sagrados têm sentido enquanto critérios do profano. Obrigados, ao contrário, a sobreviver à proliferação do ordinário, que reabsorve a originalidade extraordinária

---

[7] M. Heidegger, *Holzwege*, Klostermann, Frankfurt a. M. 1950; tr. de P. Chiodi, *Sentieri interrotti*, La Nuova Editrice, Firenze 1987, p. 3-69.

dos lugares e dos tempos sagrados, estes são sufocados pelo aperto mortal da urbanização, da regularidade que não tolera a exceção e que mata a manifestação do divino. Por isso, talvez, é na ausência e na abstenção que o divino pode se tornar presente. É na degradação urbana do território, é na degradação humana do tempo que pode ressurgir a necessidade da festa.

4. Quando a ciência envaidece a alma

O afirmar-se de uma concepção ordinária do tempo e do espaço está estreitamente ligado a uma visão científica da realidade que, se por um lado facilita a existência do homem, por outro corre o risco de enrijecê-lo em um esquema mental pouco propenso a acolher o mistério. Reconhecer o primado de uma forma de pensamento apofático significa colocar as bases para uma sacralização da ciência. Esta tem necessidade de uma razão instrumental que, para poder compreender o mundo, tem necessidade de representá-lo, de defini-lo, isto é, de pô-lo dentro de redutos conceituais que de algum modo nos asseguram o objeto e de outro no-lo empobrecem, até impedi--lo de ser efetivamente o que ele é. Esse tipo de relacionamento objetivista tem o mérito de individuar exatamente *aquilo* diante do que a gente se encontra, de definir a *quidditas*, o conteúdo científico. Em particular, o *was ist*, o que é, se reduz a ser uma interrogação toda desequilibrada sobre *was* mais que sobre *ist*, sobre a necessidade de apreender e compreender mais que o deixar ser. A essência da racionalidade contemporânea, do *Gestell* heideggeriano, é a de ser representante, tranquilizadora e producente,[8] ou de colocar diante de si a coisa, e, assim, de dispor dela como matéria de um tempo espacializado. Com esse tipo de aproximação, geralmente exclusiva, chega-se a criar um mundo feito de elementos controláveis,[9] isto é, funcionais para os próprios interesses, necessidades e fins. O objeto perde qualquer forma de autonomia até o ponto de ser "concebido",

---

[8] A referência de Welte está em M. Heidegger, *Die Frage nach der Technik,* in *Vorträge und Aufsätze*, Pfulligen 1954, p. 13-44; aos cuidados de G. Vattimo, *Saggi e discorsi*, Milano 1976, p. 5-27.

[9] B. Welte, *Zeit und Geheimnis*, cit., p. 118-120.

isto é, reconduzido para dentro de limites conhecidos. A coisa é tanto mais preocupante se o objeto em questão é Deus, sumo e perfeitíssimo ser que, por natureza, deveria escapar de todo tipo de redução. Quando o pensamento representativo consegue ter como sua vítima ninguém menos que Deus, o *Ipsum Esse*, inclassificável e inominável, quando se fere àquilo que de mais alto possa existir, isso significa que todo o resto já foi colonizado. A diferença ontológica desaparece, Deus é morto (em sua diferença) e reduzido a coisa, o homem desiste e não pode mais crer em um Deus assim limitado, o homem se faz Deus exaltando aquele pensamento – o próprio pensamento – que poderia estar na origem do desaparecimento de seu adversário mais perigoso. Usando as palavras de Welte, poderíamos definir isso como o pensamento da apropriação (*Eigenschaft*),[10] ou como uma maneira particular de reportar-se com imagens da razão, uma forma em que, por imagens (*Bilder*), se entende tudo o que o homem observa e que lhe vem ao encontro, ou seja, o mundo da vida no qual e com o qual ele vive.[11] Em particular, é um reportar-se às imagens, como se elas fossem fruto de nossa *atividade*. O mundo se torna, assim, uma possibilidade nossa, uma apropriação.

Relacionar-se diversamente, alimentando um modo alternativo de *ser--aqui-no-mundo*, não é impossível nem mesmo em nosso tempo, e, entretanto, é com certeza mais cansativo e menos seguro. Renunciar à conquista pode de fato *significar* colocar em risco aquele primado consolidado do sujeito, significa se tornar homens que não querem, não sabem e não têm.

> Querer, saber e ter são [...] os modos fundamentais de ser-aqui no mundo apropriando-se. Portanto, a vontade é o querer a si em tudo o que se quer, o saber é o assegurar-se a si mesmo em tudo o que é sabido, e o ter é ter tudo à disposição, apropriando-se de tudo.[12]

---

[10] B. Welte, *Meister Eckhart. Gedanken zu seinen Gedanken*, Herder, Freiburg i. Br. 1992, p. 33.

[11] *Ibidem*.

[12] *Ibidem*, p. 36.

Querer, saber e ter são três modos fundamentais de ser-aqui hoje, que se avizinham de um conceito de ciência, esquecida dos próprios limites. A "ciência envaidecida", diz São Paulo na carta aos Coríntios (*1Co 8,11*), dilata o caráter compressor e autocrático da razão, exaspera os poderes deste mundo[13] e impede a escuta autêntica.

5. Quando não há escuta

Escutar é algo de tipicamente humano que, alternado ao falar, permite a criação de um fluxo, de uma troca criativa, da qual pode nascer a recíproca compreensão ou incompreensão: é a abertura de um canal comunicativo que às vezes é de tal forma óbvio que dele nem sequer nos damos conta. Ser ouvidores da palavra significa deixar o espaço suficiente para que tudo o que provém do outro se torne visível e presente, o que implica uma série de estratégias que favoreçam a atenção para o diferente e enfraqueçam a presunção do ego. A esse respeito, pode-se deduzir que essencial é a *estratégia do silêncio*.[14] Somente cercando-se do silêncio é possível receber até os sinais mais fracos e distantes, que de outra forma seriam inaudíveis; somente prestando atenção ao que acontece, temos a oportunidade de reconhecer a voz de quem nos fala. Certamente, para que isso seja possível, é preciso ouvir com o próprio ser todo, inteiro, com a paciência, a disponibilidade incondicional de uma mãe que consegue fazer silêncio ao redor, até na confusão mais total, e não perder o contato com a voz do filho. Na seriedade da escuta amorosa se aperfeiçoa a sensibilidade nos confrontos do diferente. O engano, todavia, é sempre uma cilada, e variadas são as maneiras de ele se apresentar. Assim, é possível ser aproximativo ou desconfiado, incapaz ou não desejoso de dar atenção e importância

---

[13] B. Welte, *Dialektik der Liebe. Gedanken zur Phänomenologie der Liebe und zur christlichen Näschtenliebe im technologischen Zeitalter*, Knecht, Frankfurt a. M. 1973, p. 119; tr. de G. Scandiani, *Dialettica dell'amore. Fenomenologia dell'amore cristiano in epoca tecnologica*, Morcelliana, Brescia 1986, p. 96.

[14] M. Scheler, *Amore e conoscenza*, aos cuidados de L. Pesante, Liviana, Padova 1967.

às atenuantes que o partner emprega para tornar-se mais transparente e evitar desentendimentos. Pode-se tornar gélido e frio o discurso de outrem privando-o da intenção a ele inerente, ou mantendo-se à letra da afirmação, traindo-lhe o espírito. Além do mais, o ressurgir do eu está sempre à porta. Nada de mais corriqueiro que o fato de que a aparente atenção para com o outro esconda, na verdade, a obsessiva repetição de si mesmo e do próprio pensamento, que não sabe deixar de pensar em si e na resposta a dar, mais do que naquele que, falando, se revela a si próprio.

A escuta profana. A primeira e fundamental condição de possibilidade da fé é a de escutar e escutar retamente. O desmedido poder das coisas do mundo, porém, torna difícil a escuta, a ralação com qualquer outro tipo de voz: torna difícil qualquer re-ligião. A escuta é qualquer coisa de tipicamente humana e envolve a parte física e orgânica do homem, que, entretanto, não é redutível a ela, pois ali confluem o ódio e o amor, a necessidade e o medo; tudo o que é humano toma parte nessa delicada operação. Esta é tudo menos que registro passivo, representa, antes, o que de maximamente ativo se possa cumprir e imaginar. A atividade da escuta é palpável durante a conversação e o diálogo. A vida do homem, como magistralmente nos faz notar Martin Buber,[15] desde suas primeiras batidas, é dialógica, seja em seu relacionamento com o mundo, seja no relacionamento com a mãe. E este último representa, de certo modo, o arquétipo do relacionamento. Falar e escutar são lados diversos de um mesmo fluir, o qual tem a própria razão de ser no fato de que sempre se fala para ser ouvido e se escuta para poder falar. No desenvolver-se da discussão é evidente o fluir unitário do discurso, no qual alternativamente se trocam os papéis. A escuta do rádio ou da televisão mostra quanto possa ser profundo o impacto de uma escuta distante, sem intercâmbio, e não é diferente para a leitura, que outra

---

[15] Cf. M. Buber, *Das dialogische Prinzip*, Schneider, Heidelberg 1984; aos cuidados de A. Poma, *Il principio dialogico e altri saggi*, San Paolo, Torino 1993; *L'io e il tu*, Irsef, Pavia 1991.

coisa não é senão uma "forma de ouvir com os olhos".[16] Encontrar, todavia, sob o silêncio de alguém que escuta, uma real disposição para acolher e desenvolver o que nos é confiado, é bem mais raro do que se pensa; de fato

> só no espaço silencioso da boa escuta, a palavra tem a confiança para desprender-se [...]. É notável como da escuta saia uma força que torna viva a palavra do orador.[17]

Mérito dos grandes atores, mestres, docentes é o de oferecer o próprio ouvido, saber escutar de modo que deixe emergir, fazer vir para fora a palavra que existe e que necessita de vácuo e de silêncio. Nem é pouca coisa ser capaz de ouvir e de ser ouvido.[18] Sem dúvida, essa disposição ou talento é de gênero feminino, porque materna sobretudo é a aproximação cuidadosa e sensível nos confrontos da vida.

Não é raro, no entanto, o caso de a escuta correta ser substituída pela *precavida*,[19] isto é, o caso em que efetivamente alguém não se coloca em atenção para com o outro; antes, os conceitos, as expressões alheias se tornam instrumento e ocasião para reforçar a si mesmo e encontrar no som das palavras o quanto já previsto. O tu se torna um prejuízo para o eu. A escuta *pouco desenvolvida*, ao contrário, é semelhante à de um ouvido primitivo e pouco sensível diante de uma grande execução musical; ele não tem preconceito, mas é como se não fosse capaz de ler e receber tudo o que fala naquelas notas; é igual à dificuldade em que se encontra um olho despreparado à frente de um quadro. Semelhante é a escuta *superficial*, que de certo modo é também inevitável; com esta, porém, não é preciso se conformar. Ouvir o rádio é um exemplo

---

[16] B. Welte, *Vom rechten Hören*, in *Gespräch ohne Partner*, cit., p. 12.

[17] *Ibidem*, p. 14-15.

[18] "A escuta, acolhendo a palavra, tem a força de desatá-la e libertá-la, e, com ela, o coração que fala na palavra e o homem que fala na palavra" (*ivi*, p. 14-15).

[19] *Ibidem*, p. 14-20. Neste parágrafo é possível encontrar as várias formas de escuta errada, fria, pouco desenvolvida, superficial, má e preventiva, que seguem.

disso. Essa é uma escuta, em princípio, aproximativa, porque não se pressiona a fazer de tal forma que a palavra, a música ou a voz penetrem além da superfície, antes, pede-se expressamente que elas nos toquem apenas, sem entrar em confidência conosco. *Fria*, pois, é a escuta que registra e confisca sem interagir simpaticamente, fazendo que se apague e morra todo entusiasmo de quem fala. A palavra se desfaz diante de um muro de indiferença. Enfim – e pior que tudo –, é a *má* escuta. Ela não acredita naquilo que lhe é dito, e, como um caçador, fica de espreita para o que voa no ar para poder abatê-lo a qualquer momento e colher as temidas contradições. É uma escuta que paralisa e debilita o pensamento até tornar impossível e deletéria toda conversação. Este é o comportamento de quem escuta para poder desmentir.

A escuta é uma arte: a facilidade com que se chega a uma degeneração da escuta deve induzir-nos a aprofundar essa dinâmica, por ser ela a base da possibilidade de ouvir, entender e acreditar. Se assim tantos são os riscos, é oportuno, então, individuar as características de uma escuta correta e disponível, isto é, pronta a receber o que o outro diz, antes daquilo que eu teria desejo ou necessidade de ouvir dizer. É preciso, em outras palavras, colocar-se à escuta com a mesma honestidade e atenção com que uma mãe se volta para o filho, procurando ler e interpretar suas reais necessidades, o sentido real daquilo que ele pretende dizer, consciente do fato de que só a leitura autêntica e sincera de seus sinais (verbais ou não verbais) permite protegê-lo e lhe fazer o bem. Para uma mãe, saber ouvir significa compreender o íntimo desejo daquilo que de mais apreciável existe, e então cuidar e amar de modo apropriado, evitando incompreensões e desvios que, sobretudo naquela fase da vida, poderiam tornar-se danosos. Inclusive, a essa desinteressada e imparcial disponibilidade se segue o desdobrar-se de uma plenitude de sentido do qual a criança se faz porta-voz, e do qual a mãe se faz pronta receptora. É como dizer que uma escuta desinteressada pode ser uma passagem indispensável para entrar em contato com uma significatividade que de outra forma não reconheceríamos. Em outras palavras, estamos prontos para uma escuta maternal? Para que isso possa acontecer é necessário antes de tudo *coragem*.[20] Por coragem entendemos a capacidade de acolher respeitosamente também o que é diverso de nós e não previsto, de dar crédito àquilo que instintivamente nos induz ao fechamento. Mas ainda mais indispensável é ter a coragem de abandonar os esquemas nos quais nos acomodamos, em nossa casa, e abandonar-nos à verdade do outro, que a todos nos torna um pouco mais hesitantes e vulneráveis. A coragem de sair de casa sem saber se e como a ela voltaremos – aceitando a aposta do diálogo – pode nos levar a até renegar a nós mesmos e a nossas convicções. De fato, a confiança no outro cria a confiança do outro e, portanto, o bom dialogar. Para que isso aconteça, porém, é preciso deixar de lado aquela filosofia do querer, do saber e do poder, o acima dito pensamento da apropriação, e substituí-lo pelo *Seinslassen*, pelo deixar ser,[21] aquilo que é como é. Este heideggeriano abandono ou este eckhartiano silêncio são premissas essenciais para a liberação do mundo da vontade e da representação. Portanto, além da coragem é requerida a *liberdade*, porque isso é antes de tudo coragem de ser livre, de aceitar o espaço aberto da conversação, a navegação às claras, que não prevê nem premedita um desvio e que, em vez, aceita o sofrimento de se encontrar em plena discussão aberta: a vida. Quando isso acontece, estamos na presença de uma dialética na qual se escuta e se deixa ser o que é, sem prejuízos; quando isso acontece, pode também ocorrer ouvir coisas jamais ouvidas. É este o conceito que Meister Eckhart delineia quando fala da necessidade de ter olhos vazios e ser nada para poder acolher – nessa abertura ilimitada e sem fim – tudo o que se apresente. Ser nada para poder ser tudo, libertar-se das coisas para ser livres para as coisas.[22]

Isso requer a força de se colocar em jogo e de se expor, porque só no lugar neutro da recíproca exposição eu posso perceber realmente o tu e, com ele, a mim mesmo. Expor-se significa renunciar às próprias

---

[20] *Ibidem*, p. 21.

[21] B. Welte, *Meister Eckhart*, cit., p. 37. "Só na medida em que o olho em si e por si nada é e não se refere a si mesmo, só na medida em que ele é pura abertura e clareza e disponibilidade para seu outro, só quando ele, nesse sentido, nada é, é capaz realmente de ver as manifestações do mundo. Isso é claramente um achado fenomenológico" (*Ibidem*, p. 41).

[22] *Ibidem*, p. 37.

representações de maneira que se faça mais indefeso e corajoso ao mesmo tempo: "o abrir-me a ti na escuta é já meu expor-me a ti, e meu expor-me a ti é já meu deixar-te ser. Em ambos o uno: eu encontro".[23] Há, pois, o *treinamento* para a escuta, o exercício que ajuda a desenvolver o órgão e que depende em grandíssima parte do modo como a família contribuiu para o desenvolvimento de tal faculdade, mas não só. Também no encontro com o partner se coloca em prova essa capacidade de percepção, pois nessa eventualidade revela-se a capacidade do indivíduo de se pôr à escuta de uma voz nova, importante, e todavia nem familiar nem muito menos segura. Nesse caso, sobretudo, surge a necessidade de uma escuta global, que envolva todo o ser e saiba entrar em um relacionamento simpatizante com o outro.[24]

No entanto, nem sempre se está em condição de se expor e deixar ser, de ouvir apropriadamente aquele que me fala, com maior razão quando o interlocutor é Deus e sua mensagem. Neste caso, o resultado não é um simples *qui pro quo*, uma incompreensão linguística; antes, nisso acontece a própria possibilidade de entrar em relação com o divino, até compreendê-lo e dar-lhe crédito. Em suma, a dificuldade de ouvir com seriedade a palavra que me é dirigida pode alimentar a desconfiança e a estranheza também nos confrontos com Deus e com sua revelação, a ponto de impedir o acolhimento, indiciando um comportamento ateu.

Com efeito, para que a palavra de Deus, verbal ou não verbal, possa existir antes de tudo como palavra, é necessário que se dê ouvido: uma palavra e uma ação, de fato, se revelam apenas no caso em que haja alguém a quem revelar-se. Só no espaço da escuta oferecida pelo homem o som pode se transformar em expressão significativa e passível de fé, só um homem em escuta dá a condição de possibilidade da revelação. Dito isso, porém, é preciso recordar que não há verdadeira escuta enquanto não há *compreensão*, isto é, enquanto a palavra não perde seu caráter de abstração; na maior parte dos

---

[23] B. Welte, *Zeit und Geheimnis*, cit., p. 49.
[24] B. Welte, *Vom rechten Hören*, cit., p. 23.

casos, infelizmente, a compreensão é trocada pela simples individualização da seriedade lógico-formal da proposição, coisa que, por um lado, autoriza a falar de escuta, por outro, reforça a estranheza de quanto ouvido a respeito de si mesmo. Sobre a base dessa compreensão formal não é possível nenhum ato de fé, faltando completamente o *entrar em relação seriamente com o outro* a ponto de crê-lo real. Só numa escuta em que existe algo de nós mesmos, ou seja, séria (Kierkegaard), se tem a possibilidade de reconhecer o profundo significado do que nos foi dito, a ponto de julgá-lo digno de fé. Dou fé àquilo que compreendo e compreendo aquilo a que presto fé, ou melhor, "a fé, se assim se pode dizer, é formada pelo compreender, mas a compreensão se completa na fé".[25] É o mesmo que dizer que se começa a ter uma real cognição daquilo que se recebe só no momento em que nos voltamos com participação e envolvimento; entende-se o sentido de palavras amigas e enamoradas só se queremos seriamente que estas nos falem; diversamente, a análise gramatical ou lógica das frases já não estará em condição de fornecer quantidade, indícios e locuções suficientes para nos convencer de sua veracidade. Cem afirmações do significado de "eu te amo" não bastarão de *per si* para fazer compreender seu sentido, nem a quantidade e o número de declarações poderá ajudar a desentulhar o campo de dúvidas e incertezas. A compreensão formal não é suficiente para entender o íntimo significado das asserções. É preciso a seriedade do ouvido que sabe que de tal mensagem podem derivar sua alegria e salvação. Portanto: a revelação requer a escuta; a escuta é a condição de possibilidade da compreensão; a escuta deve compreender; a escuta que compreende outra coisa não é senão a fé; a fé completa a compreensão.[26]

Certo é que a compreensão do que se ouve tem um duplo fundamento. De um lado, é o pensamento que nos vem à mente e nos golpeia e se impõe a nós como qualquer coisa de externo, independentemente de nossa vontade; de outro, a este vir-determinado

---

[25] B. Welte, *Heilsverständnis*, cit., p. 29.

[26] "Para que haja revelação, é preciso que haja escuta que compreenda. A escuta que compreende, em seu estado consumado, é fé. A fé, portanto, é essencialmente a mesma fé que compreende. De acordo com isso, a revelação está realmente, enquanto revelação, na fé que compreende e com a fé que compreende" (*Ibidem*, p. 30).

faz eco a compreensão, entendida como um espaço de jogo, como um preparar o campo sobre o qual, depois, poder ser determinado. Haveria aí, portanto, sempre uma coparticipação, uma coexecução, um ser golpeado e um deixar-se golpear; assim, onde se decide não permitir jogar e não jogar para dar espaço ao trecho musical que ressoa, ali então não teríamos nenhuma possibilidade de compreendê-lo, porque não há qualquer desejo de compreender e *cosseguir* a melodia.[27] O cumprimento da compreensão nasce, portanto, da faculdade da coexecução. Em outras palavras, no homem, aquele pensamento está já presente sob forma de possibilidade oculta: o homem compreende o que pode compreender. Sua capacidade de compreender coincide com sua capacidade de jogo: só na medida em que nossa faculdade está à altura de uma coisa nós a podemos entender, diversamente não teríamos dela nem mesmo uma tênue cognição. Assim, que significa isso nos confrontos com Deus? Temos a faculdade de compreendê-lo? Se assim não fosse, não poderíamos absolutamente imaginar um falar ao homem da parte de Deus nem um estar à escuta de sua palavra.

6. Lessing e a torre de Babel

Lessing tinha já compreendido quanto era difícil chegar de novo a uma verdade, partindo de documentos históricos tidos sempre como parciais, dúbios e, portanto, incapazes de conduzir deveras a uma certeza; com maior razão no caso em que se pensa poder entender a personalidade do homem e o mistério de Deus, baseando-se, igualmente, sobre o recolhimento quantitativo e a verificação de indícios.

Quando a compreensão parece dever passar pela soma de testemunhos e se pretende deduzir o tu a partir da análise de seus mil gestos, e não vice-versa, então a Babel da língua está muito próxima.[28] A confusão linguística se torna a norma e nada mais é de

---

[27] *Ibidem*, p. 33-35.
[28] Cf. B. Welte, *Vom historischen Zeugnis zum christlichen Glaugen*, in *Auf der Spur*

fato convincente, porque a comunicação é interrompida, e nenhum olhar, palavra ou oração tem a força de nos convencer; tudo é duvidável e, por mais confirmações que se possa ter, permanece uma diferença crônica. É como dizer que, pondo-nos à procura da exceção que desminta a confiança colocada em um homem, ou em um Deus, minamos nos fundamentos a possibilidade de ouvir o outro e de ter finalmente confiança nele. A Babilônia é o símbolo de uma escuta desintegrada, que nasce da proliferação de palavras e pela dedicação à relação dialógica de um método falsificador, que está atento para apanhar em erro o orador e, à luz desse erro, reler e redimensionar a inteira imagem de confiabilidade que dele se tinha conseguido. Inútil destacar como o uso deste método popperiano para as relações humanas seja nocivo e mine nas bases a própria possibilidade de confrontar-se. De fato, avizinhamo-nos, dessa maneira, daquilo que havíamos definido como uma escuta preventiva ou má, isto é, como emblema da diferença; diferença que, se pode desenvolver um caráter crítico e positivo dentro da pesquisa científica, acaba sendo trágica se assumida como critério geral no relacionar-se com o outro. Isso como testemunha de uma dupla verdade, que passa por vias diversas e por métodos opostos, ou o que significa arbitrariedade e incoerência. Em certo sentido, poderíamos afirmar que a ruína da torre de Babel nasça da pretensão de estender um método de indagação eficaz, no relacionamento com as coisas, também para o mundo dos relacionamentos pessoais. Resultado palpável é que, com o elevar--se da torre até o céu, distancia-se progressivamente dele, porque se permuta uma aproximação interior por algo físico, aparentemente mais simples. Não é assim a partir do momento que, quando está em jogo a conquista de um objetivo ambicioso, as línguas se entrelaçam, a falsificação desseca a palavra e a incompreensão é a única certeza em um canteiro em que os operários não confiam um no outro. O teto vem

---

des Ewigen, cit., p. 337-530; *Glauben an Gott und Entfremdung*, in *Zeit und Geheimnis*, cit., p. 139-148.

abaixo e Deus aparece como uma conveniente falsificação. Entramos no domínio do niilismo, que pensa, com essa ruína, ter finalmente libertado a Humanidade do mais enorme dos autoenganos: o de criar a hipótese de um Deus para dele se fazer filho, o de crer em amizades, amores, valores e morais, para depois extrair disso legítimas pretensões de absoluto. É o que, de fato, exatamente, acontece no amor.

Não desenvolver o encontro copessoal, que abre para a diferença e faz maturar o tempo, significa trancar-se à confiança e à possibilidade de reconhecer um mundo novo, no qual confiar. Há momentos, de fato, em que o tempo parece maturar e preparar as condições para que qualquer coisa de novo possa acontecer, para que finalmente se possa observar o todo por uma perspectiva diferente. Naquelas dificuldades, também a ideia de Deus se faz menos abstrata e peregrina, e tudo parece pervadido por uma estranha aura de plenitude: naqueles momentos qualquer coisa é dotada de sentido e nada falta. É este o tempo interpessoal, aquele do encontro humano que nos muda a vida e nos toca intimamente sob forma de rosto ou de palavra. Enquanto o indivíduo possa por bom tempo repousar no silêncio, ele todavia é naturalmente propenso ao outro; assim, acontece que, às vezes, entre o eu e o tu se instaure um laço, o amor, capaz não só de alterar a cognição e o correr do tempo, mas, com certeza, o mundo circunstante.[29] No enamoramento acontece qualquer coisa de estranho, uma alteração da percepção que nos torna cegos e, portanto, disponíveis para o desvio para um mundo imprevisto, belo ou simplesmente falso. Neste estado de graça em que se está suspenso, o homem vive um segundo nascimento, pois se encontra à frente do criado como aquele que pela primeira vez abriu os olhos sobre o Universo, e para quem tudo parece coisa boa e justa. Em suma, o encontro pessoal é o lugar por excelência no qual o homem, amado, conhece e realiza a si próprio, amadurece uma plenitude da qual só agora se torna consciente; tudo o que o precedeu lhe parecerá incompleto e ordinário. Amando, nos

---

[29] B. Welte, *La fede interpersonale*, in *Che cosa è credere*, cit., p. 81-102.

tornamos extraordinários. Entretanto, não é só o eu que muda, e sim o mundo inteiro, que agora resplandece de luz própria, vive de beleza e plenitude totais, *als ob*, como se, para falar como Kant, toda coisa tivesse sentido. "Nenhum inimigo persiste"; nem o mal é capaz de estragar aquele momento de graça.

Certamente, permanece a dúvida niilista de que isso esconda a imanente vontade de autoilusão, pelo que o amor residiria no cego e absoluto desejo de alicerçar-se a si próprio, de verter um absoluto na própria existência. Welte falou exatamente o contrário, para ele o amor testemunha a possibilidade de um encontro – do qual o homem não é exclusivo nem o principal artífice – capaz de preencher a carência de ser, própria e do outro. No instante do encontro amoroso a precariedade do tempo, a tragicidade do existir falham, e de repente não se compreende mais como seja possível que pouco antes tudo parecesse tão incerto e provisório. Naquele instante, o amor doa o ser, e o eu e o tu se tornam coisas novas, iniciais, como se todo o precedente fosse zerado e se tivesse o direito de recomeçar do início, de reconsiderar o fundamento e o significado da vida, como se em presença de novas provas e testemunhos ocorresse rever a imagem do todo. Isso não exclui que, no caso de que o amor devesse terminar, se possa considerar tudo uma imensa ilusão, um engano que, por um instante, ocultou uma verdade latente e desolada. Ficando na lógica do duplo mundo de despertos e dos que dormem, dormir poderia ser prerrogativa ou do enamorado, destinado a qualquer momento a voltar a si e reconhecer a dureza da realidade, ou do homem analfabeto, incapaz de aceder a um mundo transformado, ou seja, pleno de ser. Certamente, apeando desse dualismo podemos afirmar que o amor: 1. É universal,[30] no sentido que, amando o próprio partner, junto se ama a esse todo, e tudo é bem-vindo do mesmo modo, homens, terra e céu; e o mal, sobretudo, perde vigor. 2. É um dom que surpreende os próprios

---

[30] Cf. B. Welte, *Dialektik der Liebe*, cit., p. 21-43.

protagonistas, os quais, mesmo não sendo dele os fatores, pelo menos podem manter-se nesse espaço aberto do enamoramento. Permanecer nesse estado quer dizer realizar uma duradoura concordância com o mundo e, portanto, também com Deus. Com efeito, concordar com o mundo significa, *in primis*, concordar com o mal e com a morte, com o escândalo da temporalidade, portanto. 3. Não tem idade, não tem tempo. 4. Doa o ser. O encontro com o outro nos vivifica duplamente. Antes de tudo, a pessoa amada tem confiança em si, descobrindo um mundo de qualidades com as quais jamais teria atinado se não encorajado pela confirmação externa; na verdade, a confiança que o outro deposita em nós tem um valor de atração, porque concede e delibera uma dignidade da qual, de outra forma, dificilmente se daria conta. O "sim" que nos é dirigido nos autoriza a dizer sim a nós mesmos. O resultado é o desvelar de um homem novo, belo, bom, que finalmente acedeu a uma quantidade de possibilidades esquecidas. Abre-se uma série de oportunidades que antes não existiam nem se viam. Além do mais, tendo como amar, colocamos em ação muitas potencialidades, que de outra maneira permaneceriam inexpressas, pondo-nos ativamente sobre as pegadas do outro, tornando-nos criativos e dadores de sentido em primeira pessoa. Amando, de fato, a gente se torna poeta e criativo, descobrem-se e se exploram caminhos originais, descobrem-se coisas sutis, dá-se força ao lado belo das coisas. Estatismo e criatividade são duas faces, passiva e ativa, do amor, que, irrompendo, dão sentido ao amado, ao amante e ao mundo ao redor.[31]

7. Perigos do amor: vaidade e desconfiança

O amor, no entanto, é perigoso e sempre arriscado, como o são aquelas conquistas e aquela plenitude de sentido que a ele acompanham.

---

[31] *Ibidem*, p. 36-42.

O amor é comprometedor, pois quem ama se expõe à nudez, se expõe sem garantias, na esperança de ser ouvido e não maltratado; só arriscando é possível que o outro me reconheça. Nesse estado de vulnerabilidade, porém, o amante se sente em perigo, é desconfiado, nem está em condição de se entreter longamente, porque, no tempo, crescem os temores e a consciência de seu ser indefeso e desguarnecido. Disso vem uma forte dialética na qual se quer e não se quer ser amado, se quer e não se quer sair da clausura da solidão, que certamente esteriliza e salvaguarda a integridade do eu. Termina-se, assim, por oscilar entre o desejo de se garantir e o de se apoderar – ambas situações em que o amante exercita o caráter tranquilizador –, entre amor indiferente e amor tirânico.[32]

O amor adoece inevitavelmente quando, à confiança incondicional nos confrontos com o próprio partner, sucede um comportamento de vigilância e de prudência, que corrói o espaço de abandono em que se estava exposto: já não estou certo de que não me iludirás. Antes, a desilusão que substitui a fantasia pode ser tão consciente a ponto de provocar a renúncia a amar. É esta uma dialética à qual não se foge, pois nem o amor é capaz de se subtrair de todo à finitude que se manifesta sob forma de diferença, solidão, egoísmo, sentimentos que, jamais sendo absolutos, transformam-se sempre em tensão com seu oposto. Em suma, o conceder-se de um amor que doa o ser é sempre arriscado, porque *a abertura anda* pari passu *com a insegurança e a vulnerabilidade*, e, portanto, com a tentação de subtrair aquele tanto a ser colocado a seguro de surpresas desagradáveis (traições, desilusões). O problema é que este se acautelar é precisamente o que nega o amor, o qual sabe preencher as carências de ser, exatamente em virtude do abandono que nos concedemos sem reserva.[33] É o mesmo que dizer que somente se

---

[32] *Ibidem*, p. 47.

[33] Do abandono, de fato, fazem parte a vulnerabilidade e a solidariedade do estremecimento (Cf. H. Vetter, *Phänomen und Geschichte*, in *Mut zum Denken, Mut zum Glauben*, cit., p. 173).

colocando em jogo em primeira pessoa é possível encontrar-se em um mundo que se abre graças a essa nova perspectiva: mudando o ponto de vista sobre o mundo, é o mundo inteiro que muda. Isso pressupõe, porém, um momento em que quem ama é totalmente privado de proteção, privado da proteção oferecida pela solidão inatacável, privado da proteção que deriva de um amor conclamado. No meio, um perigo enorme.

O amor, portanto, pode curvar-se sobre si mesmo e temer a própria vulnerabilidade. Mas o resultado é sempre o mesmo, embora as manifestações possam assumir as formas mais disparatadas: o homem se fecha ao mundo e a suas possibilidades. Isso acontece na *desconfiança*[34] que impede o outro de revelar sua verdade mais íntima, no *amor tirânico* que, por temor, não deixa acontecer, mas impõe e determina, a ponto de causar o desaparecimento da originalidade do outro. Tanto que a perigosa imprevisibilidade daquilo que se ama desaparece e, com ela, o amor, que se alimenta, sem o saber, da diferença. É, pois, a *indiferença*, que não tenta achatar ou nivelar o modo de ser do outro, antes age para que esse modo tenha o menor efeito desestabilizante sobre o próprio equilíbrio, pelo que, qualquer coisa que eu possa perceber no outro, esta não terá a força de perturbar-me e levar-me para um plano de inadequação e inferioridade. Porque é isso que, mais que tudo, disturba a ideia de perder o onipotente controle do ego, em poder de outro. A indiferença nega de fato a dialética amorosa, porque finge interagir, colocar-se em jogo, mas nas atitudes renuncia a isso, erguendo um muro de proteção contra toda agressão externa. Se queremos, é esta uma estratégia ainda mais grave que as precedentes. Não como última, vem a *vaidade*. O proliferar dos objetos de desejo e do amor é o sinal mais palpável, não tanto da invasão do amor, quanto de um seu desnaturar--se, pelo qual, à crescente dificuldade que se prova no abandonar-se a uma dialética aberta, em que o risonho fim não está garantido, se responde multiplicando as situações, as ocasiões assim ditas amorosas.

---

[34] B. Welte, *Dialektik der Liebe*, cit., p. 52-56.

O amor parece se tornar um produto ao alcance de todos, em vias de expansão; ao contrário, acaba-se com ele colocando-o na medida dos outros intercâmbios inter-humanos. Fechar-se ao amor quer dizer fechar-se para o mundo, e fechar-se para o mundo significa fechar-se para Deus.

8. Quem não ama não crê

Uma sociedade que não ensina a amar é, na verdade, uma sociedade sem Deus, pois só em uma disposição amorosa é possível buscar os sinais ambíguos e incertos de um tu amante. Só no amor amadurece um tempo diferente e se torna possível discernir aquilo que costuma ser invisível; só no amor pode acontecer uma aliança com as forças da fé e da esperança. Por quanto conflitual seja, essa é a única força capaz de perseverar, de levar o homem além de si e dos próprios limites. O amor, de fato, é uma antecipação, uma promessa, da qual a realidade é só parcialmente garantia; é uma loucura que lê e interpreta além dos indícios e, assim agindo, prepara e pressupõe a fé. O enamorado acredita que a finitude e os comprometimentos do relacionamento serão superados, vê nos limites do outro qualquer coisa de não essencial, sente a realização futura como um fato inevitável. E isso porque se pressupõe uma aliança com as forças celestes, que nos permite olhar com "os olhos do coração" e de abrir novos caminhos.[35] "Estes olhos abertos, esta nova possibilidade de ver pertence totalmente à fenomenologia do amor. O amor ensina a ver além daquilo que a racionalidade pode ver, ensina com certeza a crer nos milagres. Abre as categorias da racionalização finita e da razão instrumental e do intelecto puramente calculador para coisas de novo gênero, maravilhosas e loucas do ponto de vista da racionalização finita".[36] Quem não ama não crê. Quem não ama não enxerga além de uma razão calculadora

---

[35] *Ibidem*, p. 56-63.
[36] *Ibidem*, p. 60-61.

que, para potencializar a vista, recorre a microscópios e telescópios, permanecendo assim dentro de uma lógica quantitativa. Escutar com atenção não pode significar criar instrumentos mais potentes, e sim eliminar a diferença e a indiferença, aliar-se com as potências do céu e aceitar o preço de uma dialética aberta. Só nessa condição é possível fazer, sim, que um mundo primário oculto tenha a força de falar e de se manifestar. Ao contrário, toda forma de abertura à fé parece arbitrária, e o ateísmo e o niilismo surgem como as únicas formas de existência plausível. O silêncio, assim, torna-se ausência, e, o nada, puro vazio. Na ausência de um encontro pessoal, transcategórico, o nada já não é a premissa para um mistério absoluto, o calar de Deus se torna sua inexistência, nosso colocar-nos em escuta, nem mais nem menos que uma vontade de nos iludir. A sensatez do amor pessoal e a autossuficiência do agir ético, autofundamentados, nos dizem, em vez, que existem lugares em que o que é deve ser, e nos quais, não obstante tudo, até prescindindo de Deus, tudo é extremamente sensato e bom. Nesse ponto, ou esses lugares sensatos são o sinal de uma medida secreta, ou a medida secreta é a exigência de um homem, necessitado de acreditar que amor e ética são incondicionais. Quando o coração nos diz que tudo tem de ter um sentido, o nada equívoco se torna mistério.

Como vemos, entretanto, muitos são os fatores, internos e externos, capazes de nos desviar desta nossa grande possibilidade.

7

VINTE E CINCO RAZÕES PARA NÃO CRER[1]

Quais são, então, os elementos recorrentes que obstaculizam e não facilitam o livre abandonar-se do homem à escuta? Que fecham o coração a se dispor à atenção, impedindo-o de reconhecer no nada o mistério e, no mistério, Deus?

1. O *não deixar espaço ao pensamento autoculpável*.[2] Nossa constituição natural faz, sim, que o conhecimento chegue por meio de uma *conversio ad phantasmata*: isto é, não podemos falhar, no compreender a realidade, em transformá-la em objeto de conhecimento, em fantasmas, em substância da qual preliminarmente definimos a *quidditas*, não tanto quanto o ser. O homem tende naturalmente a voltar a atenção gnoseológica ao ente, a seu modo próprio de ser pedra ou cavalo, árvore ou homem. Dessa maneira, porém, é apenas confusamente levado em consideração o "que é" daquele ente, o fato óbvio e banal que, prescindindo de como se dê, é ele: o ser do ente. Este esquecimento do ser, coisa de época, segundo Heidegger, induz o pensamento a aprofundar-se numa lógica quantitativa que, se por um lado assegura, por outro aprisiona na determinação. Esta última permite o intercâmbio com os entes, mas impede o pensamento de transcender,

---

[1] Quer-se deixar claro que os vinte e cinco fatores individuais foram deduções nossas, a partir das obras de Welte, e não expressamente numerados por ele.

[2] Cf. B. Welte, *Auf der Spur des Ewigen*, cit., p. 321-322.

de ir além das objetivações e, assim, de abandonar-se àquilo que simplesmente é. No pensamento autoculpável, diferentemente do que é objetivo, é o simples que se torna protagonista, pois nele está a totalidade e não o múltiplo a nos surpreender, o fato de que qualquer coisa de alguma forma exista, aconteça e permaneça na abertura daquilo que é. A capacidade de reconduzir à tona o fato extraordinário de que o ente é, de que o ser é naturalmente aberto e extraordinariamente arbitrário, é o início do clarificar-se de Deus no pensamento. Está intimamente unido com esse ponto o fato de que a natural propensão à *conversio* se torne perigosa se exclusiva, se elevada a única forma de compreensão. Coisa que poderíamos rebater, de diferentes ângulos, dizendo que é nocivo à fé o *desaparecimento do questionamento ontológico*, o qual se faz garantia de uma diferença que impede de deter-se por longo tempo dentro de um horizonte científico.

2. *O esquecimento do limite*. Para evitar deter-se longamente dentro desse horizonte, não é preciso esquecer que além do limite o sentido ôntico-científico – que determina aquilo que é assim como é, que faz que isto seja isto e não outra coisa, que distingue as diversas regiões do ente, a química da biologia etc. – dá-se aquele nada em que ser e ente entram em contato.

> O limite é aquela forma de início criativo, de início de um mundo luminoso e nisso cognoscível, a partir da inconcebível e não conceituada essência de Deus.[3]

O primeiro limite a considerar, portanto, é aquele originário que põe e está além da fixação do mundo. Nem a superação dos limites disciplinares deve induzir-nos a violar esse limite originário no qual reside a inteligibilidade do mundo.

3. *A exaltação dos poderes deste mundo*, por causa do desenvolvimento da ciência.

---

[3] B. Welte, *Die Grenze als göttliches Geheimnis*, in *Auf der Spur des Ewigen*, cit., p. 70; cf. *Ibidem*, p. 136.

4. O desenvolvimento de um conceito de *espaço e tempo ordinários*, que anula o dom do tempo e a inserção, nele, de qualquer coisa outra.

5. *O desaparecimento da maravilha*. A maravilha, de fato, em todas as suas formas, é a propensão essencial daquela primeira surpresa do vir à luz, do se dar conta da não obviedade, é o pensamento que se admira de que o ente é. Tudo o que facilita o hábito, a vaidade e o ocultamento ajuda a esquecer a originária desorganização, a única capaz de reerguer o impotente estupor que coloca Deus a distância.

6. *O desaparecimento do questionar* tem o mesmo peso, pois quem se pergunta, quem se interroga vive à frente de uma dúvida, de um problema que lhe surge desde os inícios. É verdade, pois, que os problemas dominantes, também neste caso, tornam-se ônticos: como sobreviver, que casa comprar... Entretanto, na base de todo interrogar-se permanece um problema não resolvido, que às vezes se cala, mas que se torna evidente quando nos damos conta do não fundamento daquilo que é, e em torno do qual depois nos interrogamos. Em suma, o mistério já está presente em nós como pressuposto de todo interrogar e maravilhar-se. Como poderíamos de fato nos atormentar e pedir explicações se não houvesse um aguilhão capaz de nos fazer sentir a inadequação e a precariedade daquilo que é, assim como é? Por que interrogar-se sobre a origem do Universo se não pelo fato de que sua existência e subsistência parece ao menos improvável e desmotivada, isto é, necessitada de ulteriores explicações? O homem nasce respondendo ao chamamento de Deus, porque nasce nu, ou seja, privado de resposta ao banal dado da existência. Colocar-se perguntas é o exercício primário, porque denota inconsistências, vácuos de explicações, insuficiências que, antes de tudo, estimulam à busca, e depois traem a existência de uma significatividade ideal que se encontra com uma significatividade real e parcial. Assim que, ali onde proliferam as certezas, onde se tem uma resposta para todo questionamento ainda antes que este seja formulado, então será difícil experimentar maravilha e interrogar-se, ou seja, dar espaço a uma natural inadequação, que assume a forma de ponto de interrogação.

7. *A renúncia a se colocar grandes questionamentos*, a inserir a realidade dentro de grandes projetos impede de fazer grandes experiências.

Menor é a perspectiva, o projeto à luz do qual fazer experiências da realidade, menores e mais modestas serão as experiências que estaremos em condição de realizar.

8. *O desaparecimento de grandes homens* capazes de tolerar o peso de grandes ideias e de viver para o não agora: homens vigilantes que sabem viver com paixão, sem se abaixar para expectativas corriqueiras nem sobre o mundo das assim ditas *fast food informations*.

9. *O desaparecimento da utopia* como comportamento para o impossível. Esquecer que o homem é o animal capaz de se relacionar com o impossível significa renunciar a priori à eventualidade de encontrá-lo, significa acomodar-se à realidade assim como é, ou seja, abandonar a ideia de aspirar a um lugar bonito em que se sentir em casa, identificados.

10. *A tendência a conceber esta significatividade utópica como uma simples ideia regulativa* e não, ao contrário, como pensamento autoculpável, mistério capaz de responder a nossos quesitos. Nós, de fato, podemos conceber um mistério absoluto só se o deixamos ser como qualquer coisa que é de *per si* autônoma, e não por meio de nós, isto é, que não aparece como objeto de um sujeito, como critério regulativo (*Genzbegriff*) para o agir ético-político, e sim como aquilo que se impõe livremente a nosso pensamento. "Ele não é o que nós pensamos, é ele próprio".[4] Diversamente, a "diferença de sentido" é um simples conceito limite, erístico, do qual depois é impossível negar a arbitrariedade.

11. *A ausência de graça.* Para crer é necessário fazer a experiência da diferença de significatividade, que por sua vez reclama a necessidade de uma significatividade plena. Todavia, isso pressupõe que se esteja de posse dela *já de saída* como dado de fato, uma vez que, só a partir de tal busca de sentido (que diante de cada coisa do mundo assume o aspecto da diferença), todo o resto pode parecer inadequado. Em princípio, é preciso que haja tal pré-compreensão que precede qualquer experiência. Certamente, o homem não pode ser tido como responsável

---

[4] B. Welte, *Heilsvertändnis*, cit., p. 105.

pelo desaparecimento da graça, no entanto é possível fazer calar esta voz até torná-la débil a ponto de a fazer desaparecer.

12. *A falta de silêncio*. Faltar silêncio quer dizer exatamente isto: fazer de tudo para que o ponto zero do ser seja dominado por uma grande quantidade de coisas e de afazeres, que sobrepõem ao vazio completo o completo vazio, ao silêncio do ser o agitar-se do ente. No silêncio, em vez, se existe a força de reconhecer aquela medida interior, aquele parâmetro de sentido que, não se adequando de fato a nenhuma verdade, obriga o homem a lançar-se para além de tudo e a postular uma plenitude na qual aquela pretensão seja satisfeita. Essa diferença para a qual tendemos não é senão a distância interior para a vida, aquele nada de *quid*, aquela transcendência que, anunciando-se na maravilha, remete para além de si. Ali, onde falta a ideia de que todo conceito representativo seja dominável, é impossível encontrar o sagrado. O sagrado está lá onde existe um homem integral, que conhece a negação, que venera o silêncio. O sagrado está lá onde há uma esperança de plenitude, a *pietas* do pensamento.

13. A dificuldade de um encontro copessoal que abra para a diferença e para a confiança, e ensine a ver além da racionalidade: *a falta de hábito de falar com o Tu*. Como para Buber, o homem desaprende a entrar em uma relação eu-tu em privilégio de uma relação eu-ele, que se eleva a única forma de relação: essa rarefação do encontro copessoal reforça a dificuldade do indivíduo para entrar em uma relação de confiança e de abandono, de coparticipação, que pressupõe por sua vez fazer-se carregado da própria finitude. Só no convencimento do próprio ser finito e, portanto, culpável e mortal, o homem tem a força da seriedade, ou seja, a força de se colocar em jogo, como se desistisse de sua existência, e, assim, de arriscar onde é o caso de arriscar. Onde existe algo de mim mesmo, eu vivo com paixão e seriedade o descobrimento de traços e indícios, o que é premissa fundamental para que se possa ouvir qualquer coisa de alheio e a isso abandonar-se, não cegamente, mas com ponderada confiança. Fazendo-me carregado de minha inteira humanidade, sem ocultamentos e omissões, tenho como, no intercâmbio com o mundo, encontrar-me em um tu pessoa com o

qual instaurar um relacionamento de *con-fiança*, que ao contrário não acontece onde prevalece a modalidade eu-ele. Na confiança, se pode estar seguros de qualquer coisa, mesmo não estando de posse de todos os documentos, das verdades históricas e dos testemunhos à disposição. Diante do tu amado estamos certos de que seja assim como ele diz. Nem a quantidade de encontros pode reavaliar nossa convicção.

14. *A falta de confiança, a desconfiança*, que exprimem, por sua vez, um impedimento e má formação da escuta, que se alimenta e prolifera em presença de uma vaidade do amor.

15. *A vaidade do amor*, do proliferar de objetos de amor que, observando bem, já não possuem a força de dar ser, de transformar o mundo e, portanto, de induzir o homem a crer, a ir além das categorias da razão instrumental, a convencer-se prescindindo das verificações.

16. Isso anda *pari passu* com *o problema de Lessing*. "Se não pode ser demonstrada alguma verdade histórica, então não pode ser demonstrado nada mediante verdades históricas. Isto é, verdades históricas contingentes não podem jamais se tornar demonstração de verdades de razão necessárias".[5] Isso, que procede historicamente, pertence ao âmbito da liberdade e não da necessidade, pelo que, sobre bases de testemunhos, documentações passadas, já não é possível chegar a certezas absolutas ou verdades incontestáveis, exatamente porque toda a base está sobre fundamentos prováveis. Portanto, também as reconstruções históricas preveem uma *matábasis eis állo ghénos*, um salto indevido, o único que nos possa permitir chegar a verdades certas passando por testemunhos falhos. Essa dificuldade, dita problema de Lessing, encontra-se com maior razão quando se fala de relacionamento pessoal e, portanto, de fé ou confiança no homem. A certeza de me poder fiar de ti não pode ser o resultado de uma série de análises fisiológicas de teus atos, de uma coleta de confirmações que avalizem uma minha hipótese interpretativa: o acertamento pessoal não admite comparações nem decomposições de qualquer tipo. Mais que outra coisa, é preciso sentir-se imediatamente

---

[5] B. Welte, *Auf der Spur des Ewigen*, cit., p. 56.

na totalidade do tu, que comunica uma certeza humana à qual não se chega nem por confronto nem por soma ou diminuição. Estamos diante de uma verdade de outro gênero, de uma *metábasis*. A volta religiosa é ainda mais relevante e evidente quando os documentos em questão são representados por textos sagrados e a pessoa envolvida é Jesus. Pensar chegar a ele a partir de detalhes poderia tanto mais conduzir-nos àquilo que Newman chama "convergent probabilitites",[6] as quais não teriam a força de fazer dar aquele salto mortal a que chamamos fé. A fé, em vez, é uma possibilidade do homem que reside na capacidade de escuta, na coragem de um passo, indevido, se validado por perspectivas científicas e verificáveis, devido, se consequência de um encontro pessoal.

17. Mesmo superando o problema de Lessing, não está dito que estão postas as condições suficientes para a compreensão de uma eventual mensagem divina. Pode-se *não con-formar* de fato com a mensagem da qual estamos à escuta, ou seja, não estamos seguros para assumir um comportamento ativo na abertura. Deus tem necessidade do homem. Há, de fato, religião e revelação ali onde existe um homem que ouve e reconhece, que se dispõe pessoalmente ao acolhimento de Deus. Um Deus não acolhido não é Deus, não é cabeça de nenhuma *re-ligião*. Isso implica que o homem deve conformar-se, ou seja, deve apropriar-se do outro, entrar em ressonância, como quem decide viver, fazer própria uma música deixando-se transportar por ela e fornecendo o espaço disponível para o envolvimento. Isso acontece não quando se faz um experimento, e sim quando se faz uma experiência, quando o que acontece e aquele para quem acontece se copertencem modificando-se, entram em uma relação nova: "pensava que era assim, mas em vez...". Ali, a música me cativa e conquista a minha disponibilidade para o envolvimento; ali, nasce qualquer coisa de novo. Caso contrário, uma preclusão a priori fecha o homem para o amor, para o diferente, para quem quer que faça apelo a sua capacidade de escuta.

---

[6] *Ibidem*, p. 68.

18. *O desconhecimento da finitude*: a resistência a viver e sofrer até o fundo e com seriedade o *espinho da finitude*, isto é, a reconhecer como fato prioritário e fundante a finitude humana em todas as suas infinitas manifestações, pode chegar ao ponto em que a própria vontade, elevando-se acima de suas próprias possibilidades, desfoque na *hýbris*. Quem não vive a própria finitude não poderá entrever o infinito ao qual abandonar-se, até porque um eu arrogante não terá motivo para isso, não sentirá a necessidade de fundar a própria sensatez senão sobre si mesmo.

19. Este "conformar-se" não acontece, portanto, se o homem *não* decide *abandonar-se a si próprio*, isto é, a assumir sobre si a totalidade de si, inclusive a morte, a esperança, a culpa, o desejo. Só submetendo-se a si próprio ele está na condição de abandonar-se, de entregar-se, de renunciar à prisão absoluta do sujeito, ao direito do sujeito de vangloriar-se, de aprisionar ao se fazer absoluto. Eu posso conquistar-me a mim mesmo só renunciando a mim mesmo, reconhecendo a possibilidade de ir além de minha perspectiva urgente. Posso renunciar a mim mesmo, porém, só conquistando a mim mesmo, ou seja, aceitando de mim as dimensões mais autênticas, mais incômodas. Aceitando-me, entrego-me a mim mesmo, a ponto de realizar-me plenamente. Coisa, esta, que permite desenvolver no encontro uma agudez da distinção, uma paixão, um discernimento necessário para ouvir o impossível. Esse entregar-se a si mesmo não acontece se falta a *pietas* do pensamento, isto é, uma reabilitação da aporia. *Pietas* quer dizer, de fato, hipotetizar a renúncia ao pensamento por amor de si, não se agarrar a nada de pensado, porque a vida é muito mais do que aquilo de que é capaz o pensamento.[7]

20. A legítima *refutação de ser nada*. Inspirando-se em Meister Eckhart e no Zen-budismo, Welte individua um obstáculo à fé na necessidade do homem de não renunciar a si mesmo. Se, em um primeiro

---

[7] Cf. K. Hemmerle, *Weite des Denkens in Glauben. Weite des Glaubens in Denken*, in *Mut zum Denken*, cit., p. 232.

momento, esta parece ser uma declaração de realismo, logo em seguida revela-se um forte limite. Para abrir-se a Deus é preciso não querer, não saber e não ter, e deixar que as coisas sejam assim como são. É preciso ser um nada para um Deus que não cai sob o domínio das categorias, que foge do "olhar apropriador", e que, antes, exatamente diante de tal modalidade de relacionamento, desaparece e se extingue, deixando em seu lugar o nada. Desaparecer diante de um homem cheio de si, de vontade, de poder e de saber é uma forma de "revelação negativa" que, semelhante à teologia negativa, fala de Deus pela *via negationis*, como que dizendo: Deus não é mal, não é limite, não é presença. Lendo a ausência de Deus por esta ótica, portanto, é preciso que, para que ele venha para fora e se dê a nós como revelação, o homem coloque de lado aquele agir que mira naturalmente ao *apropriar-se de qualquer coisa para...*, e comece, em vez, a tirar, a fazer-se vazio, silêncio, falta, porque na era da tagarelice, da curiosidade e do equívoco, só no nada é possível o surgimento de um terceiro. Esta filosofia paradoxal, pregando a inconceptibilidade do eterno, a insuficiência e a inadequação de toda pregação, aproxima o homem de Deus e, ao mesmo tempo, distancia Deus do homem. Ao contrário, inaugura um novo modo de pensar, um *berührends Denken*, isto é, um pensamento-tocante até o extremo silêncio. Nesse sentido, Eckhart, levando Tomás ao extremo, abre a estrada à *Abgesciedenheit*, à separação, que no homem conduz ao deserto, à quietude, ao abraço divino.[8] O homem de Eckhart está à procura daquilo que é verdadeiro, da verdade que está acima das verdades particulares, dos entes pessoais. Entretanto, para que essa busca tenha sucesso, para que ele possa ser tudo, é preciso que seja nada, que se torne livre para as coisas e para o que se lhe apresenta. Para que se possa conhecer tudo, é preciso renunciar a conhecer *qualquer coisa*, inclusive o objeto como um conjunto dotado de propriedades (*Eigenschaften*) e de características úteis a nossas finalidades.[9] É preciso, isto é, evitar fazer do próprio querer o meio

---

[8] Cf. B. Welte, *Zeit und Geheimnis*, cit., 226.
[9] Cf. B. Welte, *Meister Eckhart*, cit., p. 33.

para a manifestação do mundo, apropriar-nos de um objeto e de suas características em função do agir: a simples observação de um só fato, ao qual reservo minha atenção, me fecha a totalidade. Querendo, me fecho a abertura total. Como alternativa, é preciso ser nada, tornar-se nada, como os olhos. O olho puro coincide com o que vê, anulando a intencionalidade premente nos confrontos com o estranho e recebendo a diversidade; meu olhar é o que vejo, minha abertura identifica-se com aquilo que, de vez em quando, é. É pedida, então, a coragem de renunciar à segurança planejada e de lançar-se nas mãos do ser do ente, reconhecer o que é verdadeiro, graças à verdade que eu sou. Os olhos do homem devem ser como farol na noite, que, iluminando, faz ser aquilo que capta. O conhecimento é exatamente o emergir do nada daquilo que nos surpreende porque imprevisto. No abandono à pura abertura, descobrimos a presença de Deus em nós, o infinito que não se entrega ao finito. Tudo isso, porém, reclama a renúncia à obstinação para com o particular, a morte das "propriedades" funcionais da coisa, a recusa do próprio modesto querer, do ego que pede para ser Deus. Renunciando a si, o homem se encontra deveras na separação, estranho a si mesmo em nome de Deus, do diferente que está em nós e que pede silêncio. Diferentemente de Heidegger, Welte sustenta que essa "separação" eckhartiana seja realmente capaz de romper com a vontade egoísta, a ponto de ser assimilável ao abandono, à *Gelassenheit*. Se, por um lado, a renúncia à autoafirmação do pensamento representativo revela a limitação dos conceitos metafísicos e sua função propedêutica à experiência pensante, por outro, não basta para preencher o descarte existencial entre a *onto-teo-logia*, o mistério e o Deus diante do qual ajoelhar-se. É esse o problema da diferença fenomenológica, ou seja, da distância que permanece entre nada, mistério e Deus. Descoberta a assim dita diferença ontológica heideggeriana entre o ser do ente e o ente, nada ainda está claro com respeito à *diferença fenomenológica*, que, ao contrário, simboliza a distância que intercorre entre um neutro mistério absoluto e a divindade verdadeira em si. Salvaguardada a diferença entre o ser e o ente, resta esclarecer como seja possível descobrir o sagrado e o divino no interior do mistério. Em outras palavras, não é suficiente descobrir no nada um mistério, para poder chamá-lo por nome, com o nome de Deus. Para que isso aconteça, é preciso que haja uma revelação e que o mistério se faça *figura*, isto é, que se incline sobre um espaço e um tempo históricos, manifestando-se e retendo-se ao mesmo tempo. Por isso, a figura do mistério em forma de acontecimento é a revelação simbólica, é símbolo que conserva a transcendência na manifestação. O sagrado, portanto, é o fenômeno epifânico do mistério, que rejeita e fascina: é o fazer-se figura; quando essa figura assume feições pessoais, estamos finalmente diante de um Deus. Nesse caso, podemos dizer que a diferença fenomenológica está finalmente preenchida. Lido dessa forma, a superação da metafísica, a renúncia à autoafirmação do pensamento representativo e o consequente desaparecimento de Deus estão mais perto do silêncio da teologia negativa, do que daquele do verdadeiro e próprio ateísmo. Renunciar a Deus e a sua representação de categoria resvalando para o silêncio, aproxima mais à mística do que ao mutismo do ateu. Certamente, ainda não aproxima, porém, do Deus divino e pessoal, do sagrado que se faz figura, que assume espaço e tempo, preenchendo a diferença fenomenológica que a distanciava do mistério absoluto.

21. A dificuldade de repousar na *Abgeschiedenheit*, na separação solitária, no isolamento. O homem isolado e solitário é aquele que consegue ser o lugar da identidade do não idêntico, que domina a contraposição de sujeito/objeto, como o olho puro e fenomenológico: o homem isolado se torna olho de tal forma destituído de subjetividade que, na imagem, vidente e visto são o mesmo, e, no pensamento, pensado e pensante coincidem. Ele não vê "qualquer coisa", mas na imagem o objeto e o sujeito são o mesmo. No homem destituído de poder, Deus pode aparecer exatamente porque não é objeto, pensamento, imagem. O homem isolado não é, entretanto, um homem dividido, mas integral, que venera o silêncio e vive na esperança da totalidade e do encontro com o sagrado. Somente ele pode ter a coragem para o nada.

22. *O desaparecimento de uma política do amor*. Uma inteligência integral é a única que tem a força de desarticular o sistema difuso da razão instrumental. Sua característica é de ser pessoal, isto é, de se

fazer portadora de um mundo de necessidades e preocupações que preenchem a razão de um valor agregado, induzindo-a a criar uma resposta criativo-intuitiva em que confluem interesses, cuidado pelo mundo e praxe.[10] Resposta criativo-intuitiva significa não dedutiva, ou seja, fruto de uma nova compreensão e reelaboração global do todo. Isso implica o reconhecimento de uma política do amor. O amor não pode atrair para trás nem pode acreditar realizar-se só dentro de uma esfera íntima e pessoal, desgarrada do mundo e de seus defeitos. Bem ao contrário. Em uma clausura asfixiante, o amor morre e seu potencial de transformação falha. Em vez, quem ama deve ousar expor-se além de si mesmo e até além do casal, na tentativa de intervir na sociedade e contribuir para a cura geral. Isso quer dizer renunciar à ideia de que se pode viver e amar sem sujar as mãos, sem se comprometer com o mundo, isto é, na obstinada defesa de ambientes restritos nos quais tentar conservar um estado de incontaminado bem-estar. É como dizer que, com o desenvolver-se de um universo de interesses e complicações, que nos obrigam a ser impuros, com a ascensão de uma sociedade que nos põe diante de dilemas, chantagens e impotências de nova geração, o homem não pode abster-se de toda compreensão renunciando produzir melhor. É preciso levar em conta que o paraíso não está relegado a um passado pré-tecnológico, não é um equilíbrio a preservar, mas uma aposta a acolher, porque só dessa forma as potências do mundo são vivificadas pelo amor político, que aspira meter a mão naquilo que, agora, não está em nossas mãos. O encontro amoroso copessoal, portanto, não é suficiente se não leva o indivíduo a apossar-se profundamente de um instrumental técnico-científico, econômico, graças ao qual, sem cair no *Fachidiotismus*, conjurar vias alternativas de avanço em linha com a dignidade humana e "desenvolver modelos normativos de comportamento".[11] Um amor interessado sente a obrigação de confiscar informações, de reelaborar teorias e de modificar metas e estratégias

---

[10] Cf. B. Welte, *Zeit und Geheimnis*, cit., p. 83.
[11] Cf. B. Welte, *Dialektik der Liebe,* cit., p. 102.

capazes de agir dentro do mundo das instituições e dos poderes. O assim dito instrumental de domínio não é demonizado, mas revitalizado, ou seja, investido de uma energia em condição de contagiar o poder tornando-o mais humano. Recorrer a todas as possibilidades para ousar modelos alternativos é coisa que só um amor político pode realizar, isto é, ocupado em desenvolver uma fantasia criativa capaz de responder aos defeitos e às tensões que nascem dentro da sociedade. Mas não precisa, de fato, incorrer no erro de assumir o sistema em que se atua e do qual se adquire o instrumental como destino, uma fatalidade contra a qual não tem sentido levantar objeções. A fantasia, a inteligência criativa devem ativar uma dialética positiva e crítica com o real, na consciência de que "o amor edifica" (São Paulo, 1Co, 8,1), excogita, espera acima de tudo quanto é imaginável esperar. Renunciar a uma dimensão dinâmica na sociedade significa renunciar a propor uma visão alternativa da vida: visão que tem, como sua máxima expressão, Deus, aquele que menos que todos se adequa ao *status quo*. Isso implica em que a Igreja e sua classe sejam chamadas em causa.

23. *A Igreja esquecida*. Uma análise do dever da Igreja se torna necessária não porque ela tenha o dever de fazer política ativa e empenhar-se na sociedade, mas porque tem a obrigação de viver na diferença entre cultura primária e secundária, representando o outro mundo, a diferença, com a finalidade de tornar o homem mais humano e digno, recordando-lhe qual é o ponto para o qual olhar e do qual, bem ou mal, prestar contas. A Igreja deve conservar os símbolos, os ritos e os mitos, conservar os chamados e as línguas capazes de evocar aquilo que foi tirado pelo tempo, de reconduzir o mistério à luz. Em suma, deve ser garantia de uma voz, alternativa, que deve manter com vida e fazer ressoar para que se leia qualquer coisa de impensado e para que Deus não pareça estranho. Para que isso aconteça é preciso uma *pars construens*, que consiste em uma reelaboração positiva. A Igreja, além disso, não deve renunciar a mostrar as lacunas da civilização e denunciar nelas uma insanável finitude. Isso, que representa um dever meramente negativo, pode passar sob o nome de *limitação ascética das possibilidades tecnológicas*; de fato, seria nocivo acompanhar o impulso das ciências sem avaliar-lhes os riscos.

A Igreja deve renunciar à identidade entre o que é factível e o que é possível, e pronunciar aqueles "não" que recordam que se pode seguir a Humanidade pondo limites ao crescimento temerário, ao fluir das coisas, à ânsia moderna de percorrer todas as estradas percorríveis. Na coragem de limitar-se fala uma ascética limitação das possibilidades tecnológicas.

24. Surge, porém, a dúvida de que na base dessas lacunas possa estar uma única grande questão, a *epocalidade do ser*. O modo pelo qual os homens compreendem e se relacionam com o mundo e com o ser é mutável, ou a compreensão do ser no interior da qual a realidade vem à luz parece mudar de época para época, de tal forma que a mesma verdade parece uma variável do modo pelo qual o homem entende o ser; todavia, isso está estreitamente ligado à maneira pela qual o ser, concedendo-se, abre um espaço de pensamento para o indivíduo. Só que esse dar-se do ser se oferece ao homem como destino, sobre o qual ele parece não ter voz de mando. Esse assunto nos complica muito a vida no caso de ser aplicado à fé e ao discurso religioso, porque pareceria legitimar a ideia de que o tipo de relacionamento que se venha a instaurar com Deus e com a religião dependa, de quando em quando, da abertura histórico-epocal, que, fundamentando a compreensão que do ser tem o homem, determina o pensamento e a conduta nos confrontos com o ente e com Deus. Pelo que, o comportamento nos confrontos com a natureza, com o mistério, estaria ligado à compreensão humana do ser, que "deriva sempre dos modos pelos quais o ser do que é se volta para o homem".[12] O fato é que tal compreensão ontológica é também sempre determinada historicamente, razão pela qual até a revelação, as sagradas escrituras, os homens santos não nos aparecem mais em si, mas sempre dentro de um horizonte mundial que está condicionado pela história e pela época. Todo pensamento, toda experiência transmitida pede uma escuta, todo escutar é um compreender que atua só dentro de uma língua histórica, de figuras, variantes, estruturas

---

[12] B. Welte, *Zur Frühgeschichte der Christologie. Ihre biblischen Anfänge und die Lehrformel von Nikaia,* Freiburg-Basel-Wien 1970; aos cuidados de B. Welte, *La storia della cristologia primitiva. Gli inizi biblici e la formula di Nicea*, Paideia, Brescia 1986, p. 123.

linguísticas a priori, que não dependem de nós e que, antes se impõem como um dado de fato, um destino que condiciona também o modo de manifestar-se de Deus. "O destino no qual o mundo se abre para o homem fundamenta o destino histórico do escutar e, portanto, também do modo de receber a revelação".[13] Dito isso, é óbvio que também a mensagem evangélica se articula e se revela de formas sempre novas, em virtude da diversa compreensão da época, fundada sobre a diversa compreensão do ser.[14] À luz do quanto dito, poderíamos reforçar a centralidade da filosofia, cujo dever principal deveria ser o de reelaborar e desenvolver criticamente a humana compreensão do ser – sendo que com tal abertura todo o resto venha à luz. Entretanto, poderíamos também supor que, em sendo a religião e Deus sujeitos a mutações histórico-epocais do ser, niilismo, ateísmo, religiosidade desfigurada, fanatismo etc. possam ser nada mais que o estilo de uma transformação de época do modo de *com-preender*, de *re-ligar*. Sendo a religião uma modalidade da existência humana, na época da técnica, do *Gestell*, da vontade de poder, Deus não pode senão desaparecer, ou, pelo menos, estar sujeito ao indivíduo. Disso resultaria uma irresponsabilidade profunda do homem, que viria tirar seu ser caracterizado do esquecimento da diferença ontológica. Uma tese possível, por exemplo, é que desde Niceia e Calcedônia tenha advindo uma transformação radical na teologia, caracterizada, desde aquele momento, por uma compreensão metafísica do ser, isto é, menos orientada à interpretação do real sob bases do conceito de acontecimento (*Ereignis*). Estaria afirmada uma linguagem, um pensamento conceitual para o qual não interessa interpelar o crente, suscitar a escuta, e sim objetivar o existente (Cristo, a ressurreição, o Pai) como o que permanece, estável em sua essência, como a *ousía*, o presente que tenho diante de mim, concebível por meio de um pensamento

---

[13] B. Welte, *Zeit und Geheimnis*, cit., p. 310.

[14] Se tantas são as mudanças históricas, as principais reviravoltas de época que transformam profundamente o relacionamento do homem com o mundo são duas: a passagem do cristianismo primitivo para o cristianismo helenista, e a passagem do antigo testamento do cristianismo para o cristianismo medieval. Cf. B. Welte, *La storia della cristologia primitiva*, cit., p. 126.

representativo. O evento dialógico do revelar-se não seria contado e, em seu lugar, seria consolidada uma concepção hipostática, que vê sua realização no impor-se da teologia cristológica.

25. Nesta ótica, a morte, o *eclipse de Deus*, seria um fenômeno puramente de época, capaz de tornar difusos um sentimento e um comportamento oponentes nos confrontos com a fé. Em vez, é necessário sublinhar que o manifestar-se de Deus fornece ao mesmo tempo as condições para a compreensão da revelação, isto é, fornece aquela abertura do espírito graças à qual aquelas palavras podem ser entendidas; é como dizer que o objeto sagrado tem a força, inserindo-se na compreensão de época do ser, de alterá-la e de renová-la, para que o indivíduo esteja em condição de apropriar-se livremente das palavras e de chegar àquela *potentia oboedientialis* que permite correalizar, a partir do interior, com a escuta.[15] Deus, portanto, pode certamente pôr as condições para a compreensão da revelação, a fim de que a revelação possa ser deveras tal, mas de modo algum pode dominar ou eliminar a humana compreensão do ser: não é possível revelar-se ao homem e depois reduzir-lhe a compreensão a variáveis do conceder-se de Deus. Ainda mais simplesmente, Deus, enquanto Deus, revelando-se, deve reconhecer quanto dependa do homem o fato de que Ele seja reconhecido, ao contrário deveríamos admitir que aqueles mesmos pensamentos já não seriam efetivamente do homem, mas pré-dados, nem poderiam distinguir-se de um encanto qualquer.[16] *O homem é livre até nos confrontos com Deus.*

---

[15] "Faz parte do acontecimento uma temporalidade específica, qualificada. O evento faz maturar seu tempo como o *kairós*, que não deve ser computado entre os outros tempos. Ele faz chegar o momento sempre incomparável e, exatamente por isso, é completamente separado da ideia de uma entidade simplesmente consistente em si mesma, ao lado da qual o tempo – por assim dizer – transcorreria indiferentemente" (*Ibidem*, p. 134).

[16] Seguramente, "Deus pode cumprir seu prodígio no homem a seu bel prazer, e é mais que nunca lícito não duvidar, teologicamente, de que Ele, com sua palavra revelada, possa conceder a luz do espírito e as ajudas e os meios a isso necessários, para que essa palavra possa entrar na claridade de uma compreensão adequada. Só uma coisa Deus não pode fazer, se assim nos podemos permitir dizer, e é esta: revelar qualquer coisa *ao homem* e, simultaneamente, negá-la a ele" (B. Welte, *Heilvertändnis,* cit., p. 58).

8

OÁSIS E MIRAGEM

Uma coisa é certa: para o homem contemporâneo o verdadeiro salto mortal, enfim, é aquele que é dado para que ele creia, porque crer e reconhecer Deus como guia da própria existência é menos natural e óbvio de quanto não fosse no passado. A natural aliança entre o existir do homem e o existir de Deus foi de novo violada, e dessa vez não por um dilúvio universal. Deus é um problema para o homem, que é chamado a dar uma resposta, a compreender se a ausência de Deus é fruto fundamentalmente da própria incapacidade de escutar, de amar, da inquinação emotiva e acústica, que impede aquilo que também deve vir à luz e ser reconhecido finalmente; se a ausência de Deus tem como principais responsáveis o homem e a sociedade que ele construiu; se o homem é o principal fautor da própria solidão, alimentada pela impaciência metafísica e pela proliferação de coisas, produtos, objetos de consumo, que, em troca de uma sensação de onipotência, abandonam o homem a si mesmo coroando-o rei de um reino inanimado e perecível.

Dito diversamente, Deus existe, mas o homem não o vê? Ou Deus não existe e, não obstante isso, ele continua a vê-lo? Nesse segundo caso, a fé em Deus seria um colossal deslumbramento, esconderia uma trágica vontade de iludir-se e de desconhecer a profunda falta de sentido da vida. O homem seria um desesperado contrafator, disposto a tudo, inclusive à dramatização, até a não admitir sua estrutural falta de fundamento, e para fazer isso estaria pronto a colocar em ação todas as estratégias possíveis, inclusive aquelas enfrentadas no curso de nossa pesquisa.

Em ambos os casos, entretanto, nos encontraremos diante de um eu, de um finito *capax dei*, capaz de Deus, ou porque em condição de escutá-lo e fazê-lo vir à luz, ou porque em condição de criá-lo, de desejá-lo infinitamente e, portanto, de colocá-lo no mundo. Também nessa eventualidade fica claramente manifesto que na vida do homem campeia um conflito, uma rebelião perene nos confrontos com a finitude, que assume as formas mais bizarras de imperativo, de dever, de direito etc. No homem, seja também criador de Deus, o ser coincide com o dever ser, com a necessidade irrefutável de tender para além de si mesmo, além de todo ente, inclusive para conseguir plenitude, inclusive para aspirar ao infinito, inclusive para abrir um respiradouro para aquilo que ainda não é. Fazer-se criador de Deus, todavia, descobrir-se Deus, não é sinal automático de sua inexistência, não implica necessariamente que isso que foi descoberto não exista, ou mesmo que exista só como objeto consolatório, humano. Denota, ao contrário, uma divina tensão que, exatamente enquanto divina, pode levar à criação de um divino; só porque capaz de Deus, o homem está em condição de criá-lo. É como dizer que, no fundo, o único argumento filosófico importante a esse propósito é se a autoilusão não seja já de *per si* um escondimento de Deus, se a necessidade de Deus (necessidade infinita e desumana) não seja já sintoma de uma força superior que fala em mim sob forma de pretensão absoluta. Estaria assim explicado o desumano desespero no caso de que essa pretensão seja traída e desiludida, a ponto de conduzir a êxitos de niilismo ou ateísmo. Nesse caso, seriam cruciais, sim, os arrazoados de Santo Tomás, mas sobretudo os de Descartes e de Santo Anselmo. De fato, na base de suas mais famosas demonstrações repousa um convencimento similar, e é isso que em nós há do divino, há do extraordinário que não pode ser atingido pela realidade, que não pode ser simples fruto de nossa criatividade; e quando mesmo assim parecesse, não poderíamos excluir que aquela criação não seja já criatura de uma infinita vontade de iludir-se, que esconde, por sua vez, uma infinita motivação, que não pode ser de origem humana e finita. Em suma, descobrir Deus, descobrir o infinito, requer, já por si, ser de algum modo infinitos, participar de um infinito que nós não somos. E é esta a linha vermelha que perpassa a reflexão de Bernhard Welte.

A história da filosofia, portanto, poderia ser lida como uma enorme tentativa de idealizar o mundo, ou como aquela tensão moral, transcendente, religiosa, que se encontra no homem, também dentro do curso da natureza, pela qual todo devir, todo tender, mesmo gravitacional ou fluvial, seria expressão de uma tensão não tanto teleológica quanto teológica, que no homem toma as feições de pretensão de Deus. Todo devir, com sua lei e seu ir além, nos falaria de Deus, toda infinita tensão, sobretudo moral e religiosa, nos diria kantianamente: é como se o finito fosse de *per si* conciliável com o infinito.

Todavia, como é possível ler o mundo à luz da tensão ideal que perpassa o homem, não é, vice-versa, excluído que se possa fazer o contrário e, isto é, que se possa naturalizar a infinita tensão humana do homem. Por que não admitir que na base de nosso agir, mesmo só criativo, ritual etc., esteja a mesma lei que determina a queda dos pesos, o repetir-se obsessivo das ondas, o infinito aspirar à conservação, do caracol, o infinito aspirar a despontar, do Sol? Por que não levar em conta que ética e religião não são senão o repropor-se daquela mesma lei cósmica sob desmentidos invólucros? Que o princípio de conservação é a alma das tensões? Assim, apenas para citar um protagonista recente de tais reflexões, segundo Henri Laborit nós vivemos e somos programados para manter nossa estrutura biológica, a partir do momento que a razão de ser de todo vivente, seu dever ser, seria seu ser.[1] Ser. Este é o dever ser, o empenho, a obrigação, a ordem genética e cósmica à qual depois o homem daria o suporte moral, a nobre cobertura. Em outras palavras, na base dos imperativos estaria o único verdadeiro imperativo categórico: conserva-te a ti mesmo, sê, e continua a ser. E até a liberdade, que parece existir e contrastar com este plano de desenvolvimento cósmico, termina onde termina nossa ignorância, onde o homem decide ser verdadeiramente iluminista, isto é, renunciar a uma filosofia terapêutica e

---

[1] Cf. H. Laborit, *Éloge de la fuite*, Laffont, Paris 1976; tr. de L.P. Caruso, *Elogio della fuga*, Mondadori, Milano 1990.

reconhecer a necessidade que está na base de fenômenos como o amor, a fé, a política etc.

No debate contemporâneo, aceso particularmente na Alemanha, esta postura assume o título de *naturalismo*.[2] Segundo a postura de vários filósofos, físicos, matemáticos, juristas, médicos etc., hoje existiriam as condições de isolar definitivamente uma assim dita "metafísica da liberdade" e de tentar explicar, em sentido amplo, o que é tipicamente humano – a religião, a ética, a arte, a espiritualidade –, exclusivamente baseados em fatores materiais, os mesmos que empregamos para explicar todos os demais fenômenos cósmicos. Em outras palavras, os defensores do naturalismo, como Wolf Singer, Gerhard Roth ou Beruf Kanitscheider, sustentam que já não existem as condições para reconhecer um estado autônomo para atos que – graças a um conhecimento sempre mais avançado e correto do cérebro e dos processos neurais que nele se ativam – parecem agora plenamente reconduzíveis a dinâmicas neurobiológicas. Assim, aquilo que a tradição apressadamente atribuía à liberdade do indivíduo, à consciência, à pessoa, ou, por assim dizer, à dimensão transcendente da alma, hoje pode facilmente ser fundamentado experimentalmente, fazendo recurso aos estudos de genética do comportamento e da sociobiologia.

Delineia-se, pois, não só a necessidade de uma mais estreita e vital colaboração entre filosofia e ciências da natureza, quanto de uma hipótese em base da qual tudo seria reconduzível ao materialismo mecanicista, pelo qual as ações humanas – até as mais complexas – seriam tratadas como subclasse dos eventos naturais. Este monismo ontológico, pois é disso que se trata, teria o mérito de explicar até a complexidade da vida e do mundo, simplesmente recorrendo à auto-organização interna da matéria, da qual o cérebro é o auge. Agindo assim, antes de tudo se permaneceria fiéis ao *princípio de economia*, segundo o qual é preciso procurar explicar a complexidade do real, utilizando

---

[2] Pensa-se apenas no recente confronto acontecido entre novembro de 2003 e junho de 2004, nas páginas do "Frankfurter Allgemeine Zeitung", ou sobre o documento "Zur Dibatte", ou, ainda, no volume aos cuidados de P. Neuner, *Naturalisierung des Geistessprachlosigkeit der Theologie? Die Mind-Brain-Debatte und das christliche Menschenbild*, Herder, Freiburg-Basel-Wien 2003.

o menor número de elementos necessários à finalidade. Assim sendo, se, para explicar A é suficiente B, a introdução de C, junto de B, é absolutamente desnecessária, além de danosa. C, nesse caso, representaria o fundamento metafísico. Além disso, se abarcaria inteiramente o *princípio de imanência*[3] de Stratone di Lampsaco, segundo o qual o mundo se explica por si, ou seja, sem necessidade de excogitar, por exemplo, ideias de tipo platônico.

Dentro desse quadro de referência, entretanto, é possível introduzir uma ulterior subdivisão, à qual Kanitscheider dá o nome de *naturalismo fraco* e *naturalismo forte*, pelo que, com o primeiro, se entende aquela concepção que, mesmo reforçando o princípio em base do qual tudo pode encontrar uma explicação na matéria, não exclui, a priori, a possibilidade de que existam elementos transcendentes que contribuam para a compreensão da realidade. Isso não se pode excluir preventivamente. O naturalismo forte, à Armstrong, não leva absolutamente em consideração essa eventualidade, que é tida como infundada até prova em contrário. A diferença, portanto, é que a obrigação da prova diz respeito a quem pretende sustentar a validade da hipótese metafísica, o que faz que seja de competência do metafísico, e não do cético, demonstrar que as estrelas são habitadas por pequeninos homens verdes. Na falta de demonstração, a hipótese não é válida, porque fantástica e sem suporte.[4] Se aplicada ao estudo da natureza e, em particular, ao estudo do comportamento do homem, esse pré-julgamento levaria verdadeiramente a uma peculiar *mitologia do cérebro*.[5] O cérebro, de fato, esconderia em suas circunvoluções a resposta a esses misteriosos comportamentos que hoje, ignorando,

---

[3] A propósito do princípio de economia e de imanência vejam-se E. Poppel, *Abschied vom menschlicen Menschenbild?*, in "Zur Debatte" 1 (2003), p. 28-30, e B. Kanitschneider, *Naturalismus, Metaphysische Illusionen und der Ort der Seele. Grundzüge einer naturalistischen Philosophie un Ethik, Ibidem*, p. 33-34.

[4] Cf. *Ibidem*, p. 33.

[5] Sobre a mitologia do cérebro, veja-se K. Lüderssen, *Wir können nicht anders*, in "Frankfuter Allgemeine Zeitung", 4 de novembro de 2003.

atribuímos a ideais e liberdade. Em outras palavras, o homem tenderia a registrar em boa-fé ações às quais não foi ele quem deu origem, e isso porque ignora profundamente o nível de condicionamento de seu agir. Roth, psicólogo do comportamento, chega assim à conclusão de que o livre agir é fruto de mecanismos neurais e de uma sucessão de vicissitudes e impulsos psicológicos cotidianos, e que as próprias dinâmicas cognitivas seriam explicadas casualmente em base de processos cerebrais. Se isso fosse verdadeiro, deveríamos concluir que, observando bem, todo ato tido como voluntário (ato de fé, estético, de amor etc.) seria fruto de uma vicissitude biográfica, de um inconsciente coletivo e individual, do qual, não sendo consciente, tendemos a desconhecer o peso e o valor condicionante. Por isso se pode até falar de *naturalismo evolucionista*. Segundo esta posterior especificação, todos os valores ideais, morais, religiosos, todas as normas éticas que conservamos e influenciam nossa conduta, em verdade não seriam senão regras assimiladas no decurso do tempo, pois capazes de resolver os problemas de sobrevivência e de conservação da espécie. Razão pela qual os cérebros de nossos antepassados teriam selecionado, por adaptação, aquelas opções de comportamento otimizadas, aquelas estratégias de reelaboração do real, inculcadas e memorizadas por meio de experiências biográficas e em virtude de vantagens genéticas dela derivantes.[6] O sistema nervoso central, em suma, no momento da escolha (por exemplo, acerca da existência de Deus, acerca do respeito a uma lei, acerca da oportunidade de namoro, acerca da tutela da prole) seria, por assim dizer, condicionado, para não dizer determinado, na direção de uma soma de prioridades, censuras, mandamentos inconscientes, valores emocionais e motivacionais, sinais ambientais e corpóreos, reminiscências genéticas, em presença dos quais manter aberta a

---

[6] Cf. W. Singer, *Keiner kann anders, als er ist*, in "Frankfurter Allgemeine Zeitung", 8 de janeiro de 2004.

possibilidade de um comportamento alternativo seria nada mais que uma ilusão. Enfim, dada a história pregressa do homem, uma série de sistemas de defesa adquiridos no curso da evolução – que nos dizem que a vida solitária primitiva está em maior perigo com relação ao casamento e à família; que prestar ajuda a quem está em dificuldade é o único sistema para receber ajuda gratuitamente, quando somos nós a estar em dificuldade; que o reconhecimento de regras válidas para todos, mesmo que às vezes possa ir contra o imediato interesse pessoal, obrigatoriamente está a meu favor e evita a anarquia; que a admissão de uma entidade superior é um sistema que, a distância, facilita a convivência consigo mesmo e age como elo da convivência do clã. Postas, enfim, essas premissas, nosso agir será inevitavelmente determinado para uma escolha que a nós (no escuro dessa estratificação motivacional genética) poderia parecer livre. Com certeza, para alguns,[7] nossas decisões teriam sua exata localização em ponto bem preciso, o sistema límbico, no qual inconsciente ontológico e filogenético deteriam, sem o sabermos, o tempo de nossas ações.

Isso quer dizer que o ato final do consentimento, ou seja, a verdadeira decisão propriamente dita, representa só o último ato, aquele que caminha para um final decisivo, para uma ação abrangente, que existe para separar e que encontra, no caminho livre, apenas a última autorização formal que permite a conclusão do percurso, a liberação de uma energia latente. Existiria em nós uma "disponibilidade potencial",[8] uma pré-ativação destinada a atualizar-se e da qual a liberdade seria apenas o elegante distintivo. A decisão, em outras palavras, não seria causa e premissa da ação, e sim consequência de uma disponibilidade potencial para o agir. O processo, portanto, seria inverso, no sentido de que o homem tenderia a tornar própria uma ação, fazendo-a recair assim

---

[7] H. L. Kröber, *Das limbische System – ein moralischer Limbus?*, in "Frankfurter Allgemeine Zeitung", 11 de novembro de 2003.

[8] Sobre o conceito de "disponibilidade potencial" veja-se E. Schockenhoff, *Wir Phantomwesen*, in "Frankfuter Allgemeine Zeitung", 17 de novembro de 2003.

sob sua jurisdição, na medida em que, inconscientemente, perceba a urgência disso. Uma tensão premente tende a se tornar automaticamente uma ação da qual, em um segundo momento, o homem se apropria, transformando-a em fruto de uma escolha deliberada. Seria a liberdade a reboque da ação e da evolução, e não vice-versa.

A consequência última de tal naturalismo evolucionista é o assim dito *naturalismo normativo*, em base do qual, mais se adentra no conhecimento físico, neurobiológico do cérebro, mais se tornarão visíveis as fontes, as origens dos comportamentos morais e religiosos. Em particular, se tornará evidente a naturalização da ética e da moral (Wilson e Ruse), entendidas como otimização adaptativa e evolutiva a serviço da espécie. Muitos valores, por exemplo, podem ser facilmente explicados enquanto adaptações históricas, otimizações funcionais na luta pela sobrevivência. Nessa ótica, a mesma diferença entre certo e errado, entre ser e dever ser, seria um reflexo imediato da história evolutiva do homem. Não só o naturalismo supera, de fato, a diferença entre descritivo e prescritivo, a partir do momento que o prescritivo (ético ou religioso que seja), longe de ser um valor transcendente, metafísico, se torna de fato a elevação, a norma do comportamento eficaz e funcional na maior parte das vezes, de forma que bom é o que, tendo sido escolhido e tendo resultado vencedor, se torna moral, e, portanto, fonte de obrigação. Bom é o que quase sempre se escolhe, e, tendo sido escolhido, se torna bom, isto é, fonte de obrigação para os demais.

Efeito dessa posição é impedir a diferenciação entre dever e querer, inaugurando um moderno "humanismo secular", capaz de conciliar imperativos morais, natureza do homem e felicidade. Tudo isso, porém, a um preço: a mitologização do cérebro que, em sua misteriosa composição, recolhe todos os segredos do livre agir humano, na forma de células nervosas. Para uma filosofia assim naturalizada, resolver o problema da religiosidade e da fé em Deus significa, sobretudo, buscar os fundamentos da consciência religiosa ali onde poucos até agora haviam buscado, ou seja, na psicofarmacologia e na genética do comportamento. Se assim fosse, não teria sentido falar de liberdade do homem nem de escolha ou valorização. Todavia, também dentro da discussão científica contemporânea, são levantadas objeções de fundo. Antes de tudo, se o naturalismo não quer ser acusado de fundar uma ontologia monista, deve demonstrar que existe um nexo causal bioquímico entre as células cerebrais, depositárias da bagagem evolutiva da espécie, e as livres ações pessoais que os homens desempenham. Ocorre que tais suposições sejam demonstradas, e que seja portanto demonstrada a existência de tais "homens verdes" dentro de nosso cérebro! Ademais, com base nas recentes aquisições experimentais,[9] a operação é ainda mais árdua, se não impossível. O cérebro, de fato, é composto de outras cem milhares de células, cada uma das quais ligada com ao menos outras dez mil. Graças à estimulação, na inibição dessa infinidade de ligamentos, nós temos uma ativação cerebral, um estado psíquico que vê a simultânea ativação das células, difundidas no espaço do cérebro. É como dizer que qualquer atividade cerebral prevê a ascensão simultânea de uma seção, de um segmento dessa rede neural. Em base ao segmento ativo e à sucessão com que as células sejam acesas, nós temos resultados e funções diferentes. Por exemplo, um estado psíquico prevê a ativação simultânea de mais células em mais partes do cérebro, o que quer dizer que ocorre uma coordenação temporal, que acontece por meio de um processo oscilatório das células. Todos os acontecimentos que se sucedem a uma velocidade compreendida entre zero milésimos de segundo e trinta milésimos de segundo parecem simultâneos: ou seja, o tempo, abaixo desse limiar, parece correr contínuo. A sucessão temporal, portanto, é coordenada de modo que dê origem a uma experiência unitária, e o que se sucede a uma velocidade superior aos trinta milésimos de segundo não é percebido separadamente. Razão pela qual se torna muito menos difícil esperar poder reconstruir o nexo causal entre o neurônio A, o neurônio B e os milhares que se seguem,

---

[9] Com relação aos fundamentos neurobiológicos que estão no auge do atual debate sobre a liberdade, veja-se E. Poppel, *Abshied vom menschlichen Menschenbild?*, in "Zur Debatte", cit., p. 28-30.

antes de tudo porque as ativações são geralmente simultâneas, depois porque as dependências são dificilmente mensuráveis.[10]

Fica dito, além disso, que todos os experimentos seguintes – que tendem a mostrar como o livre agir seja uma consequência de fatores de natureza material – concernem a breves processos com a duração máxima de três segundos. É o mesmo que dizer que, dentro de escolhas repentinas, o instinto e a disponibilidade potencial desempenham um caráter fundamental. Entretanto, estão excluídos dessa hipótese representativa todos os processos psíquicos de longa duração, que, de longe, representam a maioria. Não se pode omitir o fato de que as escolhas de liberdade fazem parte de um processo que pode requerer anos para seu desenvolvimento; fugir dos tributos ou ter fé em Deus são atos que amadurecem com o tempo, que dominam as breves ações pessoais (também determinadas) e se ligam a um comportamento abrangente, certamente influenciado pela biografia e pela evolução – mas não necessário. As estratégias abrangentes, que rodeiam a vida, que cada um de nós reelabora, são de fato ordenadas para conseguir fins, que possam também nos ser ditados pela biologia; isso não impede que permaneça aberto o modo pelo qual nós nos comportamos com eles, antes de tudo porque, também biologicamente falando, existe uma pluralidade de fins que possam entrar em conflito entre si, e, depois, porque a maneira de resolver esses conflitos é livre, ou seja, se fundamenta sobre ponderações, motivações e não sobre causas. A fuga metódica dos impostos não é simples resultado de um instinto de conservação imediato, porque é duvidoso que eu consiga o resultado fugindo em vez de pagando, e mais porque eu poderia decidir que a dignidade da vida que me resta pode valer mais que a conservação, a qualquer custo, da própria vida. Ponderar essas coisas, avaliar com o tempo, maturar visões do mundo em linha com as próprias reflexões, e decidir qual dos atos *possa* ter mais sentido, possa funcionar melhor,

---

[10] Cf. E.R. Olivier, *Wonach sollen wir suchen?*, in "Frankfurter Allgemeine Zeitung", 13 de dezembro de 2003.

estas são ações que acontecem baseadas em motivos, em razões e não em causas, porque a vida é um sistema complexo que prevê infinitos caminhos, muitos dos quais plausíveis. O problema, por exemplo, não é se se deve agir de modo econômico, mas quanto e como isso é conciliável com a ecologia, como agir para satisfazer ambas as exigências, e esse é um gesto da liberdade. O naturalismo pressupõe, em vez, a existência de uma solução imediatamente superior às demais, à qual chegar por meio de um simples acompanhamento do instinto, da genética, da biografia, negando, de fato, a complexidade do sistema em que vivemos, além da equivalência das escolhas. A liberdade nasceria exatamente em virtude de um enfraquecimento evolutivo das vias institucionais, que já não garantem respostas unívocas, e do simultâneo complicar-se da vida social, em relação ao qual os mecanismos de resposta milenares resultam inadequados. A insuficiência da natureza, chamada a enfrentar situações nas quais as opções parecem todas plausíveis, cria aquele espaço de indecisão no qual age a liberdade que pondera não só quais são os meios melhores para obter o resultado desejado (e seria esta uma liberdade instrumental), e sim, na complexidade da avaliação, quais são os fins para os quais tender, subtraindo-os ao domínio da biologia. O problema pode se tornar não só qual é o melhor modo de economizar ou de vencer um processo, mas se seria o caso de fugir dos impostos ou vencer o processo (Sócrates). No enfraquecimento do férreo mecanismo de condicionamentos *onto-filogenéticos*, o homem pode supor a rediscussão dos fins.

A biologia fornece respostas às perguntas do passado, mas deixa margens de dúvida sobre as do futuro; as respostas do futuro, às quais se chega por meio das experiências, dos relacionamentos humanos, dos processos de sociabilidade, alteram por sua vez a bagagem genética, a estrutura cerebral, que, alterada, servirá como suporte às perguntas do presente. É como dizer que a livre interação com os problemas, os questionamentos de sentido, as respostas de outrem, os condicionamentos do passado (conscientes ou inconscientes) *induzem* cada um de nós a buscar uma resposta original a quesitos que se renovam. Tal plasticidade, que tem a força de adequar o corpo aos questionamentos de sentido que crescem, segundo pesquisas recentes, tem efeitos até na arquitetura do cérebro.[11] O cérebro, de fato, é um órgão que se modifica com a experiência e com o agir: modificações necessárias para adequar o homem a uma realidade em movimento, para orientá-lo em uma busca de sentido que se faz a cada dia mais consciente.

Para recapitular, o naturalismo está convencido de que não há substancial diferença entre o homem e o resto do mundo, e que todo ato seu, também de fé, é inevitável, como a queda de um peso. A liberdade é uma ignorância dos condicionamentos; o infinito dever-ser moral ou divino, que age no homem, é a mesma força que constringe a matéria a respeitar uma lei física. Nesse sentido, Deus seria uma criação útil à sobrevivência, um dever ser útil ao ser. Fé e ateísmo seriam formas alternadamente válidas para se viver mais. Contra o naturalismo, em vez, reforça-se a existência de uma liberdade total que, sob o impulso dos condicionamentos, é chamada a direcionar o agir, que deve levar em conta a existência simultânea de fins diversos em confronto entre eles, enquanto igualmente cobiçados e, como quer que seja, a serem inseridos em um contraste cósmico que inevitavelmente carrega de uma busca de sentido ampla a eventual ação. *Contextualizar* o livre agir do homem dentro do cosmos significa meter a mão no óbvio e natural correr da vida e de seus mecanismos adquiridos. Saber ser nos obriga a agir diversamente e a dirigir aquele dever ser (que também nos assemelha à onda e à pedra) para as estrelas, a usar aquela tensão, agora moral, para nos encaminhar para um mistério, que não exclui nem mesmo que ali possa existir acolhimento libertador. A transformação do dever ser em tensão moral poderia ser aquele passo necessário ao homem para navegar e não naufragar no infinito. Voltar a própria tensão para o espaço infinito, para a busca de sentido é por si um desprendimento da terra, que, mesmo arriscando-se à deriva, só pode

---

[11] A respeito da capacidade de o cérebro ser plástico, ou seja, de ele regenerar-se e de transformar-se sob o impulso do agir e da experiência, cf. C. Schwägerl, *Neurodämmerung*, in "Frankfuter Allgemeine Zeitung", 23 de janeiro de 2004.

colocar na condição de sondar o mistério. A libertação do homem das leis cósmicas de pura conservação, e, portanto, a transformação do dever-ser, que nos assemelha à matéria, em um dever-ser amoroso, ético-religioso, poderia representar aquele passo finito que as religiões pedem ao homem para preencher a distância infinita até Deus. Guiar o impulso natural, que até a pedra possui, para a busca de sentido é o único movimento capaz de nos colocar nas condições de encontrar o impossível e suas pegadas.

Certamente é preciso depois colocar-se diante desse mistério com seriedade, à escuta, amando, à procura daquele relacionamento pessoal que possa fundamentar o sentido e no-lo revelar. E, todavia, como não pensar que, uma vez cumprida essa abertura, uma vez que se está predisposto ao acolhimento disponível e amoroso nos confrontos com o Tu, possa ser possível aceitar-lhe a ausência, reconhecer a falta de fundamento daquele nosso ato de confiança e de fé mal colocado? Como não pensar criar e sentir vozes inexistentes no deserto, não obstante ver realizado aquele abandono que, uma vez cumprido, coloca o homem em um ponto sem volta? O *abandonar-se a* não prevê a certificação daquilo a que se abandona, porque essa seria uma lógica indagadora; no momento em que é dado, Deus existe, no momento precedente não. Pôr-se à escuta, agora, quer dizer já crer e sentir, quer dizer já confiar, lançar-se e, portanto, encontrar pontos de apoio, verdades diversas, que entretanto não podem não existir, a partir do momento que é em nome delas que me abandonei. Quem ama crê, mas, diferentemente do amor humano, o amor por Deus jamais terá confirmação da traição, já não haverá provas do engano: porque repousa sobre um enigma que todos sabem insolúvel. Pelo que, o problema não estaria tanto na dúvida se a minha confiança tenha ou não um fundamento, mas no como isso seja possível, como o amor possa fecundar as relações, como as relações éticas possam de fato valer como experiências portadoras de sentido, que não requerem ulteriores explicações. No fundo, na base de tudo estaria o valor óbvio da relação ética e amorosa, de *per si* boa e fundamental, sobre cuja evidência se apoiaria toda outra forma de significado. Na plenitude do agir ético se revelaria a sensatez do mundo, e, no entanto, tal agir ético, longe de ser um arbítrio, teria suas raízes na autoevidência, na clareza com que esse postulado se revelaria no amor.

Dito de outra forma, a ancoragem final filosófica à qual, segundo Welte, tudo se agarra, é o sentido incontestável da ação moral – e que fala na sacralidade do rosto que pede respeito –, incontestável na medida em que o relacionamento com a vida seja um relacionamento de amor. Obviamente, basta colocar em dúvida o assumido segundo o qual o amor dê o ser, para resvalar para êxitos decisivamente próximos daqueles alcançados por Schopenhauer e Feuerbach. Fazer experiências significativas quer dizer viver uma vida sensata, isto é, uma vida que tenha em si as características do fundamento metafísico e do tu pessoal. O ponto nevrálgico está exatamente neste passo: que a sociedade, e a época em que vivemos, é avara de experiências do gênero porque avaro é o espaço de atenção no qual elas possam acontecer. Isso não nega o discurso, pois o postulado ético ou de sentido tem vida própria, até no caso de que sobrasse um só indivíduo a experienciar um chamado do gênero, a receber a autojustificação do ato moral; basta um Noé qualquer dentro de um mundo esquecido, para que o sentido ético irrompa na vida de todos. A fim de que haja a fé, porém, é necessário o amor, porque só ele nos pode tornar menos estranhos ao mundo, nos pode ajudar em relação à deficiência de compreensibilidade do mistério de Deus, pode decifrar o enigma.

Isso não impede que essa deficiência de compreensão não aconteça, que o espaço de escuta seja reduzido, que o divertimento e o azáfama se tornem hoje um modo estandardizado de se relacionar com a vida e que o amor seja um fruto sempre menos difundido, sempre mais raro. O niilismo, portanto, entendido como destino de época da Europa contemporânea, como ausência de pátria, *Heimatlossigkeit*, como alienação, *Entfremdung*, e desenraizamento, é uma experiência fundamental de nosso tempo. A mesma dúvida acerca da oportunidade ou não de submeter à atenção do homem o problema da existência e de Deus – pensa-se no Neopositivismo – subentende de fato um pronunciamento de valor. Com efeito, afirmar que é coisa oportuna e sensata omitir esse quesito quer dizer que, sobre a base da grande impossibilidade de sua existência, como de sua inexistência (diversamente, a aposta pascaliana continuaria a fazer valer suas razões), levando em conta a brevidade do homem, é coisa sábia e preferível divertir-se e não se achacar em questões de nenhuma importância. Colocar ou não um problema é já sintoma do valor que se lhe atribui. Diante desse impor-se do niilismo, é como se Welte respondesse com um niilismo teológico, que teria suas raízes e de seus pressupostos nas bases pós-metafísicas de seu pensamento. A partir do momento que se admite, de fato, a historicidade de Deus e da revelação, ou a íntima implicação que Ele tem com o desenvolvimento da realidade temporal, ele é submetido aos ritmos e inconvenientes da finitude, razão pela qual a ausência, o desaparecimento, a morte, a negação de Deus voltam a entrar nas eventualidades que dizem respeito a quem quer que surja dentro de uma moldura temporal. Deus e sua mensagem teriam o niilismo e o ateísmo como um inevitável altar oposto ao outro. Aos olhos do homem, Deus pode desaparecer exatamente porque desapareceu aos olhos do homem. Nesse sentido, a história do ateísmo e do niilismo representaria uma classe de fenomenologia do sagrado na época contemporânea. Daí, o ter sentido falar de niilismo teológico.

O nada não seria nulificante, representaria, ao contrário, a experiência fundamental de Deus como distância, como realidade que – diante da transcendência humana que aponta para a vida plena – recusa ser "qualquer coisa" à disposição do pensamento, tornando-se assim o além-existente, o não ente.

E, ademais, o assassínio de Deus por mão da multidão assinala o fim da manipulação executada pelo homem aos danos do verdadeiro Deus, ou o desaparecimento definitivo, pelo homem, de tudo o que é Outro?

O homem é só ou se sente só?

O niilismo e o ateísmo contemporâneos são a primeira parcial tomada de consciência da chegada de nossa maioridade, ou a confirmação da imaturidade de um homem que tem necessidade de se sentir patrão único de um mundo a ele desconhecido? Minoridade pode consistir seja no não querer se emancipar de falsos padrões protecionistas, alimentando assim um estado de dependência tranquilizadora, seja no não reconhecer os limites e a contingência próprios de uma existência não autossuficiente. Menores, igualmente, permanecem seja o filho que, não matando o pai, dele se torna vítima, seja o filho que, matando-o, desconhece-lhe a paternidade; seja quem renuncia a si por Deus, seja quem renuncia a Deus por si.

Fazer-se nada também para salvar Deus é o que o homem tem feito durante séculos, aceitando sua categoria de criatura, reconhecendo como óbvia a dependência e chamando para si os dardos de Kant e de seu Iluminismo. Ao contrário, fazer-se Deus também para salvá-lo, isto é, também para salvar-lhe a função, é o que o homem estaria fazendo com o desaparecimento de Deus na época do niilismo; ou, ainda, fazer-se Deus também para salvar-se, também para emancipar-se do engano milenar.

Atrás das multiplicações de uma sociedade sempre mais prolífica, anuncia-se então um vazio que o homem tenta preencher por si, com um agir que oscila entre o prometêico e o profético, conforme a característica reconhecida para si e para o nada. Também a multiplicação dos nomes, mais que ajudar, complica, e se de um lado é expressão de uma teologia do inexaurível, do Outro, como vimos, corre o risco de se conotar como proliferação inautêntica e não natural. Não é arbitrária, com efeito, a ligação instaurada entre o afirmar-se do nada e do pensamento técnico em suas variadas formas. O predomínio da maquinação, entendida como afirmação moderna da técnica, da historiografia – isto é, da imagem, da ideologia – caminha *pari passu* com a afirmação do niilismo. Pelo que, a superação deste último poderia estar diretamente ligada à superação da aproximação metafísica com o mundo. O niilismo, de fato, produz o desenraizamento e a desolação; desolação esta, todavia, que pode ser considerada uma condição vantajosa para a recuperação do silêncio e, consequentemente, da palavra. Diante desse fazer-se Deus do homem, que multiplica as fórmulas e as equações, que preenche todos os espaços vazios – com um *horror vacui* próprio de outros tempos – existe sempre o risco de se achar no silêncio embaraçoso, naquilo que foge a todo tipo de gestão. Resta o problema se diante de tal eventualidade se devam redobrar as forças de distração ou se, em vez, como sustenta Welte, se deva aproveitar e denunciar a maquinação.

A tentativa do homem é a de ver isso claramente, de fugir seja da lógica da autoexaltação, seja da lógica da submissão, e não está dito que, para que isso aconteça, não seja útil aquele clima de deserto, que se instala com a irrupção do nada, que emudece a todos e a todas as coisas. Certamente, o homem deve dar um passo para trás, deve alimentar aquele espaço incerto de dúvida, de escuta, no qual encontrar ou pelo menos *ir ao encontro*, corajosamente, daquilo que poderá revelar sua natureza de Deus ou de nada. Em ambos os casos, porém, é preciso partir de uma correta avaliação do que se é, para evitar derivas antropocêntricas. Nesse sentido, o reconhecimento do temporalizar-se do homem e, portanto, de seu ser-pobre, a cognição da falta, a aceitação da pobreza como elemento constitutivo são passos necessários dos quais não se pode fugir. Ser-aqui significa, antes de tudo, ser pobres, ser expropriados e, assim, sempre sujeitos a elevações e a dejeções;[12] significa sentir-se sempre e de qualquer forma objeto entre os objetos no deserto nada, renunciar à autoafirmação da subjetividade no pensamento representativo, em virtude daquele pudor que nos advém da íntima certeza de nossa absoluta pobreza.

Ser pobre torna disponível e atento a toda possibilidade, a todo indício do qual tirar benefício, torna sensível àquilo que, na abundância, some. Entretanto, não quer dizer ser miserável, isto é, esmolar, buscar nos outros aquilo que não se possui. Quando se fala de Deus, ser pobre pode significar estar na condição de reconhecer um vazio que não pode ser preenchido por entes, e que, por isso, representa a mais elevada forma de garantia de que toda voz seja adequadamente levada em consideração. A voz no deserto assume todo o valor que lhe é próprio, porque, antes de descartar sua escuta, o viajante se sente obrigado a avaliar profundamente sua veracidade. Não se recusa tão facilmente a quem nos chama no deserto. Certamente é preciso

---

[12] B. Casper, *Elevazione e povertà*, in "Annuario filosofico", 15 (1999), p. 136.

evitar que esse chamamento seja a amplificação de um nada, que seja a miragem autoproduzida pela necessidade de fugir a essa falta de fundamento cósmico, a essa solidão insuportável, de romper esse sitiamento metafísico ao qual se está sujeito. A miragem é o principal perigo em que incorre quem vive no silêncio e na pobreza.

Portanto, nem amplificar o nada nem fugir aos encontros humanos que possam dar sentido ao deserto. Onde as vozes que escutamos são a reprodução da nossa, porém, não se sente de fato pobre. É preciso estar um pouco cansado de si para deveras procurar o Outro, é preciso romper o sitiamento próprio para encontrar o Outro em si. É preciso reconhecer o vazio, o deserto que nos circunda e que carregamos dentro de nós para não nos bastarmos mais a nós mesmos: é nesse sentido que as determinantes não biológicas assumem valor em contraste com nossa não autossuficiência. A ideia autoproduzida de um oásis não é senão a miragem, a alucinação, a tentativa de satisfazer por si o desejo humano, esquecendo o limite. O oásis, ao contrário, se choca, nela se bate, se prestamos atenção, e por isso representa aquilo que menos que tudo se concilia com o orgulho do homem. No silêncio do deserto não me basto a mim mesmo, os noventa e nove nomes com que eu comandava as coisas já não têm força, nem mesmo aqueles dirigidos a Deus. Onde Deus perde os nomes aparece a presença do qualquer coisa, o silêncio assume a primazia (assumindo uma função ética, graças à qual se entende a relatividade dos juízos de valor); o ente, inclusive o homem, é acolhido como coisa entre coisas, e a ironia nos confrontos com o mundo e com o ego transbordante se torna norma. O nome no silêncio, como o ente no deserto, é reconhecido por aquilo que é, ou seja, qualquer coisa da qual não se pode rir, o limite inferior do nada, o suceder-se conforme o antes e o depois. O homem deve aceitar ser fora de casa, ser hóspede no mundo; ele certamente tem o direito de construir suas habitações, de suprir a essa sua situação edificando um mundo cultural, uma história que o coloque em sua amplitude e que o torne menos suspenso e em julgamento, mais seguro por aquilo que conseguiu criar. Contudo, essa plenitude corre o risco de ser destrutiva, esse edifício artificial corre o risco de ser uma torre – exatamente como a de Babel –, cujos fundamentos têm a pretensão de valer como fundamento do mundo. Tal operação de autorrealização, porém – na qual o homem se arrisca a trancar-se, pondo obstáculo ou impedindo toda forma de busca e de escuta do Outro –, acontece quando naufraga a realização de sentido, quando o *self made man* se encontra a dever realizar, a fazer por si não só a própria vida, mas também sua origem e seu futuro. Diferentemente, no parecer de Kierkegaard, a porta da felicidade se abre só para o exterior, e quem tenta forçá-la em sentido contrário, puxando-a em direção de si, acaba por fechá-la sempre mais. Nesse ponto, será óbvia a solidão em que caímos, serão óbvios a clausura e o isolamento em que somos atirados, fechando as portas, trancando as janelas como monjas. Uma monja da qual, porém, dessa vez, preventivamente subtraímos o Deus interior, a história eterna, e que assim se encontra no dever de se construir e de construir o mundo.

Uma vez erradicada a verdade de nosso íntimo e colocados em dúvida Platão e Santo Agostinho, uma vez que nossas determinantes transcendentais são explicadas na base de tensão conservadora, fenômenos sociais, temperaturas históricas, mutações genéticas, viver *in interiore homine* pode significar apenas fechar-se definitivamente em si mesmo. Se o "conhece-te a ti mesmo" tem tido até agora um caráter importante e construtivo dentro da tradição ocidental, é porque o convencimento paralelo era de que, em seu interior, conhecendo-se, o homem teria encontrado muito mais de si mesmo. E isso vale para Sócrates, Platão, Agostinho e até para Kant. Na ausência dessa plenitude, o chamado é perigoso e antes precisaria mudá-lo para o *ignora-te a ti mesmo*. Em presença de um doente mental, a "desreflexão", que consiste no aprender a se ignorar, pode representar não apenas um método psicoterapêutico, mas também uma indicação de máxima reviravolta para o homem – hoje vulnerável naquela direção. Não pôr mais em primeiro plano a si mesmo pode significar procurar alhures, nos outros ou no mundo, uma plenitude de sentido que já não pesa sobre os ombros frágeis do eu; razão pela qual, como sustenta Frankl, "muito mais importante que o exagerado desprezo por si (hiperconscientização), ou a exagerada autoconsideração (hiperconsciência), é o completo esquecimento de si";[13] porque, para reconhecer o quanto de mais íntimo possuímos e somos,

---

[13] V.E. Frankl, *Teoria e terapia delle nevrosi*, Morcelliana, Brescia 2001, p. 194.

é necessário ir além dos outros e do mundo, das relações éticas, amorosas e da gratuidade do ser. Para que isso aconteça plenamente, sobretudo hoje, é preciso que o homem volte a se interessar pelo diferente de si, mais que por seu castelo, tendo a coragem de reconhecer a autonomia de Outro. Só colocando-se à parte se arrisca a encontrar o improvável. "Só quando as raízes da planta estão bem cobertas e escondidas pela terra, a copa pode desdobrar-se em todo o seu viço. É característica de minha qualidade de homem, como ser livre e espiritual, que uma parte de mim mesmo deva ser esquecida".[14]

---

[14] *Ibidem*, p. 195.

NOTA BIOGRÁFICA

Bernhard Welte nasce a 31 de março de 1906, em Messkirch, na mesma região que tinha visto o nascimento de Martin Heidegger. Tendo atingido sua maturidade no internato de São Konrado de Constança, inicia em 1924 os estudos de teologia católica junto da faculdade de Friburgo, na Brisgóvia, e em Mônaco. Em 1929 é ordenado sacerdote como cooperador na catedral de Friburgo, tornando-se, em seguida, secretário do arcebispo da mesma cidade, Conrad Gröber, ao qual será ligado por profunda amizade. Juntamente com Heinrich Ochsner, chega, em 1934, a certa notoriedade, sobretudo graças ao interesse de Karl Färber, que será até 1970 – ano de sua morte – não só seu melhor amigo, mas também seu único mestre no campo da filosofia. Em 1939, laureia-se em teologia com Engelbert Krebs, defendendo uma tese intitulada *A unção pós-batismal – O seu conteúdo simbólico e a sua pertença aos sacramentos segundo os testemunhos da Igreja antiga.* Nos anos 1940 adere ao "círculo de Friburgo", chamado também *Färber Kreise*, do qual fazem parte numerosos intelectuais, entre os quais, por exemplo, Max Müller, Robert Scherer, Hubert Seemann, Reinhold Schneider e, sobretudo, Heinrich Ochsner (*Spiritus rector*); a tentativa é a de superar as estreitezas e as angústias de um pensamento neotomista, reelaborando formas de pensar que saibam confrontar-se com a filosofia contemporânea. Como conclusão do conflito, em 1946, obtém a habilitação à livre docência, com um texto intitulado *A fé filosófica em Karl Jaspers e a possibilidade da sua interpretação por meio da filosofia tomista.* Mais tarde, em 1952, junto à Universidade Ludwig de Fiburgo, ocupa a cátedra de *Grenzfragen*, ou de "questões limite", cuja característica era a de enfrentar questões liminares, dominantes entre a religião e a filosofia. Dois anos mais tarde, ela será transformada na cátedra de "filosofia da religião cristã": a primeira a entrar em atividade na Alemanha. No biênio 1955-1956, ocupa o cargo de reitor junto à mesma Universidade. Nos anos 1960 e 1970, faz uma série de conferências e encontros nas cidades de Jerusalém, Roma, no Líbano e em particular na América do Sul; a Universidade de Córdoba, na Argentina, lhe conferirá em 1973 a láurea *honoris causa*. Serão encontros fundamentais os realizados, em 1967, com Martin Heidegger e com Konrad Lorenz – com quem manterá frutuosos colóquios, que darão vida a um simpósio, do qual resultará a redação de *Determinações e liberdade* (1969) – e, por fim, em 1973, com o filósofo zen-budista Tjuchimura. No mesmo ano sucede-o, na cátedra de filosofia da religião cristã, seu aluno Klaus Hemmerle. Morre em Friburgo, na Brisgóvia, no dia 6 de outubro de 1983.

Entre suas obras principais, além das já mencionadas, recordamos: *Sul male* (1959); *Sulla traccia dell' eterno* (1965); *Comprensione della salvezza* (1966); *Nel campo del finito e dell' infinito* (1967); *Dialettica dell' amore* (1973); *Tempo e mistero* (1975); *Dal nulla al mistero assoluto* (mas, no original, *Religionsphilosophie*, 1978); *Meister Eckhart* (1979); *La luce del nulla* (1980); *Che cosa è credere* (1982); *Tra tempo e eternità* (1983); como obras póstumas, apareceram *Storicità e rivelazione* (1993) e *Verità e storicità* (1996).

BIBLIOGRAFIA ESSENCIAL

Escritos de Bernhard Welte

Die Glaubenssituation der Gegenwart. Ein Vortrag, Herder, Freiburg i. Br. 1949.

Der philosophische Glaube bei Karl Jaspers und die Möglichkeit seiner Deutung durch die thomistische, in "Symposion", II (1949), p. 1-190.

Gemainschaft des Glaubens. Gedanken über die Kirche, Knecht, Frankfurt a. M. 1951.

Vom Wesen und Unwesen der Religion, Knecht, Franckfurt a. M. 1952.

Vom Geist des Christentums, Knecht, Franckfurt a. M. 1955; tr. de M. Accastello, *Lo spirito del cristianesimo*, Edizinoni Paoline, Milano 1961.

Die Wesenstrukture der Theologie als Wissenschaft, Schulz, Freiburg i. Br. 1955.

Nietzsches Atheismus und das Christentum, Wissenschaftliche Buchgesellschaft, Darmstadt 1958; tr. de F. Stelzer, posfácio de G. Penzo, *L'ateismo di Nietzsche e il cristianesimo*, Queriniana, Brescia 1994.

Über das Böse. Eine thomistische Untersuchung, Basel 1959, Herder, Freiburg i. Br. 1986 2; tr. de O. Tolone, *Sul Male. Una ricerca tomasiana,* Morcelliana 2005.

Über das Wesen und den rechten Gebraucht der Macht. Eine philosophische Untersuchung und eine theologische These dazu, Rombach, Freiburg i. Br. 1965.

Auf der Spur des Ewigen. Philosophische Abhandlungen über verschiedene Gegenstände der Religion und der Theologie, Herder, Freiburg-Basel-Wien 1965; tr. de G. Brosella, *Sulla traccia dell'eterno*, Jaca Book, Milano 1976.

Heilsverständnis. Philosophische Untersuchung einiger Voraussetzungen sum Verständnis des Christentums, Herder, Freiburg-Basel-Wien 1966.

(Em colaboração com H. Kahlefeld-U. Mann-C. Westermann) *Christentum und Religion*, Pustet Verlag, Regensburg 1966.

Im Spielfeld von Endlichkeit und Unendlichkeit. Gedanken zur Deutung des menschlicen Daseins, Knecht, Frankfurt a. M. 1967.

Determination und Freiheit, Knecht, Frankfurt a. M. 1969.

Dialektik der Liebe. Gedanken zur Phänomenologie der Liebe und zur christlichen Nächstenliebe im technologischen Zeitalter, Knecht, Franckfurt a. M. 1973; tr. de G. Scandiani, *Dialettica dell'amore. Fenomenologia dell'amore e amore cristiano nell'era della tecnologia*, Morcelliana, Brescia 1986.

Zeit und Geheimnis, Herder, Freiburg-Basel-Wien 1975.

Gescenkte Zeit. Meditationen, hrsg. von J. Blank-B. Welte, Herder, Freiburg i. Br. 1975; tr. de G. Tron, *Il dono del tempo*, Queriniana, Brescia 1976.

Maria die Mutter Jesu, Herder, Freiburg i. Br. 1976; tr. de C. Zoppola, *Maria la madre di Gesù. Meditazioni*, Morcelliana, Brescia 1977.

Geselschaft, Knecht, Frankfurt a. M. 1977.

Religionsphilosophie, Herder, Freiburg-Basel-Wien 1978; tr. de A. Rizzi, *Dal nulla al mistero assoluto. Trattato di filosofia della religione,* Marietti, Casale Monferrato 1985.

Meister Eckhar. Gedanken zu seinen Gedanken, Herder, Freiburg i. Br. 1979.

Das Licht des Nichts. Von der Möglichkeit neuer religiöser Erfahrung, Patmos, Düsseldorf 1980; tr. de G. Penzo-U. Kirsch, *La luce del nulla. Sulla possibilità di una nuova esperienza religiosa*, Queriniana, Brescia 1983.

Der Ernstfall der Hoffnung. Gedanken über den Tod, Herder, Freiburg i. Br. 1982.

Was ist Glauben. Gedanken zur Religionsphilosophie, Herder, Freibur-Basel-Wien 1982; tr. de G. Poletti, *Che cosa è credere. Riflessioni per la filosofia della religione*, Morcelliana, Brescia 1983.

Zwischen Zeit und Ewigkeit. Abhandlungen und Versuche, Herder, Freiburg--Basel-Wien 1982.

Gott führt ins Weite. Texte gegen dir Entimutigen, Herder, Freiburg i. Br. 1988.

Lieder der Nacht, Lieder des Tages – aus dem Libanon. Texte allemand inédit, Jounieh (Líbano) 1988.

Was mich glauben lässt. Meditationen, Knecht, Frankfurt a. M. 1991.

Geschichtlichkeit und Offenbarung, Knecht, Franckfurt a. M. 1993; tr. de O. Tolone, *Storicità e rivelazione*, Milella, Lecce 1997.

Wahrheit und Geschichtlichkeit. Zwei Vorlesungen, Knecht, Frankfurt a. M. 1996.

Gott und das Nichts. Endeckungen an den Grenzen des Denskens, Knecht, Frankfurt a. M. 2000.

Martin Heidegger bernhard Welte. Briefe und Begegnungen, hrsg. von H. Zaborowski, Klett-Cotta, Suttgart 2003.

Freiheit und Traszendenz in der Grenzsituation der Reue, do ciclo de aulas inédito "Freiheit des Geistes und Christlicher Glaube" 1956, Bernhard Welte-Gesellschaft, Freiburg i. Br. 2004.

Principais artigos de Bernhard Welte

Die Lichtung des Seins. Bemerkungen zur Ontologie Martin Heideggers, in "Wort und Wahrheit" 3 (1948), p. 401-412.

Wahrheit und Geschichtlichkeit, in "Saeculum" 3 (1952), p. 177-191.

Der lebendige Gott in der Philosophie des 19. Jahrhunderts. Auszug aus der Vorlesung, in "Gott lebt. 75. Deutscher Katholikentag von 19. bis 24. August 1952 in Berlin", hrsg. von Zentralkomitee der Deutschen Katholiken, Paderborn 1952, p. 333-334.

Eckhart, in *Der grosse Herder. Nachschlagewerk für Wissen und Leben*, vol. 3, Herder, Freiburg i. Br. 1954, p. 155.

Freiheit, in *Der gosse Herder. Nchschlagewerk für Wissen und Leben*, vol. 3, Herder, Freiburg i. Br. 1954, p. 1211.

Heiligkeit, in *Der grosse Herder. Nachschlagewerk für Wissen und Leben*, vol. 4, Herder, Freiburg i. Br. 1954, p. 759.

Jaspers, in *Der grosse Herder. Nachschlagewerk für Wissen und Leben*, vol. 4, Herder, Freibur i. Br. 1954, p. 1215.

Vom rechten Hören, in "Der christliche Sonntag" 11 (1959), p. 237-239, ampliado em *Gespräch ohne Partner. Die Krise des Hörens*, hrsg. von K. Hemmerle, Herder Freiburg i. Br. 1960, p. 9-26.

Zu Martin Heideggers 70. Gerburtstag. Eine christliche Erwägung, in "Der christliche Sonntag" 11 (1959), p. 306.

Der Weg der Heimat, in *Martin Heidegger 26. September 1959*, hrsg. von der Stadt Messkirch, Aker, Messkirch 1960, p. 3-13.

Der Wissenschaftscharakter der Theologie im Verhältnis von Denken und Erfahrung, in *Das Verhältnis von Denken und Erfahrung im wissenschaftlichen Erkennen*, vol. 1 (*Historische Modelle*), hrsg. von E. Denninger-H. Krach, Mainz 1964, p. 5-10.

Heidegger und die Theologie. Zum 75. Geburtstag von Martin Heidegger, in "Der christliche Sonntag" 16 (1964), p. 310-311.

Der Glaube und die Welt der religiösen Anschauungsformen, in *Christentum und Religion*, hrsg. von H. Kahefeld-U. Mann-B. Wlte-C. Westermann, Pustet, Regensburg 1966, pp. 91-106; aos cuidados de H. Kahlefeld-U. Mann-B. Welte-C. Westermann, apresentação de U. Pellegrino, *La fede e il mondo nelle concezioni religiose*, in *Cristianesimo e religione*, Queriniana, Brescia 1971.

Der Gott der Philosophen und der Gott Jesu Christi, in "Oberrheinisches Pastolralblatt" 67 (1966), p. 375-381.

El ateísmo como possibilidad humana, in "Teología" 6 (1968), p. 11-24.

Heidegger 80 Jahre, in "Christ in der Gegenwart" 21 (1969), p. 308.

Die Lehrformel von Nikaia und die abendländische Metaphysik, in *Zur Frühgeschichte der Christologie. Ihre biblischen Anfänge und die Lehrformel von Nikaia*, hrsg. von B. Welte, Herder, Freiburg i. Br. 1970, p. 100-117; aos cuidados de B. Welte, *La storia della cristologia primitiva. Gli inizi biblici e la formula di Nicea*, Paideia, Brescia 1986, p. 121-142.

Ein Experiment zur Frage nach Gott, in *Gott in dieser Zeit*, hrsg. von L. Reinisch, Beck, München 1972, p. 37-47.

Das Denken. Martin Heidegger 85 Jahre, in "Christ in der Gegenwart" 26 (1974), p. 302.

Was hat die Philosophie in der Theologie zu tun?, in "Theologische Quartalschrift" 154 (1974), p. 303-310.

Tod, in *Praktisches Wörterbuch der Pastoralanthropologie. Sorge um den Menschen*, hrsg. von H. Gastager-K. Gastager-G. Griesel, Herder, Wien-Freiburg-Basel-Göttingen 1975, p. 1078-1080; aos cuidados de H. Gastager-K. Gastager-G. Griesel, *Morte*, in *Dizionario di antropologia pastorale. "Servire l'uomo"*, EDB, Bologna 1981, p. 693-696.

Suchen und Finden. Ansprache zur Beisetzung von Martin Heidegger, in "Christ in der Gegenwart" 28 (1976), p. 188; aos cuidados de G. Penzo *Discorso alla sepolrura di Martin Heidegger. Cercare e trovare*, in *Heidegger*, Morcelliana, Brescia 1990, p. 123-126.

Atheismus oder verbogene Religiosität? Ein Gespräch mit Prof. Dr. Bernhard Welte, in "Herdercorrespondenz" 30 (1976), p. 192-200.

Erinnerung an ein spätes Gespräch, in *Erinnerung an Martin Heidegger*, hrsg. von G. Neske, Pfullingen 1977, p. 249-252.

Kampfspiel als Lebenssymbol. Philosophisch-theologische Gedanken über das Fussballspiel, in "Herdercorrespondenz" 32 (1978), p. 252-256.

Der Tod – Ernstfall der Hoffnung, in *Ich will euch zukunft und Hoffnung geben*, hrsg. vom Generalsekretariat des Zentralkomitees der deutschen Katholiken, Paderborn, Bonifacius 1978, p. 470-480.

Jaspers, in *Religionskritik von Auflärung bis zur Gegenwart. Autoren-Lexikon von Adorno bis Wittgenstein*, hrsg. von K.H. Weger, Herder, Freiburg i Br. 1979, p. 171-175.

Gespräch mit einem Atheisten, in "Lebendige Seelsorge" 31 (1980), p. 243-245.

Der mystische Weg des Mesiter Eckhart und sein spekulativer Hintergrund, in *Freiheit und Gelassenheit. Meister Eckhart heute*, em colaboração com H. Falke-F. Hoffmann, hrsg. von U. Kern, Kaiser, München 1980, p. 97-102.

Meditation über die Zeit, "Meditation" 7 (1981), p. 2-4.

Der Übermensch Nietzsche und seine Zweideutige Fragwürdikeit, in "Concilium" 17 (1981), p. 397-401; sob o título *Nitzsches Idee Übermenschen und seine Zweideutigkeit*, ampliado em *Zwischen Zeit und Ewigkeit*, 1982, pp. 158-175: aos cuidados de G. Penzo, *Il superuomo di Nitzsche: ambigua doppiezza*, in *Friedrich Nitzsche e il destino dell'uomo*, Roma 1982, p. 23-42.

Über die Gegenwart des Todes im Leben, in "Archivio di Filosofia" 14 (1981), p. 45-48.

Die Grenze im Härztlichen Handeln, in "Christ in der Gegenwart" 34 (1982), p. 21-22.

Einfürung in die Religionsphilosophie, in "Christiliches ABC heute und morgen" 1 (1983), p. 31-34.

Bemerkungen zum Seisnbegriff Heideggers, in *Fragend und lehrend den Glauben weit machen. Zum Werk Bernhard Weltes anlässling seines 80. Gerburstags*, hrsg. von K. Hemmerle, Schnell & Steiner, Freiburg i. Br. 1987, p. 137-138.

Das Wunder als Kriterium der offenbarung, in "Filosofia della Rivelazione", aos cuidados de M. Olivetti, Padova 1994, p. 891-902 (Arquivo de Filosofia LXII).

Gedichte, hrsg. von B. Casper, Bernhard Welte'Gesellschaft, Freiburg i. Br. 2001.

Zwölf Predigten, hrsg. von B. Casper, Bernahard Welt-Gesellschaft, Freiburg i. Br. 2002.

Resenhas

BRANTS Ad., *Bernhard Welte. Geschichtlichkeit und Offenbarung*, in "Tijdschrift voor Theologie" 35/1 (1995).

CORETH E., *Bernhard Welt. Meister Eckhart*, in "Zeistschrift für Katholische Theologie" 114/4 (1992), p. 456.

DIERKEN J., *Bernhard Welte. Wahrheit und Geschichtlichkeit*, in "Theologische Literaturzeitung" 122/12 (1997).

ESTRADA J.A., *Bernhard Welte. Wahrheit und Geschichtlichkeit*, in "Archivio Teologico Granadino" 59 (1996), p. 400.

Id., *Bernhard Welte. Religionsphilosophie*, in "Archivio Teologico Granadino" 60 (1997), p. 524.

FISICHELLA R., *Bernhard Welte. Geschichtlichkeit und Offenbarung*, in "Gregorianum" 76/1 (1995).

HATTRUP D., *Welte, Bernhard. Wahrheit und Geschichtlichkeit. Zwei Vorlesungen*, in "Theologie und Glaube" 87/1 (1997).

KIENZLER K., *Was vor mir war, wer ich bin. Besprechung von Bernhard Welte*, in "Christ in der Gegenwart" 48/12 (1996).

KIRSTEN E., *Das Einfache ist das Unergründliche. Weltes "Religionsphilosophie"*, in "Christ in der Gegenwart" 49/12 (1997).

Id., *Die Weisung des Todes. Bernhard Welte. Der Ernstfall der Hoffnung*, in "Christ in der Gegenwart" 49/12 (1997).

PLATE M., *Die Zucunft der Theologie. Anlässlich eines Buches über Bernhard Welte*, in "Christ in der Gegenwart" 47/10 (1995), p. 75-76.

RUFF G., *Rezension zu Bernhard Welte. Geschichtlichkeit und Offenbarung*, in "Rivista di filosofia neo-scolastica" 87/3, p. 492-494.

SAUTER-SERVAES H., *Bernhard Welte. Was mich glauben lässt. Meditationem*, in "Renovatio" 48/2 (1992).

SCHNEIDER W., *Besprechung von Bernhard Welte. Geschichtlichkeit und Offenbarung*, in "Forum" 15 (1996), p. 64-67.

SINGER-LINZ J., *Bernhard Welte. Geschichtlichkeit und Offenbarung*, in "Die Zeit im Buch" 48/5 (1994).

SUDBRACK J., *Bernhard Welte. Geschichtlichkeit und Offenbarung*, in "Das neue Buch" 40/1 (1995).

VORLAUFER J., *Bernhard Welte. Wahrheit und Geschichtlichkeit*, in "Die Zeit im Buch" 51/5 (1997).

WALDENFELS H., *Geschichtlichkeit und Offenbarung. Bernhard Weltes Vorlesung*, in "Christ in der Gegenwart" 46/12 (1994).

ZABOROWSKI H., *Wahrheit geschieht zwischen Ich und Du. Besprechung von Bernhard Welte. Wahrheit und Geschichtlichkeit*, in "Forum" 18 (1997), p. 56-57.

_____, *Zur Neuauflage der "Religionsphilosophie" Bernhard Weltes*, in "Forum" 19 (1997), p. 43-44.

Literatura secundária

BASSLER-SCHIPPERGES J., *Gebet aus dem Schwweigen*, Frankfurt a. M. 1997.

BOHLEN S., *Der Naturalismus als Herausforderung für die christliche Antropologie*, in "Zur Debatte" 1 (2003), p. 36-38.

BRITO E., *Du rien imminent au Mystere infini d'apres Bernhard Welte*, in "Rev. Philos. Louvain" 99 (2001), n. 3, p. 385-407.

BRUZZONE D., *Il metodo dialogico da Socrate a Frankl*, in "Ricerca di senso" 1 (2003), p. 7-43.

CASPER B., *Gelebte geistliche Erfahrung. Zum Tode des freiburger Professor Bernhard Welte*, in "Badische Zeitung" 38/206, 7 de setembro de 1983, p. 2.

_____, *In Memoriam: Bernhard Welte zum Gedenken*, in "Freiburger Universitätsblätter" 22/81 (1983), p. 5-6.

_____, *Da mir eng war, hast du mirs weit gemacht. Über Bernhard Welte*, in "Christ in der Gegenwart" 35/40, p. 325-326.

_____, *Sinkrise und Glauben. Bernhard Welte*, in "Börsenblatt für den Deutschen Buchhandel" 25 (1994), p. 184-186.

_____, *Herausfordeung des Glaubens durch das Denken*, in *Mut zum Denken, Mut zum Glauben*, Katholische Akademie der Arzdiözese, Freiburg 1994, p. 18-35.

_____, *Verhaltenheit. Zum Stil des Denkens Bernhard Weltes*, in *Mut zum Denken, Mut zum Glauben*, Katholosche Akademie der Arzdiözese, Freiburg 1994, p. 148-162.

DE VITIIS P., *Il saggio di Bernhard Welte: "Dio nel pensiero di Martin Heidegger" e una lettera di Martin Heidegger in proposito*, in "Archivio di Filosofia" 55 (1987), p. 441-466.

_____, *La preghiera del silenzio. Riflessioni su Heidegger e Welte*, in *Il problema religioso in Heidegger*, Bulzoni, Roma 1995, p. 45-69.

_____, *Heideggers Übervindung/Verwindung der Onto-Theologie und die religiöse Erfahrung*, Bernhard Welte-Gesellschaft, Freibur i. Br. 1998.

FEIGE I., *Geschichtlichkeit. Zu Bernhard Weltes Phänomenoligie des Geschichtlichen auf der Grundlage unveröffentlicher Vorlesung*, Herder, Freiburg i. Br. 1989.

_____, *Denken als Geschehen dialogischer Offenheit*, in *Mut zum Denken, Mut zum Glauben*, Katholische Akademie der Arzdiözese, Freiburg 1994, p. 36-62.

GODZIEBA A.J., *Bernhard Welte's fundamental theological Approach to Christology*, Lang, New York 1994.

HELMRICH H., *Das verbiete ich mir. Im Hirn: Bereitsein ist noch kein Wollen*, in "Frankfurter Allgemaine Zeitung", 30 de dezembro de 2003.

HEMMERLE K., *B. Welte*, in "Freiburg Diözesan-Archiv" 106 (1986), p. 344-346.

(hrsg. von), *Fragend und lehrend den Glauben weit machen. Zum Werk Bernhard Weltes anlässlich seines 80. Geburtstages*, Schnell & Steiner, München 1987.

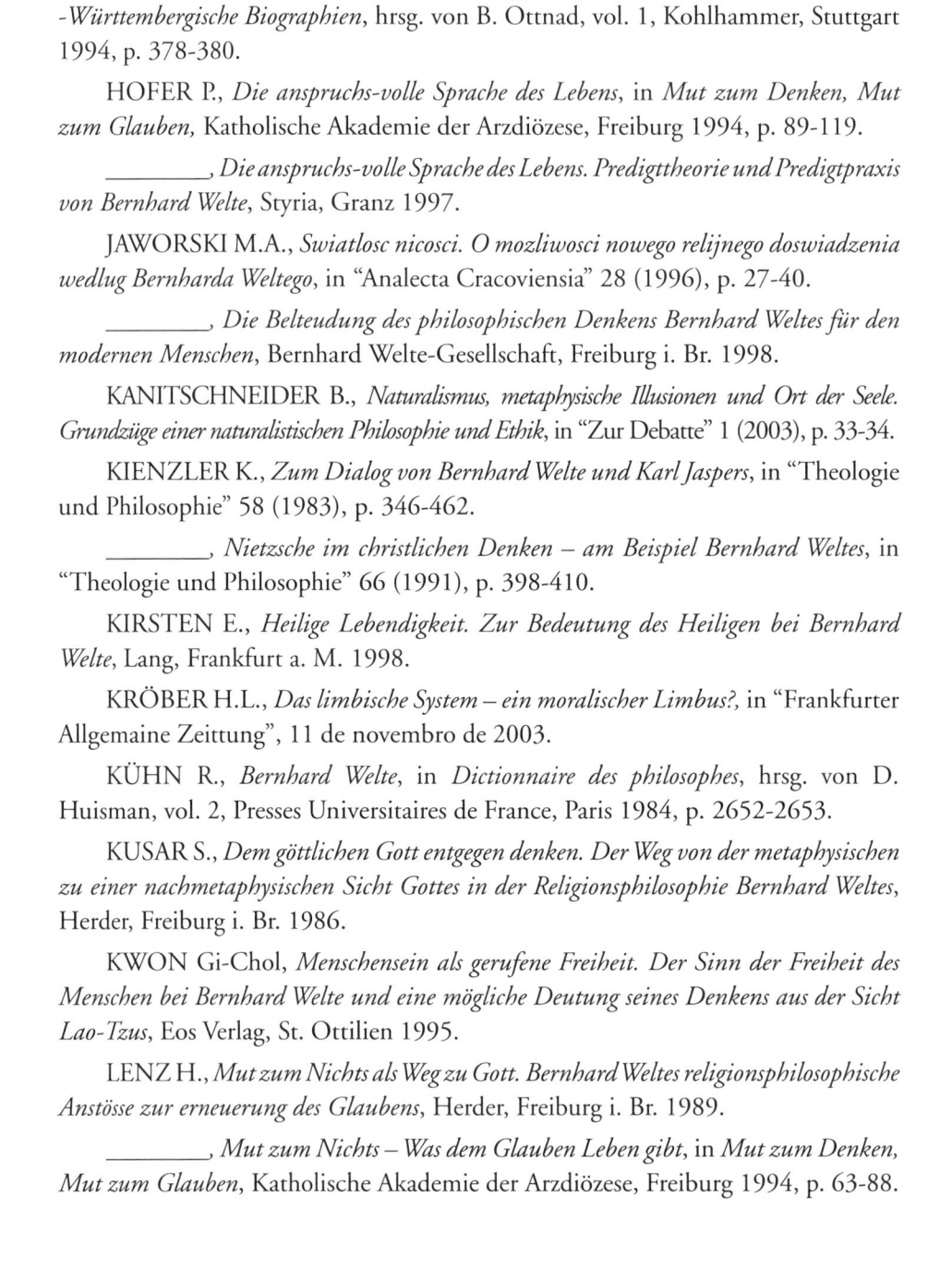

(hrsg. von), *Weite des Denkens in Glauben. Weite des Glaubens in Denken*, in Mut zum Denken, Mut zum Glauben, Katholische Akademie der Arzdiözese, Freiburg 1994, p. 222-239.

_____, *Welte, Bernhard. Religionsphilosoph und Theologe*, in *Baden-Württembergische Biographien*, hrsg. von B. Ottnad, vol. 1, Kohlhammer, Stuttgart 1994, p. 378-380.

HOFER P., *Die anspruchs-volle Sprache des Lebens*, in *Mut zum Denken, Mut zum Glauben,* Katholische Akademie der Arzdiözese, Freiburg 1994, p. 89-119.

_____, *Die anspruchs-volle Sprache des Lebens. Predigttheorie und Predigtpraxis von Bernhard Welte*, Styria, Granz 1997.

JAWORSKI M.A., *Swiatlosc nicosci. O mozliwosci nowego relijnego doswiadzenia wedlug Bernharda Weltego*, in "Analecta Cracoviensia" 28 (1996), p. 27-40.

_____, *Die Belteudung des philosophischen Denkens Bernhard Weltes für den modernen Menschen*, Bernhard Welte-Gesellschaft, Freiburg i. Br. 1998.

KANITSCHNEIDER B., *Naturalismus, metaphysische Illusionen und Ort der Seele. Grundzüge einer naturalistischen Philosophie und Ethik*, in "Zur Debatte" 1 (2003), p. 33-34.

KIENZLER K., *Zum Dialog von Bernhard Welte und Karl Jaspers*, in "Theologie und Philosophie" 58 (1983), p. 346-462.

_____, *Nietzsche im christlichen Denken – am Beispiel Bernhard Weltes*, in "Theologie und Philosophie" 66 (1991), p. 398-410.

KIRSTEN E., *Heilige Lebendigkeit. Zur Bedeutung des Heiligen bei Bernhard Welte*, Lang, Frankfurt a. M. 1998.

KRÖBER H.L., *Das limbische System – ein moralischer Limbus?,* in "Frankfurter Allgemaine Zeitung", 11 de novembro de 2003.

KÜHN R., *Bernhard Welte*, in *Dictionnaire des philosophes*, hrsg. von D. Huisman, vol. 2, Presses Universitaires de France, Paris 1984, p. 2652-2653.

KUSAR S., *Dem göttlichen Gott entgegen denken. Der Weg von der metaphysischen zu einer nachmetaphysischen Sicht Gottes in der Religionsphilosophie Bernhard Weltes*, Herder, Freiburg i. Br. 1986.

KWON Gi-Chol, *Menschensein als gerufene Freiheit. Der Sinn der Freiheit des Menschen bei Bernhard Welte und eine mögliche Deutung seines Denkens aus der Sicht Lao-Tzus*, Eos Verlag, St. Ottilien 1995.

LENZ H., *Mut zum Nichts als Weg zu Gott. Bernhard Weltes religionsphilosophische Anstösse zur erneuerung des Glaubens*, Herder, Freiburg i. Br. 1989.

_____, *Mut zum Nichts – Was dem Glauben Leben gibt*, in *Mut zum Denken, Mut zum Glauben*, Katholische Akademie der Arzdiözese, Freiburg 1994, p. 63-88.

LÜDERSSEN K., *Wir können nicht anders. Ändert die Hirnforschung das Strafrecht?*, in "Frankfurte Allgemaine Zeitung", 4 de novembro de 2003.

MARCOLUNGO F.L., *Dal nulla al mistero assoluto: l'itinerario di Bernhard Welte*, in *Metafisica e principio teologico*, aos cuidados de C. Bonvecchio, Tilgher, Genova 1990, p. 223-238.

MOLINARI G., *Die Religionsphilosophie Bernhard Weltes. Ein Denken im Spannungsfeld swischen Phänomenologie und der Lehre von Gott*, Roma 1987.

NEUER P., (hrsg von), *Naturalisierung des Geistesprachlosigkeit der Theologie? Die Mind-Brain-Debatte und das christliche Menschenbild*, Herder, Freiburg-Basel-Wien 2003.

OLIVIER R., *Wonach sollen wir suchen? Hirnforscher tappen im dunken*, in "Frankfurter Allgemaine Zeitung", 13 de dezembro de 2003.

PETIT J.C., *"Mit allen Kräften versuchen, die Ursprünge zu retten"*, in *Mut zum Denken, Mut zum Glauben*, Katholische Akademie Arzdiözese, Freiburg 1994, p. 181-200.

PÖPPEL E., *Lässt sich das Bewusstsein naturalistisch erklären? Neurobiologische Grundlagen der aktuellen Diskussion*, in "Zur Debatte" 1 (2003), p. 28-30.

REUEISER S., *Über die Rede vom heiligen Schweigen. Eine Untersuchung unter besonderer Berüchsichtigung von O. Casel, G. Mensching, R. Otto, K. Rahner, W. Weischedel, B. Welte*, Lang, Frankfurt a. M. 1996.

RICKEN F., *Biologische und moralische Werte. Eine Kritik der naturalistischen Ethik*, in "Zur Debatte" 1 (2003), p. 38-39.

ROHT G., *Wir sind determiniert. Die Hirnforschung befreit von Illusionen*, in "Frankfurt Allgemaine Zeitung", 1 de dezembro de 2003.

ROSSI F., *Bernhard Welte filosofo della religione*, Benucci, Perugia 1997.

_____, *Scienza e fede nella filosofia della religione di Bernhard Welte*, in "Rivista Filosofica Neoscolastica" 91 (1999), n. 4, p. 573-592.

SCHNEIDER W., *Bernhard Welte (1906-1983)*, in *Christiliche Philosophie im katolischen Denken des 19 und 20. Jahrhunderts*, hrsg. von E. Corth, vol. 3, *Moderne Strömungen um 20. Jahrhundert*, Styria, Graz 1990, p. 305-317

_____, *Personalität und Pädagogik. Der philosophische Beitrag Bernhard Welte zur Grundlegung der Pädagogik*, Deutscher Studien Verlag, Weinheim 1995.

_____, *Bernahard Weltes Frage nach dem Menschen als Person im Horizont der Phönomene von Erziehung und Bildung*, in *Mut zum Denken, Mut zum Glauben*, Katholische Akademie der Arzdiözese, Freiburg 1994, p. 201-221.

SCHNEIDER W., *Bernhard Weltes Religionsphilosophie und ihre pädagogische Herausforderung*, in "Forum" 14 (1995), p. 4-11.

SCHOCKENHOFF E., *Wir Phantomwesen. Die Grenze der Hirnforschung*, in "Frankfurter Allgemaine Zeitung", 17 de novembro de 2003.

SCHWÄGERL C., *Neurodämmerung. Wer den Geist schützen will, solle seine Moleküle kennen*, in "Frankfurt Allgemaine Zeittung", 23 de janeiro de 2004.

SCHWALBACH B., *Erzbischof Conrad Gröber und die deutsche Katastrophe. Sein Ringen um eine menschliche Neueordnung*, Badenia, Karlsruhe 1994.

SINGER W., *Keiner kann anders, als er ist. Verschaltungen legen uns fest: wir sollen aufhören, von Freiheit zu reden*, in "Frankfurt Allgemaine Zeitung", 8 de janeiro de 2004.

TISCHINGER A., *Das Phönomen des Schuld. Das menschlichen Dasein zwischen Endlichkeit und Unendlichkeit in der Religionsphilosophie Bernhard Weltes*, Hochschulverlag, Freibug i. Br. 1986.

TOLONE O., *Bernhard Welte – Sören Kierkegaard. Riflessioni su alcuni inediti*, in "Idee" 8/24 (1993), p. 95-107.

_____, *Bernahard Welte. Tra storia e rivelazione*, in "Idee" 26/7 (1994), pp. 247-250.

_____, *Libertà e negazione della libertà*, in *La libertà in questione*, aos cuidados de G.L. Brena, Edizione Messaggero, Padova 2002, p. 317-327.

VETTER H., *Phänomen und Geschichte*, in *Mut zum Denken, Mut zum Glauben*, Katholische Akademie der Arzdiözese, Freiburg 1994, pp. 163-180.

WEILER E., *Lehrer des Glaubens. Zum Gedenken an Bernhard Welte*, in "Christ in der Gegenwart" 45/37 (1993), p. 302.

WENZLER L., (hrsg. von), *Mut zum Denken, Mut zum Glauben. Bernhard Welte und seine Bedeutung für eine Künftige Theologie*, Katholische Akademie der Arzdiözese, Freibrug 1994.

WIELAND G., *Menschen, Personen, Sachen. Über der innere Widersprüchlichkeit einer naturalistischen Ethik*, in "Zur Debatte" 1 (2003), p. 35.

WIENGERT L., *Mein Ärger verraucht. Wie weit führt das Ticket der Hirnfoscher?*, in "Frankfurter Allgemaine Zeitung", 12 de janeiro de 2004.

WILD W., *Rechtfertigen der Erkenntnisse der Physik naturalistische Weltdeutung?*, in "Zur Debatte" 1 (2003), p. 30-32.

ÍNDICE DE NOMES

Agostinho – 71, 134, 213
Albert, Hans – 135
Anaximandro – 102
Anselmo de Aosta – 196
Arendt, Hannah – 20
Ariès, Philippe – 44
Aristóteles – 24
Armstrong, David – 199

Balletto, Antonio – 73
Barth, Karl – 15
Bausola, Adriano – 38
Becchi, Paolo – 128
Blank, Josef – 156
Bloch, Ernst – 64
Blumenberg, Hans – 146
Borsella, Giovanni – 122
Brecht, Bertold – 101
Buber, Martin – 108, 163

Camus, Albert – 74, 140
Capograssi, Giuseppe – 41, 81
Cardini, Maria Timpanaro – 68
Caruso, Leonella Prato – 197
Casper, Bernhard – 74, 146, 211
Chiodi, Pietro – 159
Cioran, Emile Michel – 98
Cusano, Nicola – 123

Descartes – 25, 51, 196
De Vitiis, Pietro – 122

Eraclito – 16, 26
Eliade, Mircea – 9

Färber, Karl – 215
Feuerbach, Ludwig – 28, 36, 75-76, 208
Frankl, Viktor Emil – 213-214
Fromm, Erich – 146

Galilei, Galileu – 151
Galli, Carlo – 110
Gehlen, Arnold – 27
Goethe, Johann Wolfgang von – 146
Gorgia – 68, 74
Gröber, Conrad – 215

Habermas, Jürgen – 142
Hegel, Georg Wilhelm Friedrich – 97
Heidegger, Martin – 9-10, 12, 18, 22, 25, 26, 28, 44, 132, 142, 156, 159, 166, 179, 188, 215-216
Heiler, Friedrich – 9
Hemmerle, Klaus – 186, 216
Hobbes, Thomas – 47
Hölderlin, Friedrich – 10
Horkheimer, Max – 132, 142
Hume, David – 143
Husserl, Edmund – 22, 25

João, São – 139
Jonas, Hans – 128
Jung, Carl Gustav – 150-151

Kanitscheider, Bernuf – 198-199
Kant, Immanuel – 25, 74-75, 155, 172, 197, 210, 213
Kierkegaard, SØren Aabye – 36, 40, 53, 77, 85-86, 134, 141, 168
Krebs, Engelbert – 215

Kröber, Hans-Ludwig – 201

Lao-tze – 51
Laborit, Henry – 197
Leeuw, Gerardus van der – 9
Launay, Marc Buhot de – 29
Leibniz, Gottfried Wilhelm – 33
Lessing, Gotthold Ephraim – 169, 184-185
Lenz, Hubert – 91
Levinas, Emmanuel – 39
Lichtenberg, Georg Christoph – 145
Lorenz, Konrad – 12, 216
Löwith, Karl – 29, 32, 110
Lüderssen, Klauss – 200

Mainoldi, Carlo – 27
Marcuse, Herbert – 126, 132
Marx, Karl – 37, 125, 139
Meister, Eckhart – 80, 166, 186-189
Monod, Jacques – 54
Montale, Eugenio – 68
Müller, Max – 215

Neuner, Peter – 198
Newman, John Henry – 185
Nietzsche, Friedrich Wilhelm – 10, 108-109, 113-115, 139

Olivier, Reinhard – 204
Ochsner, Heinrich – 215
Otto, Rudolf – 9

Pansera, Maria Teresa – 55
Parmênides – 17, 51
Pascal, Blaise – 38, 71, 91, 208
Paulo, São – 162, 191
Penzo, Giorgio – 100, 104
Pesante, Luigi – 162

Platão – 24, 70, 213
Plessner, Helmut – 34, 44
Poletti, Gianni – 63
Poma, Andrea – 163
Pomponazzi – 153
Poppel, Ernst – 199, 203
Popper, Karl – 126, 170

Ratzinger, Joseph – 69
Rilke, Reiner Maria – 10
Rizzi, Armido – 73
Rosenzweig, Franz – 150
Roth, Gerhard – 198
Ruse, Michael – 202
Russell, Bertrand Arthur William – 135

Sartre, Jean-Paul – 29, 140
Scandiani, Giuseppe – 162
Scheler, Max – 9, 40, 55, 162
Schelling, Friedrich Wilhelm Joseph – 77, 85
Schockenhoff, Eberhard – 201
Scherer, Robert – 215
Schneider, Reinhold – 215
Schopenhauer, Arthur – 76, 208
Schwägerl, Christian – 206
Seemann, Hubert – 215
Singer, Wolf – 198, 200
Sócrates – 205, 213
Spinoza, Baruch – 127
Stanghellini, Giovanni – 35
Stichweh, Klaus – 29
Stratone di Lampsaco – 199

Tillich, Paul – 75
Tjuchimura – 216
Tolone, Oreste – 10-13, 28, 77
Tomás de Aquino – 24, 28, 84, 85, 187, 196
Trakl, Georg – 10

Uexküll, Jakob von – 49
Ugazio, Ugo Maria – 28

Vattimo, Gianni – 132, 160
Vetter, Helmuth – 175
Voltaire – 71

Weber, Max – 142
Wenzler, Ludwig – 16
Wilson, Edward Osborne – 202
Wittgenstein, Ludwig – 135

Impressão e acabamento
GRÁFICA E EDITORA SANTUÁRIO
Em Sistema CTcP
Rua Pe. Claro Monteiro, 342
Fone 012 3104-2000 / Fax 012 3104-2036
12570-000 Aparecida-SP